Helmut Neuhold
Die großen Eroberer

Helmut Neuhold

Die großen Eroberer

marixverlag

FSC
Mix
Produktgruppe aus vorbildlich
bewirtschafteten Wäldern und
anderen kontrollierten Herkünften
Zert.-Nr. SGS-COC-1940
www.fsc.org
© 1996 Forest Stewardship Council

Bibliografische Information der Deutschen Nationalbibliothek
Die Deutsche Nationalbibliothek verzeichnet diese Publikation
in der Deutschen Nationalbibliografie; detaillierte bibliografische Daten
sind im Internet über
http://dnb.d-nb.de abrufbar.

Es ist nicht gestattet, Abbildungen und Texte dieses Buches zu scannen,
in PCs oder auf CDs zu speichern oder mit Computern zu verändern
oder einzeln oder zusammen mit anderen Bildvorlagen zu manipulieren, es sei denn mit schriftlicher Genehmigung des Verlages.

Alle Rechte vorbehalten

Copyright © by Marix Verlag GmbH, Wiesbaden 2008
Covergestaltung: Nele Schütz Design, München nach der Gestaltung
von Thomas Jarzina, Köln
Bildnachweis: akg-images GmbH, Berlin
Lektorat: Verlagsagentur Michael Hlatky, A – Graz und
Ulrich Berkmann, Mainz
Satz und Bearbeitung: C&H Typo-Grafik, Miesbach
Gesamtherstellung: GGP Media GmbH, Pößneck
Printed in Germany

ISBN: 978-3-86539-946-5

www.marixwissen.de
www.marixverlag.de

INHALT

EINLEITUNG 7

PHARAO THUTMOSIS III.
(1483 v. Chr.–1425 v. Chr.) 10
SARGON II. VON ASSYRIEN
(König 721 v. Chr.–705 v. Chr.) 17
ALEXANDER DER GROSSE
(356 v. Chr.–323 v. Chr.) 22
QIN SHIHUANGDI
(259 v. Chr.–210 v. Chr.) 30
HANNIBAL BARKAS
(247 v. Chr.–183 v. Chr.) 37
SCIPIO AFRICANUS
(235 v. Chr.–183 v. Chr.) 45
GNAEUS POMPEIUS MAGNUS
(106 v. Chr.–48 v. Chr.) 51
GAIUS JULIUS CAESAR
(100 v. Chr.–44 v. Chr.) 57
KAISER TRAJAN
(52–117) 65
KÖNIG GEISERICH
(389–477) 73
KÖNIG ATTILA
(410–453) 80
KARL DER GROSSE
(742–814) 87
OTTO DER GROSSE
(912–973) 95
WILHELM DER EROBERER
(1027–1087) 101
SULTAN SALADIN
(1138–1193) 110
KÖNIG RICHARD LÖWENHERZ
(1157–1199) 116

Inhalt

Dschingis Khan
(1155–1227) 123
Timur Leng
(1336–1405) 130
Mehmet II. der Eroberer
(1432–1481) 137
Muhammad Babur Khan
(1483–1530) 144
Francisco Pizarro
(1478–1541) 150
Hernán Cortés
(1485–1547) 157
Süleyman I. der Prächtige
(1494–1566) 165
Iwan IV. der Schreckliche
(1530–1584) 172
Shogun Tokugawa Ieyasu
(1543–1616) 178
Prinz Eugen von Savoyen
(1663–1736) 183
Robert Clive
(1725–1774) 190
Friedrich der Große
(1712–1786) 197
Napoleon Bonaparte
(1769–1821) 205
Shaka Zulu
(1787–1828) 217
Simon Bolivar
(1783–1830) 223
Muhammad Ahmad Mahdi
(1844–1885) 229
Lawrence von Arabien
(1888–1935) 236
Mao Zedong
(1893–1976) 243
Moshe Dayan
(1915–1981) 250

Einleitung

Seit es schriftliche Überlieferungen gibt, wird von militärischen Anführern berichtet, die fremdes Territorium und dessen Bewohner durch Eroberungen in ihre Gewalt brachten. Schon in der Antike konnten Herrscher wie Alexander der Große oder Julius Caesar durch jahrelange Eroberungskriege ihren Machtbereich in erstaunlichem Ausmaß vergrößern und Weltreiche schaffen. Es gibt seitdem keinen Abschnitt der Menschheitsgeschichte oder Teil der Welt, in dem nicht große Eroberungen durch begabte Heerführer gemacht wurden. Einige von Eroberern gegründete Reiche hatten über viele Jahrhunderte Bestand, andere zerfielen nach dem Tod ihres Gründers, wie jenes Alexanders des Großen, oder schon zu dessen Lebzeiten, wie das Napoleons.

Das Leben dieser Persönlichkeiten fasziniert auch heute noch; wir staunen über den Mut, die Energie und die Fähigkeiten dieser Männer, doch erschrecken wir oft vor der Rücksichtslosigkeit und Grausamkeit, die viele bei ihren Eroberungsfeldzügen an den Tag legten. Die militärische Inbesitznahme eines Landes oder einer Region ist sicher keine Beschäftigung für zarte Gemüter, lassen uns doch die Berichte über die Gräuel, die bei vielen Eroberungszügen verübt wurden, über die Verwüstung großer Gebiete und die Ausrottung ganzer Völker nicht gleichgültig. Wir müssen zur Kenntnis nehmen, dass es keine friedlichen Eroberungen in der Geschichte gab.

Da in den fünf Jahrtausenden überlieferter Menschheitsgeschichte eine Vielzahl von Eroberungen durch militärisch begabte Persönlichkeiten zu verzeichnen ist, musste für dieses Buch eine Auswahl getroffen werden. Es behandelt insgesamt 35 bedeutende Personen aus allen geschichtlichen Epochen und allen Weltteilen – also auch Eroberer aus Asien, Amerika und Afrika, die dem europäischen Leser vielleicht weniger bekannt sind – und spannt dabei einen Bogen vom ägyptischen Pharao Thutmosis III., der auch als „Napoleon Ägyptens" bezeichnet wurde, über den chinesischen Kaiser Qin Shihuangdi, der in kurzer Zeit China unter seiner Herrschaft vereinigen konnte, Karl den Großen, der das abendländische Kaisertum des Mittelalters begründete, bis hin zu Persönlichkeiten der jüngsten Geschichte, wie dem „Großen Vorsitzenden" Mao Zedong und Moshe Dayan, der Israel zu einer regionalen Großmacht machte und dessen Territorium in einem der erstaunlichsten Kurzkriege der Geschichte enorm vergrößerte. Natürlich durften die „großen Namen" nicht fehlen; an einem Napoleon oder am „Dreigestirn des Altertums" – Alexander, Hannibal und Caesar – führt kein Weg vorbei. Aber es gab auch viele Erobererpersönlichkeiten, deren Namen man heute kaum noch nennt, obwohl sie ebenfalls ruhmreiche Taten vollbrachten und bedeutenden Einfluss auf die Geschichte hatten: Man denke nur an Scipio Africanus, der immerhin den großen Hannibal besiegte.

Die dargebotenen Porträts versuchen, die Persönlichkeit des jeweiligen Eroberers kurz zu charakterisieren und die wichtigsten Ereignisse während seiner Kriegszüge und Herrschaft darzustellen. Bei dieser Beschränkung auf das Wesentliche konnten die historischen Personen und ihr Umfeld natürlich nicht erschöpfend darstellt werden, doch vermögen die folgenden Kurzbiografien vielleicht, dem Leser einen Grundstock an Wissen zu vermitteln und ihn zu einer weiterführenden Lektüre anzuregen.

Da es bei vielen der behandelten Personen, insbesondere jenen aus weit zurückliegenden Epochen der Geschichte, oft sehr widersprüchliche Angaben zu den Lebensdaten und bestimmten historischen Ereignissen gibt, hat sich der Autor dafür entschieden, stets jene Informationen zu präsentieren, die für ihn den höchsten Grad an Wahrscheinlichkeit haben. Die Abfolge der Porträtierten ist strikt chronologisch nach deren Sterbedatum geordnet. Dies erschien aus historischer Perspektive am sinnvollsten, da sich der Höhepunkt des Wirkens fast aller dieser Männer gegen ihr Lebensende gezeigt hat.

Man findet bei den in diesem Buch vorgestellten Eroberern im Wesentlichen zwei Grundtypen. Einerseits den „in

EINLEITUNG

Purpur Geborenen", der bereits aus einer Herrscherdynastie stammte und dessen Vorfahren oft schon bedeutende Eroberungen gemacht hatten, wie zum Beispiel Alexander der Große, Karl der Große oder Süleyman I. Und dann gibt es den Typ des Aufsteigers, der aus dem Volk kam und zu einer großen Erobererpersönlichkeit wurde, wie Francisco Pizarro, Robert Clive oder Mao Zedong. Manche verrichteten bei ihren Eroberungsfeldzügen große Reiche, wie Timur Leng oder Hernán Cortés, während andere viele kleinere Staaten zu einem überragenden Reich vereinten, wie der chinesische Kaiser Qin Shihuangdi oder der erste Tokugawa-Shogun in Japan. Es gab Männer, die von einer großen Idee geleitet wurden, wie Simon Bolívar, der die Völker Südamerikas zu befreien trachtete, oder Lawrence von Arabien, der Ähnliches für die Araber leisten wollte. Andere waren religiöse oder politische Fanatiker, wie der Mahdi oder Mao Zedong. Die Gier nach Reichtümern war sehr oft mit ein Motiv für Eroberungen, man denke nur an die spanischen Konquistadoren oder den Hunnenkönig Attila, ebenso wie der schiere Machthunger, den man etwa Gaius Julius Caesar oder Shaka Zulu unterstellen darf. Was auch immer die Motive der einzelnen Eroberer gewesen sein mögen, sie haben jedenfalls Geschichte gemacht und das Gesicht der Welt geprägt. Und es weiß heute niemand, ob der Menschheit in Zukunft machtbesessene Erobererpersönlichkeiten erspart bleiben werden.

Helmut Neuhold, September 2008

Pharao Thutmosis III.

(1483 v. Chr.–1425 v. Chr.)

„Der sich über seine Stärke freut, der die Herrscher der Fremdländer schlägt, die ihn angreifen, weil sein Vater Re ihm Siege über jedes Land insgesamt und die Stärke des Schwertes für seine Armee verliehen hat, um die Grenzen Ägyptens auszuweiten ..." Dieser alte ägyptische Text auf einem Obelisken verherrlicht einen Pharao, der lange Zeit kaum Beachtung fand. Doch jener Herrscher, der als „Napoleon Ägyptens" bezeichnet wird, war wohl die größte militärische Begabung und der bedeutendste Eroberer unter den Pharaonen.

Der 1496 v. Chr. geborene Thutmosis erhielt ab seinem vierten Lebensjahr eine geistliche Ausbildung im Amun-Tempel zu Theben. Da er als Sohn der Zweitfrau des Pharaos in der Thronfolge nicht an erster Stelle stand, war er für die Laufbahn eines Priesters vorgesehen. Sein Vater *Thutmosis II.*, der während seiner kurzen Regierungszeit kränklich war, starb recht jung. Am Hof entbrannte ein Streit um die Nachfolge, der durch einen Spruch des Amun-Orakels zugunsten von Thutmosis III. entschieden wurde. Der kleine Prinz wurde im Jahre 1490 v. Chr. zum neuen Pharao geweiht, die eigentliche Regentschaft übernahm jedoch die Erstfrau des verstorbenen Pharao, *Hatschepsut*.

Bald wurde die Regentin selbst als Pharaonin bezeichnet und sie entwickelte eine sehr kraftvolle Herrschaft. Sie trat als große Bauherrin auf, galt es doch, die Spuren der noch nicht lange zurückliegenden Besetzung des Landes durch die Hyksos zu beseitigen. Unter Hatschepsut wurde auch die militärische Macht Ägyptens verstärkt, wovon Thutmosis später profitieren sollte. Durch die Invasion der Hyksos waren das Pferd und der Wagen als Fortbewegungs- und Kampfmittel in Ägypten bekannt geworden.

Der Machtanspruch der „Pharaonin" Hatschepsut ging so weit, dass sie in einem von ihr errichteten Tempel Thutmosis III. nur als Nebenfigur darstellen ließ. Ansonsten taucht sie auf Inschriften gleichbedeutend mit ihrem Stiefsohn auf. Der junge Pharao hatte sich, neben der ständigen Vorbereitung auf seine Rolle als Herrscher, mit Kulthandlungen und Opferriten zu beschäftigen. Außerdem hatte er die Einsetzung von Würdenträgern und die Einrichtung von religiösen Stiftungen zu vollziehen. Die politische Macht jedoch lag allein in Hatschepsuts Händen.

Ab seinem 15. Regierungsjahr begann Thutmosis III. sich politisch stärker zu engagieren und sich vermehrt mit ihm genehmen Leuten zu umgeben. Noch zur Zeit der Mitregentschaft Hatschepsuts unternahm der junge Pharao seine ersten Feldzüge, deren Ziele Syrien und Nubien waren.

Das Ende von Hatschepsut liegt im Dunkeln. Sie verschwindet nach ihrem 20. Regierungsjahr einfach aus den Quellen und Aufzeichnungen. Möglicherweise wurde sie von Thutmosis beseitigt, der die Stiefmutter dafür gehasst haben könnte, dass sie ihm die Macht so lange vorenthalten hatte. Vielleicht starb sie aber auch eines natürlichen Todes. Die spätere Entfernung ihres Namens und ihrer Figur von vielen Bauten und Reliefs deutet jedoch eher auf ein unsanftes Ende der „Pharaonin" hin. Thutmosis jedenfalls war danach der uneingeschränkte Herrscher Ägyptens.

Der Pharao ließ seine Feldzüge in einer Art Tagebuch aufzeichnen, weshalb seine Unternehmungen im Gegensatz zu den Taten vieler anderer Herrscher Ägyptens gut dokumentiert sind. In den 20 Jahren seiner Alleinherrschaft sollte es Thutmosis gelingen, die Grenzen seines Reiches zielbewusst im Norden bis an den Euphrat und im Süden bis zum 4. Katarakt des Nils auszuweiten.

Als die Herrschaft Hatschepsuts, aus welchen Gründen auch immer, zu Ende ging, spitzte sich die Lage in Gebieten zu, auf die Ägypten schon lange Anspruch erhob: Palästina und Syrien. Ägyptens Konkurrent, das Reich Mitanni, war ein Bündnis mit den Herren einiger Städte Syriens eingegangen. Treibende Kraft hinter dieser Allianz war der Fürst von Kadesch. Große Teile seines Herrschaftsgebietes in Palästina und Syrien hatte der Pharao bereits verloren, nur die Festung Scharuhen im Süden Palästinas stand noch unter ägyptischer Kontrolle.

Thutmosis handelte rasch und machte sich mit seinem Heer auf den Weg, um die Truppen des feindlichen Bündnisses zu anzugreifen. Der Ausgangspunkt der Unternehmung war die ägyptische Festung Sile am heutigen Suezkanal. Von dort marschierte die Armee des Pharao die Küste des Mittelmeers entlang. Nach zehn Tagen erreichte Thutmosis die Stadt Gaza, die mit Ägypten verbündet war, und nach weiterem Marsch schließlich die Stadt Jehem, von wo Aufklärungseinheiten ausgeschickt wurden, um die Lage und den Standort des Gegners zu erkunden. Diese fanden heraus, dass sich der Fürst von Kadesch mit seinen Verbündeten und deren Truppen in der Stadt Megiddo aufhielt und beabsichtigte, der Armee des Pharao in der Küstenebene vor der Stadt eine Schlacht zu liefern.

Thutmosis boten sich drei verschiedene Möglichkeiten zum Anmarsch gegen den Feind. Nach einer längeren Beratung mit seinen Offizieren entschied er sich für den beschwerlichsten und gefährlichsten Weg, da er annahm, der Gegner rechne nicht damit, dass der Pharao dieses Risiko eingehen würde. So führte Thutmosis, dem Widerspruch seiner Ratgeber zum Trotz, die Armee durch den Engpass von Aruna. Mann für Mann mussten sie die Schlucht passieren und wären hier eine leichte Beute für den Feind gewesen. Der Marsch durch den Engpass dauerte drei Tage und die ägyptische Armee schwebte während dieser Zeit in großer Gefahr. Doch wie der Pharao erwartet hatte, dachten der Fürst von Kadesch und seine Verbündeten nicht daran, dass er diesen Weg nach Megiddo wählen könnte – der Pass wurde nicht überwacht. Thutmosis' Beispiel zeigt, dass ein erfolgreicher Heerführer gewisse Risiken eingehen, das Unerwartete tun und die Überlegungen des Feindes voraussehen muss.

Während er mit einem Teil seiner Männer ein Lager aufschlug, ließ der Pharao bereits in der Nacht einen anderen Truppenteil gegen den Nordwesten Megiddos vorrücken. Dadurch wurde die feindliche Koalitionsarmee überrascht. Sie konnte nicht rechtzeitig auf den Angriff reagieren und floh in Richtung der Stadt. Deren Tore wurden so rasch geschlossen, dass ein Teil der Leute über die Mauern heraufgezogen werden musste. Die ägyptischen Krieger aber plünderten nun ausgiebig das Lager ihres Feindes und machten reiche Beute.

Da sich der Gegner nun in der Stadt befand, musste Thutmosis zu deren Belagerung schreiten. Weil sich diese in die Länge zog, schickte der Pharao einige Truppeneinheiten bis in die Gegend von Damaskus. Alle Städte auf ihrem Weg leisteten Thutmosis den Treueeid.

Nach einigen Monaten Belagerung griff der Hunger in Megiddo derart um sich, dass die gegnerischen Fürsten gezwungen waren, Verhandlungen mit dem Pharao aufzunehmen. Thutmosis verlangte hohe Tributzahlungen und den Treueschwur auf Ägypten, doch war er bereit, die Fürsten in ihren Positionen zu belassen. Er dürfte sich so großzügig gezeigt haben, weil er einen solch überwältigenden Sieg errungen hatte. Sorgen bereitete nur der Umstand, dass der Fürst von Kadesch entkommen war und somit weitere Auseinandersetzungen bevorstanden.

Über die Unterwerfung der Fürsten berichtet ein zeitgenössischer Text prahlerisch: „Die Fürsten dieses Fremdlandes aber kamen an auf ihren Bäuchen, um die Erde vor der Gottesmacht Seiner Majestät zu küssen und Atemluft für ihre Nasen zu erflehen – weil seine Kraft so groß war und weil die Gottesmacht des Amun gegen alle Fremdländer so groß war ..."

Es wird dem Pharao hoch angerechnet, dass er die Bewohner Megiddos ganz gegen die Gewohnheit jener Zeit nicht niedermetzeln ließ. Er nahm nur einige hundert Gefangene mit und natürlich viel Beute, an der seine Männer schwer zu tragen hatten. Die Fürsten der syrischen Städte mussten nun an Ägypten Tribut zahlen und jeweils einen ihrer Söhne an den Hof des Pharao entsenden. Diese Prinzen sollten dort im Sinne von Thutmosis erzogen werden und eines Tages gute Verbündete werden.

Thutmosis bereitete wohl damals schon seinen großen Feldzug gegen das Mitanni-Reich vor, deshalb sicherte er nach dem Sieg bei Megiddo in weiteren Feldzügen die Küstengebiete, um Palästina und Syrien auf Dauer kontrollieren zu können. Er ließ die eroberten Städte befestigen und mit einer Garnison und Vorratslagern versehen. Vor allem für den Bau von Schiffen brauchten die Ägypter Holz von guter Qualität, an welchem es in ihrer Heimat mangelte. Die Zedern des Libanon waren wohl mit ein Grund für die Unterwerfung dieses Gebietes.

Der Feldzug gegen das nordsyrische Reich Mitanni, der achte seiner militärischen Karriere, war wohl der größte und erfolgreichste des Pharao. Allerdings ist hier die Überlieferung recht lückenhaft, die entsprechenden Texte sind nur schlecht erhalten. Sicher scheint, dass Thutmosis von den Phöniziern Schiffe bauen ließ, die dann zerlegt auf von Ochsen gezogenen Karren über mehrere hundert Kilometer bis an den Euphrat gebracht wurden. Diese für die damalige Zeit wohl einmalige Leistung ist auch insofern bemerkenswert, als der Bericht darüber der erste ist, der die Verwendung des Rads durch die Ägypter erwähnt. Der Pharao hat also die damals neuartige Transporttechnik sofort in den Dienst seiner kriegerischen Unternehmung gestellt.

Die ägyptische Armee überschritt den Euphrat bei Karkemisch und erreichte eine Stadt namens Iryn. Es wird von einer Fahrt auf dem Euphrat und einer Jagd auf eine Herde von 120 Elefanten am Nija-See berichtet. Auch wenn sonst nur wenig über diesen Feldzug bekannt ist, so scheint doch festzustehen, dass das feindliche Heer bei Karkemisch geschlagen wurde und die Flucht ergriff. So konnte Thutmosis die Grenzen der ägyptischen Machtsphäre bis an den Euphrat ausdehnen, wobei die betreffenden Gebiete sicherlich nicht vollständig militärisch besetzt wurden. Die Herrscher Babylons und des Hethiter-Reiches beeilten sich, dem erfolgreichen und mächtigen Pharao großzügige Geschenke zu schicken.

In seinen späteren Regierungsjahren unternahm Thutmosis erneut erfolgreiche Feldzüge. Er unterwarf weitere syrische Städte und angrenzende Gebiete, wie etwa Nuhasse, einen Stadtstaat am Orontes. Auch von Kämpfen gegen verschiedene Beduinenstämme, erneuten Auseinandersetzungen mit mitannischen Heeren und Kriegszügen in Nubien wird berichtet. Dabei dürfte der Pharao so gut wie immer den Sieg errungen haben.

Pharao Thutmosis III.

Thutmosis III. dokumentierte seine Machtfülle auch in großartigen Bauwerken. Wie die meisten Herrscher Ägyptens ließ er sich bereits zu Lebzeiten einen Totentempel errichten. Ein besonderer Schwerpunkt der Bautätigkeit unter seiner Herrschaft lag in Karnak. Hier wurden unter anderem die Tempelanlagen zu monumentaler Größe ausgestaltet und neue Obelisken aufgestellt. Auf den Wänden der von ihm errichteten Säulenhöfe zeigten Reliefs seine Eroberungszüge; sie sind heute eine wichtige historische Quelle. Besonders die Schlacht bei Megiddo ist detailliert dargestellt. Es war dies das erste Mal in der ägyptischen Geschichte, dass ein Herrscher die Ereignisse während seiner Regierungszeit bildlich festhalten ließ. Leider wurden viele Teile dieser Reliefs von späteren Pharaonen entfernt und für andere Bauten verwendet. Deshalb sind nicht alle Taten des Thutmosis gleich gut dokumentiert.

Anlässlich des traditionellen Festes zum 30-jährigen Thronjubiläum des Pharao wurden einige prächtige Tempel errichtet. Der Festtempel in Theben war besonders prunkvoll ausgestattet und beherbergte den Thron, auf dem Thutmosis während des Festes saß.

Die Kriegszüge des Pharao hatten einen interessanten kulinarischen Nebeneffekt, denn die Ägypter lernten in Palästina Hühner als Haustiere kennen und brachten sie auf Thutmosis' Geheiß nach Ägypten, wo sie bis dahin nicht gehalten worden waren.

Nachdem der große Pharao in zahlreichen Feldzügen seinen Herrschaftsbereich stark ausgedehnt und die großen Nachbarreiche der Hethiter, Assyrer und Mitanni seine Macht kennen und wohl auch fürchten gelernt hatten, blieb er nicht untätig. Er unternahm ausgedehnte Reisen, um die Verwaltung seines Reiches persönlich zu überwachen. Zu führenden Beamten ernannte er mit Vorliebe bewährte Soldaten, die er auf seinen Feldzügen kennen gelernt hatte. Diese waren ihm natürlich treu ergeben.

Die von Thutmosis reformierte Verwaltung, die auch die eroberten Gebiete umfasste, war streng gegliedert. Die einzelnen Provinzen unterstanden vom Pharao eingesetzten Statthaltern. Ihnen hatten auch die jeweiligen Territorialfürsten der eroberten Gebiete zu gehorchen. Diese durften neben der ägyptischen Armee keine eigenen Truppen aufstellen. Andererseits sah der Pharao kein Problem darin, fähigen Angehörigen der unterworfenen Völker in der ägyptischen Verwaltung höhere Positionen anzuvertrauen.

Als er seine Kräfte schwinden sah, ernannte der Pharao seinen Sohn *Amenophis* zum Mitregenten, da sein erstgeborener Sohn *Amenemhet* bereits gestorben war. Thutmosis hatte der Sitte gemäß mehrere Frauen, die ihm nachweisbar mindestens drei Söhne und drei Töchter geboren haben.

Der Pharao starb wahrscheinlich am letzten Tag des 7. Monats seines 53. Regierungsjahres, des 32. Jahres seiner Alleinherrschaft. Bei seinem Tod reichten die Grenzen des ägyptischen Reiches im Norden bis an den Euphrat und im Süden bis zum 4. Nil-Katarakt. Sein Sohn trat als Amenophis II. die Nachfolge an. Wie sein Vater führte auch er Kriegszüge durch, ohne jedoch an dessen große Erfolge anknüpfen zu können.

Das Grab von Thutmosis III. befand sich in einer Schlucht im Tal der Könige. Es wurde, wie die meisten Pharaonen-Gräber, einige Generationen später geplündert und erst 1898 wiederentdeckt. Die ziemlich beschädigte Mumie des Pharao, die aus dem Grab entfernt worden war, wurde schon 1881 an einem anderen Ort gefunden und später – recht oberflächlich – untersucht. Deshalb nahm man lange Zeit an, dass der bedeutende Pharao nur 1,62 Meter groß gewesen sei, wodurch er gut in die Reihe der vielen anderen kleinen und dennoch großen Männer der Geschichte gepasst hätte. Doch ergaben spätere Untersuchungen, dass man bei einer Neubestattung während der 20. Dynastie seine Füße abgebrochen hatte und dieser „Napoleon Ägyptens" wohl von etwas größerer Statur war.

Heute gilt Thutmosis III. als der erste große Feldherr des Orients und eine überragende Herrschergestalt, mit der sich in der ägyptischen Geschichte nur die bekannteren Persönlichkeiten eines Ramses II. und eines Amenhotep III. wirklich messen können. In seiner militärischen Begabung übertraf er diese beiden sicher. Unter Thutmosis III. wurde Ägypten eine beherrschende Großmacht und die

Fürsten der umliegenden und auch ferneren Territorien brachten ihm ihren Tribut dar. Man erinnerte sich lange an den großen Pharao. Bei den Bewohnern von Nahrina zum Beispiel war Thutmosis über Generationen so geachtet und gefürchtet, dass man bei seinem Namen schwor. Noch in späteren Jahrhunderten schrieb man „Thutmosis" als Zauberwort auf Amulette.

Sargon II. von Assyrien

(König 721 v. Chr.–705 v. Chr.)

Auf seinem letzten Kriegszug wurde Sargon II. im Kampf getötet und sein Leichnam fiel in die Hand seiner Feinde, was große Bestürzung bei seinen Untertanen auslöste. Doch kann dieses Schicksal kaum verwundern, wenn man bedenkt, dass er fast in seiner gesamten Regierungszeit Eroberungskriege geführt hat – sein gewaltsames Ende war also eine Art „Berufsrisiko".

Eigentlich hieß dieser assyrische Großkönig Sharruunkin, was man mit „der König schafft Gerechtigkeit" oder nach anderen Angaben mit „der König ist legitim" übersetzen könnte, es hat sich aber die Namensform Sargon eingebürgert. Er war der Sohn von König *Tiglatpilesar III.* und einer Nebenfrau, vielleicht auch einer Sklavin. Das Jahr seiner Geburt ist nicht bekannt und auch über die Kindheit und Jugend dieses Herrschers ist so gut wie nichts überliefert.

Zu einer historisch fassbaren Figur wurde Sargon II. erst, als er im Winter 722 v. Chr. den Thron bestieg. Dies dürfte nicht auf regulärem Wege erfolgt sein, denn er ließ in einer Apologie den Tod seines Vorgängers *Salmanassar V.* – der höchstwahrscheinlich sein Halbbruder war – als göttliche Rache für dessen Untaten darstellen, was auf einen blutigen Machtwechsel hindeutet. Bekannt ist, dass Sargon besonders von der Bevölkerung der Stadt Assur unterstützt wurde, die durch seinen Vorgänger einen massiven Verlust an Privilegien hatte hinnehmen müssen. Sargon begann seine Herrschaft damit, dass er über 6.000 Assyrer, die er als Verbrecher bezeichnete, deportieren ließ. Vielleicht handelte es sich dabei um die Anhängerschaft Salmanassars. Es gibt auch die Mutmaßung, dass Sargon II. ein dynastiefremder Usurpator gewesen sei, der seine Abstammung von Tiglatpilesar III. nur vorgetäuscht habe. Sargon selbst berief sich auf den Willen der Götter, die ihn zum Sturz seines Vorgängers und zur Herrschaft bestimmt hätten.

Der neue König tat einiges, um das Los seines Volkes zu verbessern. Er schaffte die Fronarbeit ab, die sein Vorgänger eingeführt hatte, baute zerstörte Siedlungen wieder auf und sorgte dafür, dass Gewerbe, Handel, Ackerbau und Viehzucht florierten. Dafür wurden auch Deportierte eingesetzt, was in Assyrien nichts Ungewöhnliches war – immer wieder kam es zu Deportationen großer Menschengruppen auf assyrischem Territorium, die für eine regelmäßige Durchmischung der Bevölkerung sorgten. Tiglatpilesar war es im Laufe seiner Herrschaft gelungen, das Land und seine Grenzen zu stabilisieren. Die meisten Gegner waren mittlere und kleinere Staaten gewesen, die leicht unterworfen und deren Gebiet annektiert werden konnte, manche erhielten aber auch den Status von Klientelstaaten. Durch die Besetzung Babyloniens war das Reich der Assyrer zum Großreich aufgestiegen, das sich von Nordsyrien bis zum Zagros-Gebirge erstreckte.

Sargon II. war mit ziemlicher Sicherheit derjenige assyrische Herrscher, der die meisten Kriege geführt hat. Schon bald nach seinem Machtantritt wandte er sich der Kriegsführung zu. Bereits im Jahre 720 v. Chr. schlug er einen Aufstand in Syrien nieder und kämpfte in Allianz mit den Babyloniern und Elamitern gegen die Ägypter, die er bei Raphia schlug – wobei es höchstwahrscheinlich nicht er selbst gewesen ist, der in der Hauptschlacht den Sieg errang, auch wenn er dies in seinen Aufzeichnungen behauptet.

717 v. Chr. unterwarf Sargon die Stadt Karkemisch, ein Jahr später ließ er einen militärischen Stützpunkt an der Grenze zu Ägypten errichten. Denn von hier drohte immer

eine gewisse Gefahr und es gab immer wieder bewaffnete Auseinandersetzungen.

Eine der frühen kriegerischen Unternehmungen Sargons war sein Feldzug gegen das Reich von Urartu, das auf dem Gebiet des heutigen Armenien lag. Die Assyrer hatten dieses Nachbarreich schon lange als Bedrohung empfunden. Sargon beauftragte nun seinen Geheimdienst unter der Leitung seines Sohnes *Sanherib*, möglichst viel über die Verhältnisse in Urartu in Erfahrung zu bringen. Einige der Berichte seines Sohnes sind erhalten. Die assyrischen Könige unterhielten schon seit langer Zeit derartige Geheimdienste, ihre Spione wurden auch gegen andere Nachbarstaaten eingesetzt.

Als sich Sargon schließlich auf den Feldzug gegen Urartu begab, tat er das mit einem großen Heer, wobei seine Kriegsroute nicht genau bekannt ist. Die Unternehmung verlief erfolgreich, auch wenn die Assyrer die Hauptstadt Urartus, Tuschpa, nicht einnehmen konnten. In bildreicher Sprache berichtete Sargon über seinen Sieg: „Ein furchtbares Gemetzel richtete ich in seinem [des urartäischen Königs] Heere an, die Leichen seiner Krieger zerstreute ich wie Malz, die Niederungen des Gebirges füllte ich mit ihnen an. Ihr Blut ließ ich wie einen Strom die Spalten und Terrassen herabfließen, Niederungen, offenes Land und Hänge färbten ich rot wie Anemonen. Seine Krieger, das Elitekorps seiner Truppen, die Bogenschützen und Lanzenträger schlachtete ich wie die Schafe zu seinen Füßen dahin und schnitt ihre Köpfe ab." Der Sieg Sargons ist umso beeindruckender, wenn man bedenkt, dass der Krieg größtenteils im Gebirge geführt wurde.

Auf dem Rückweg überfiel der Kriegerkönig mit 1.000 Elitekämpfern Musasir, das im Grenzgebiet zwischen Assyrien und Urartu lag. Er erbeutete enorme Schätze, da die Herrscher von Musasir große Reichtümer angehäuft hatten, und ließ die gesamte Bevölkerung verschleppen.

Babylon, das bereits unter der Kontrolle der Assyrer gestanden hatte, hatte während der Wirren um den Machtwechsel von Salmanassar V. zu Sargon II. die Unabhängigkeit erringen können und beharrte nun auf seiner Autonomie. Sargon gestand den Babyloniern zunächst in einem Friedensvertrag diese Unabhängigkeit zu, da er sich als noch nicht stark genug für einen erfolgreichen Waffengang mit ihnen fühlte. Doch er verlor den Plan einer erneuten Unterwerfung der Babylonier nie aus den Augen. Als ihm im Jahre 710 v. Chr. die Gelegenheit günstig erschien, ging Sargon in die Offensive und unterwarf das Babylonische Reich in mehreren Feldzügen. Babylon wurde schließlich besetzt und der babylonische König floh in das Reich Elam. Erst nach dem Tod Sargons wagte er es, den Versuch einer Rückeroberung zu unternehmen.

Historisch ungeklärt ist weiterhin, ob es Sargon oder sein Vorgänger Salmanassar V. gewesen ist, der das israelitische Königreich Samaria eroberte. Die Bibel setzt sich zwar sehr intensiv mit den Assyrern als Feind auseinander, dabei bleibt aber unklar, ob es sich bei dem erwähnten assyrischen König um Sargon oder seinen Vorgänger handelt. Höchstwahrscheinlich hat Salmanassar das Königreich Samaria zunächst nur seiner Herrschaft unterworfen und zu Tributzahlungen verpflichtet, während Sargon nach dessen Tod das Gebiet vollends eroberte und zu einer assyrischen Provinz machte. In einem Text von Sargon ist zu lesen: „Die Samarier, die gegen meinen königlichen Vorgänger Groll hegten und, um keine Untertänigkeit zu bezeugen und keinen Tribut zu liefern, Krieg führten – in der Kraft der großen Götter, meiner Herren, kämpfte ich mit ihnen. 27.280 Einwohner nebst Streitwagen und den Göttern, auf die sie vertrauten, rechnete ich als Beute ... Leute aus Ländern, die ich mit meiner Hand erobert hatte, ließ ich darin einziehen. Einen General stellte ich als Statthalter über sie ein und zählte sie zu den Bewohnern Assyriens."

Vielleicht starb Salmanassar sogar während der Kämpfe gegen die Israeliten, was den Machtwechsel in Assyrien zu dieser Zeit erklären würde. Tatsache ist jedenfalls, dass Sargon in der Bibel keinen guten Ruf genießt.

Im Jahre 711 v. Chr. musste Sargon einen neuen Aufstand in Palästina niederschlagen, er eroberte das Land der Philister und verleibte es als Provinz Asdod dem Assyrischen Reich ein. In seinen Aufzeichnungen zum Jahr 709 v. Chr. berichtet Sargon, er habe die „Sieben Königreiche" auf der Insel Ia im Gebiet von Atnana (vermutlich Zypern) bezwungen.

Der assyrische König verwirklichte einen sehr ambitionierten Plan, als er sich eine neue, eigene Hauptstadt erbauen ließ. Die Arbeiten an Dur-Scharrukin („Die Burg des Sargon") hatten bereits 717 v. Chr. begonnen und konnten mit Hilfe der Beute aus Sargons Kriegszügen laufend fortgeführt werden. Der König hatte die Besitzer des für den Bau vorgesehenen Gebietes nicht enteignet, sondern ihnen Grund und Boden ordnungsgemäß abgekauft. Als Arbeiter wurden in erster Linie Kriegsgefangene und Deportierte eingesetzt. Die reichlich vorhandenen Urkunden zur Baugeschichte dieser neuen Stadt lassen erkennen, wie groß der logistische Aufwand dabei war und wie perfekt die Administration funktioniert haben muss. Allein die Versorgung der vielen Arbeiter dürfte eine ähnlich große Anstrengung erfordert haben wie beim Bau der ägyptischen Pyramiden.

Als die neue Residenz im Jahre 706 v. Chr. eingeweiht wurde, überführte man die Kultbilder der bedeutendsten Götter von Assur in die neue Hauptstadt. Alle hochrangigen Persönlichkeiten des Reiches und viele Abgesandte ausländischer Herrscher nahmen an dieser prunkvollen Zeremonie teil. Der König hatte die neue Kapitale als Abbild des Kosmos entworfen. Die einzelnen Tore und Mauerabschnitte waren nach Göttern benannt, der Königspalast und die Tempel der wichtigsten Gottheiten standen auf einer künstlichen Terrasse hoch über der Stadt. Die Ausstattung der Hauptgebäude zeigte alles an Pracht, was zu jener Zeit nur möglich war. Doch hatte die Stadt ein trauriges Schicksal: Nach dem Tod Sargons sank sie zum Sitz des Provinzgouverneurs herab und verlor rasch viel von ihrem Glanz.

Im Jahre 705 v. Chr. unternahm Sargon II. einen Feldzug gegen die Kimmerer im Iran. Dabei wurde er, anscheinend aus dem Hinterhalt, getötet und konnte von seinen eigenen Leuten nicht geborgen und bestattet werden, was nach assyrischem Glauben bedeutete, dass dem Toten der Eintritt in die Unterwelt verwehrt blieb. Diese offensichtliche Schmach, mit dem das Leben des ruhmreichen Kriegerkönigs endete, war für Sargons Gegner offenbar eine große Genugtuung. So spielt auch das „Triumphlied über den Sturz des Weltherrschers" in Jesaja 14 darauf an.

Sargons Sohn *Sanherib*, der die Thronfolge antrat, gab die neue Hauptstadt, deren Bau noch nicht ganz vollendet war, auf und machte Ninive zu seiner Residenz. Er scheint ein fähiger Nachfolger gewesen zu sein, war er doch schon zu Lebzeiten seines Vaters häufig als dessen Stellvertreter tätig geworden und hatte in dessen Auftrag viele Herrscherfunktionen erfüllt. Er galt als tatkräftig, sorgsam und umsichtig. So folgte auf einen großen und fähigen Herrscher ein ebenso fähiger Sohn, was in der Geschichte relativ selten ist.

Alexander der Große

(356 v. Chr.–323 v. Chr.)

Auf die Frage nach dem erfolgreichsten Eroberer aller Zeiten wird sehr oft der Name Alexanders III. von Makedonien genannt. Ohne Zweifel geht von dem wagemutigen Makedonenkönig, der innerhalb weniger Jahre Eroberungen in einem bis dahin unvorstellbarem Ausmaß machte und ein riesiges Reich hinterließ, eine ganz eigene Faszination aus. Mit ihm tritt für uns der Typus des großen Eroberers endgültig in das Rampenlicht der Geschichte.

Alexander wurde im Jahre 356 vor Christus geboren. Sein Vater *Philipp* war seit 359 v. Chr. König von Makedonien. Er hatte in einer der dunkelsten Stunden Makedoniens die Macht übernommen und seinen Staat zu bisher nie gekannter Größe geführt. Dazu schuf er eine sehr schlagkräftige und verhältnismäßig große Armee. Man könnte ihn mit gutem Grund einen „Soldatenkönig" nennen. Er sollte nach seinem Tod ein Heer hinterlassen, das dem Sohn als perfektes Instrument für seine Eroberungen diente. Und er hinterließ Alexander ein Makedonien, das die Vorherrschaft innerhalb der griechischen Staatenwelt errungen hatte.

Abgesehen von einigen Legenden ist nur wenig über die Kindheit und Jugend Alexanders bekannt. Er wurde jedenfalls, gemeinsam mit einigen Gleichaltrigen, von dem berühmten Philosophen *Aristoteles* in Philosophie, Kunst und Mathematik unterrichtet, was wohl mit ein Grund dafür war, dass Alexander die griechische Kultur sehr bewunderte.

Alexanders Mutter, *Olympia*, hatte großen Einfluss auf ihren Sohn. Sie war eine sehr starke Persönlichkeit, die auch vor Intrigen und Mord nicht zurückschreckte, um ihren Sohn auf den Königsthron zu bringen. Durch seinen Feldzug nach Asien konnte sich Alexander schließlich ihrer Einflussnahme zu entziehen.

Alexander zeichnete sich militärisch schon in recht jungen Jahren aus, als er mit seinem Vater in den Krieg um die Vorherrschaft in Griechenland zog, der in der Entscheidungsschlacht von Chaironeia am 2. August 338 v. Chr. seinen Höhepunkt erreichte. In dieser Schlacht zeigte der junge Prinz, an der Spitze der adeligen Reiterei, großes militärisches Geschick und Mut im persönlichen Einsatz. Er hat sich damit wohl auch in den Augen der mächtigen Kriegerkaste Makedoniens als Thronfolger qualifiziert.

Die weitere Entwicklung verlief für Alexander nicht unproblematisch. Sein Vater heiratete 337 v. Chr. eine weitere Frau, *Kleopatra*, was für makedonische Verhältnisse kein ungewöhnlicher Schritt war. Bei einem Bankett provozierte deren Vater, *Attalos*, den jungen Alexander, was zu einem offenen Konflikt zwischen diesem und seinem Vater führte. Alexander floh, gemeinsam mit seiner Mutter, nach Illyrien, kehrte jedoch nach einem halben Jahr wieder zurück.

Im Sommer 336 v. Chr. wurde König Philipp auf der Hochzeit seiner Tochter Kleopatra mit dem König von Epeiros von einem Leibgardisten ermordet. Die Gründe dürften persönlicher Natur gewesen sein, doch konnten Alexander und seine Mutter den Verdacht nie ganz ausräumen, an dem Mord beteiligt gewesen zu sein.

Als Alexander mit 20 Jahren seinem Vater auf dem Thron nachfolgte, was relativ reibungslos vor sich ging, da das Heer auf seiner Seite stand, ließ er sehr rasch alle Mitglieder des Hofstaates, denen er nicht wohlgesonnen war, liquidieren. Auch sein Gegner Attalos wurde dabei auf der Flucht getötet.

Die von König Philipp aufgebaute Armee bestand im Kern aus den adeligen Kriegern, den Hetairen (Gefährten), die normalerweise zu Pferde kämpften. Daneben gab es die Pezhetairen, die „Kampfgefährten zu Fuß". Sie hatten als Hauptwaffe die Sarisse, eine ungefähr fünf Meter lange Lanze, die mit beiden Händen geführt wurde. Daneben gab es die Hypaspisten, eine Fußtruppe, die ähnlich wie griechische Hopliten mit einem kürzeren Spieß und einem großen Schild bewaffnet waren. Dazu kamen noch Spezialeinheiten wie Bogenschützen, Schleuderer und Speerwerfer. Alle diese Einheiten hatten eine erstklassige militärische Ausbildung hinter sich. Mit dieser Armee war Philipp zum Herrn Griechenlands geworden und sein Sohn Alexander schickte sich nun an, Herr der damals bekannten Welt zu werden.

Der erste Einsatz dieser Armee unter Alexander erfolgte im Jahre 335, als Völker von Thrakien und Illyrien versuchten, sich von der makedonischen Herrschaft zu befreien. Alexander handelte entschlossen, überquerte die Donau und warf die thrakische und schließlich die illyrische Revolte nieder. Als auch die Stadt Theben den Aufstand wagte, zeigte der junge König exemplarische Härte. Er marschierte von Illyrien nach Theben, eroberte die Stadt, ließ sie zerstören, 6.000 Einwohner töten und die übrigen 30.000 in die Sklaverei verkaufen. Die anderen griechischen Städte unterwarfen sich daraufhin und versicherten Alexander ihre Gefolgschaft. Der junge König wandte sich nun dem bereits geplanten persischen Feldzug zu.

Die große Auseinandersetzung mit dem Persischen Reich hatte schon zu König Philipps Zeiten begonnen. Der Krieg war von ihm bewusst herbeigeführt worden, um seine Herrschaft über Griechenland zu legitimieren. Aus dem geplanten Vorstoß nach Kleinasien wurde unter Alexander ein bis dahin noch nicht gekannter Eroberungszug. Im Frühjahr 334 v. Chr. begab er sich mit seinen Truppen auf den Marsch nach Persien und verließ damit seine makedonische Heimat für immer. Als er als Erster vom Schiff auf asiatischen Boden sprang, nachdem er bereits seinen Speer an Land geschleudert hatte, war dies der Beginn eines fantastischen Siegeszugs.

Alexanders Streitmacht umfasste etwa 32.000 Mann Infanterie und 5.500 Reiter. Eine für griechische Verhältnisse sehr große Zahl, die allerdings von den persischen Streitkräften um ein Vielfaches überboten wurde. Doch die Schlacht am Fluss Granikos zeigte bald, wie sehr Alexander und seine Truppen den Persern im Feld überlegen waren. Der Makedone übernahm die Initiative gleich zu Beginn der Schlacht und führte seine Männer, ohne Rücksicht auf sein eigenes Leben, rasch zum Sieg. In allen seinen Schlachten kämpfte Alexander an der Spitze seiner Krieger und setzte sich selbst den größten Gefahren aus. Seine furchtlose Präsenz an exponierter Stelle auf dem Schlachtfeld war eines der Geheimnisse seines militärischen Erfolges, den er auf diese Weise allerdings mit einigen schweren und lebensgefährlichen Verwundungen teuer genug erkaufte.

Die griechischen Städte Kleinasiens wurden „befreit", was bedeutete, dass sie nun einem neuen Herrn dienen mussten. Dann unternahm Alexander die verlustreiche Belagerung von Halikarnassos, der Hauptstadt Kariens. Die Stadt konnte schließlich eingenommen werden und es folgte die Unterwerfung bzw. Eroberung weiterer anatolischer Gebiete. In der Stadt Gordion soll Alexander den berühmten Gordischen Knoten mit seinem Schwert durchschlagen haben. Über Kappadokien marschierte Alexander anschließend nach Kilikien. Die dortige Hauptstadt Tarsos wurde rasch genommen und hier erfuhr der Makedone, dass der Perserkönig *Dareios III.* ihm mit einem großen Heer entgegenzog.

Die Schlacht bei Issos, die Ende Oktober oder Anfang November 333 v. Chr. stattfand, brachte die von Alexander heiß ersehnte direkte Konfrontation mit dem persischen Großkönig Dareios. Dieser hatte ein riesiges Truppenaufgebot aus vielen Provinzen seines Reiches zusammengezogen, über dessen zahlenmäßige Stärke es sehr widersprüchliche Angaben gibt. Viele dieser persischen Kontingente besaßen wohl nur einen sehr zweifelhaften Kampfwert. Alexanders Konzept war einfach und erfolgreich. Er griff, an der Spitze seiner Reiterei, vom rechten Flügel aus an.

Obwohl dadurch sein linker Flügel und das Zentrum in arge Bedrängnis gerieten, errang Alexander den Sieg, indem er mit seinen Reitern in das persische Zentrum der Schlachtordnung eindrang, wo sich Dareios befand. Dieser floh und besiegelte damit seine Niederlage; Alexander konnte nach der Schlacht den gesamten Tross und den Harem des Perserkönigs in Besitz nehmen.

Der nun folgende Vorstoß Alexanders nach Phönikien sollte dazu dienen, die Basen der persischen Flotte in die Hand zu bekommen. Das Unternehmen war erfolgreich, nur die Stadt Tyros leistete Widerstand. Nach langer Belagerung und dem Bau eines Dammes gelang schließlich die Eroberung der durch ihre Insellage als uneinnehmbar geltenden Stadt. Alexander hielt daraufhin ein fürchterliches Strafgericht unter den Besiegten ab. Er ließ alle Männer der Stadt töten, 2.000 wurden gekreuzigt. Der Rest der Bevölkerung wurde versklavt.

Ein überaus großzügiges Friedensangebot von Dareios schlug der Makedonenkönig aus und wandte sich nach Ägypten. Die Stadt Gaza, die ebenfalls Widerstand leistete, konnte nach drei Monaten eingenommen werden. Wieder wurden alle Männer getötet. Nach Ägypten brauchte man nun nicht mehr zu ziehen – der persische Statthalter kapitulierte. Rasch wurde Alexander als Herrscher anerkannt und zum Pharao gekrönt; die Ägypter betrachteten ihn als ihren Befreier von den Persern. 331 v. Chr. gründete er die nach im benannte Stadt Alexandria, seine bedeutendste Stadtgründung. Nach einem Besuch der Orakelstadt Siwa, wo er als Sohn des Zeus begrüßt wurde, führte der Makedonenkönig seine Truppen zurück nach Phönikien, wo er Tyros wieder aufbauen ließ und Verstärkung aus Makedonien erhielt. Dann zog er weiter durch Syrien. Dareios führte nun erneut eine große Armee gegen Alexander und dieser nahm den Kampf an.

Die militärische Entscheidung im Konflikt des Eroberers mit dem persischen Großkönig fiel am 1. Oktober 331 v. Chr bei Gaugamela. Dareios hatte wieder eine große Truppenmasse zusammengezogen, das Schlachtfeld bestimmt und entsprechend vorbereitet. Im Prinzip spielte sich das Gefecht jedoch fast genauso ab wie die Schlacht bei

Issos; Alexanders linker Flügel und das Zentrum verhielten sich defensiv, während er selbst erneut die entscheidende Reiterattacke auf dem rechten Flügel anführte. Wieder konnte der Perserkönig diesem Angriff nicht standhalten und flüchtete.

Alexander ließ sich nun von seinen Truppen zum König von Asien ausrufen und besetzte die beiden großen Städte des Perserreiches, Babylon und Susa. Im Januar 330 v. Chr. erreichten die Makedonen schließlich Persepolis. Damit war Persien endgültig in Alexanders Hand. Doch war Dareios noch auf der Flucht. Der siegreiche Eroberer verfolgte den Großkönig nach Medien, wo ihm die Stadt Ekbatana kampflos übergeben wurde. Dareios wandte sich nach Baktrien – und fand den Tod: Es war sein eigener Satrap *Bessos*, der ihn töten ließ. Alexander ordnete an, die Leiche des Perserkönigs nach Persepolis zu bringen und feierlich zu bestatten. Er verfolgte nun Bessos, der sich selbst zum neuen Großkönig ernannt hatte und jetzt seinerseits auf der Flucht war. Die kriegerischen Auseinandersetzungen gingen weiter, denn einige Provinzen wollten sich dem Eroberer nicht kampflos ergeben. Alexander gelangte dabei unter anderem in Gebiete, die heute die Staaten Afghanistan, Usbekistan und Turkmenistan bilden.

Die Aufdeckung eines angeblichen Anschlages auf sein Leben bot Alexander die Gelegenheit, sich einiger seiner Kritiker zu entledigen, und veranlasste ihn, den bisher verfolgten Kurs der Verbrüderung und des gemeinsamen Kampfes mit den unterworfenen Persern aufzugeben. Die beiden prominentesten Opfer waren sein General *Parmenion* und dessen Sohn *Philotas*. Wie üblich, ging der König dabei sehr grausam vor.

Vom Zentrum des heutigen Afghanistan aus überquerte Alexander den Hindukusch, um in Baktrien einzufallen. Der Marsch durch das Gebirge war sehr beschwerlich. Als die Truppen erschöpft ans Ziel gelangten, ergab sich der Feind kampflos und Alexander zog weiter dem flüchtigen Bessos nach. Bei einem Marsch durch die Wüste verlor er viele seiner Soldaten. Nach der Überquerung des Flusses Oxus erreichte das Heer Alexanders die Satrapie Sogdien, das heutige Turkmenistan, dort wurde Bessos schließlich ausgeliefert. Alexander ließ ihn verstümmeln und übergab ihn dem Bruder des Dareios, der Bessos kreuzigen ließ. Nun befanden sich alle persischen Provinzen in Alexanders Hand und er hatte keinen Konkurrenten um das Amt des neuen Großkönigs von Persien mehr zu fürchten.

In Sogdien wurde Alexander von einem Aufstand der Bevölkerung überrascht, durch den er längere Zeit in heftige, grausame Kämpfe verwickelt wurde. Es dauerte fast zwei Jahre, bis ihm der Kopf des Anführers der Rebellion zu Füßen gelegt wurde. Während der Siegesfeier tötete der betrunkene Alexander seinen treuen Mitkämpfer *Kleitos*, nachdem dieser ihn kritisiert hatte. Überhaupt scheint der Alkohol ein immer größeres Problem im Leben des Eroberers dargestellt zu haben.

Alexander begann nun, mehr und mehr Perser und Angehörige anderer Völker in sein Heer zu integrieren, was immer wieder zu Protesten seiner makedonischen Gefolgsleute führte. Außerdem heiratete er die sogdische Prinzessin *Roxane* und versuchte das strenge persische Hofritual einzuführen, was zu weiterem Unmut führte. Alexander reagierte auf den Widerstand gewohnt brutal und ließ einige der Unzufriedenen hinrichten.

Dann wandte sich der unersättliche Eroberer nach Indien. Er unternahm den Eroberungsfeldzug mit zwei Heeren und ging dieses Mal besonders hart vor, zerstörte ganze Städte, unzählige Tote hinter sich lassend. So kann es kaum verwundern, dass sich die meisten Herrscher des Pandschab sehr bald Alexander unterwarfen. Nur der König von Pauravas, *Poros*, leistete noch Widerstand, wurde jedoch in der Schlacht am Hydaspes, trotz seiner Kriegselefanten, besiegt. Hier starb auch Alexanders Lieblingspferd Bukephalos, das ihn bisher auf allen seinen Eroberungszügen begleitet hatte.

Beim weiteren Vordringen trotz Monsunregens meuterten Alexanders Männer und verlangten die sofortige Umkehr. Dieses Mal musste der König nachgeben und ein beschwerlicher Rückmarsch begann. Dabei kam es immer wieder zu Kämpfen. Bei der Erstürmung einer Stadt der Maller wurde Alexander durch einen Pfeilschuss schwer verwundet. Er überlebte, litt aber für den Rest seines Lebens an dieser Wunde. Von der Indusmündung aus machte sich ein Teil seines Heeres unter General Nearchos mit Schiffen auf den Rückweg, Alexander nahm mit dem Rest der Truppen den Landweg, der allerdings durch die Wüste Gedrosia führte. Bei diesem Marsch gingen tausende seiner Soldaten zugrunde.

Nach seiner Rückkehr nach Babylon ordnete der Makedone eine Massenhochzeit seiner Soldaten mit persischen Frauen an. Damit wollte er die Verschmelzung von Persern und Makedonen bzw. Griechen weiter vorantreiben; er selbst heiratete zwei weitere Frauen. Erneut gab es Unruhen und Widerstand unter Alexanders Soldaten.

Der Tod seines geliebten Freundes *Hephaistion* setzte Alexander stark zu; er sollte sich von dem Verlust des Menschen, der ihm wohl am meisten bedeutet hatte, niemals ganz erholen. In seinem letzten Lebensjahr plante der König weitere Feldzüge, unter anderem im Westen des Mittelmeerraumes. Dazu kam es jedoch nicht mehr, denn Alexander, der durch seine Verwundung und seine Trunksucht nicht in bester körperlicher und geistiger Verfassung war, starb am 10. Juni 323 v. Chr. an einer fiebrigen Erkrankung in Babylon. Über die Art dieser Krankheit wurde später viel spekuliert, manche meinten, der große Eroberer sei vergiftet worden. Der Ort seines Grabes sollte später in Vergessenheit geraten.

Da der große Eroberer keine Regelung für seine Nachfolge getroffen hatte, zerfiel sein Riesenreich sehr bald in die so genannten Diadochenreiche. Die meisten von Alexanders noch lebenden Gefährten fielen den Kämpfen zum Opfer, die sie gegeneinander führten. Viele wurden ermordet oder ließen ihr Leben auf dem Schlachtfeld.

Der makedonische König hat angeblich während seiner Eroberungszüge 70 Städte gegründet, wovon einige heute noch bedeutend sind. Viele spätere Kaiser, Könige und Feldherren versuchten, es dem großen Alexander als Eroberer gleichzutun, was jedoch keinem in diesem Umfang gelang.

QIN SHIHUANGDI

(259 v. Chr.–210 v. Chr.)

In der chinesischen Provinz Shaanxi befindet sich das gewaltige Grabmal Kaiser Qin Shihuangdis, der sich noch im Tode von einer riesigen Armee bewachen ließ, die mit ihm begraben wurde. Die Soldaten der Terrakotta-Armee gehören heute zum UNESCO-Weltkulturerbe und beeindrucken durch ihre lebensnahe Machart und Individualität. Man kann sich ihrem Zauber kaum entziehen. So also sahen die Krieger des Begründers des chinesischen Kaiserreiches aus.

Die Eroberungen dieses chinesischen Herrschers können es im Umfang fast mit jenen Alexanders des Großen aufnehmen, allerdings mit dem Unterschied, dass das neu entstandene Chinesische Reich Bestand hatte.

Qin Shihuangdi, dessen eigentlicher Name Ying Zheng lautete, wurde im Jahre 259 v. Chr. als Sohn des Prinzen *Zhuangxian* und einer Konkubine geboren. Sein Geburtsort war die Stadt Handan in der heutigen Provinz Hebei, die damals die Hauptstadt des chinesischen Teilreiches Zhao war, wo sich der Prinz als Sohn des Herrschers des Fürstentums Qin aufhalten musste: Der Austausch von hochrangigen Geiseln zur Sicherung des Friedens war in jener Zeit die Regel.

Wenig später kehrte Zhuangxiang mit der Konkubine und seinem Sohn Qin zurück. Der intrigante Ratgeber des Prinzen, *Lü Buwei*, hatte es mit Hilfe geschickter Winkelzüge erreicht, dass Zhuangxiang die Nachfolge des Fürsten von Qin antreten konnte, obwohl er nach der Erbfolge darauf kaum ein Anrecht hatte.

Der neue Herrscher ernannte Lü Buwei zu seinem Kanzler, wobei dieser anscheinend die Zügel fest in der Hand hatte. Zhuangxiang starb schon nach drei Jahren Regierungszeit und nun war es erneut die Aufgabe Lü Buweis, den erst 13 Jahre alten Ying Zheng als neuen Herrscher durchzusetzen. Bis zur Volljährigkeit des jungen Fürsten führte Lü Buwei die Regierung. Im Jahre 238 v. Chr. übernahm dann Ying Zheng selbst die Staatsgeschäfte, wobei er seinen alten Kanzler vorerst beibehielt.

Der junge Herrscher entpuppte sich als sehr energische Persönlichkeit, die kaum Widerspruch duldete. Nach der Aufdeckung einer Verschwörung gegen seine Person ließ Ying Zheng zwei seiner Halbbrüder und eine größere Anzahl weiterer Personen hinrichten. Wenig später wurde Lü Buwei wegen dieser Verschwörung entlassen und beging daraufhin Selbstmord. Allerdings gewann auch der neue Kanzler *Li Si* großen Einfluss auf die Politik des Fürsten. Li Si gilt heute als einer der großen Staatsmänner Chinas und man hat viele Entscheidungen des späteren Kaisers auf den Rat und die Ideen seines Kanzlers zurückgeführt. Neben Li Si gab es viele weitere fähige Köpfe am Hof Ying Zhengs, der es offenbar verstanden hatte, die richtigen Leute um sich zu scharen. Zumindest einer dieser Berater machte sich jedoch keine Illusionen über den Charakter seines Herrschers: „Gibt es Probleme, so setzt er sich gerne gegenüber anderen herab, hat er Erfolg, wird er rasch zum Menschenfresser. Ich bin nur ein einfacher Mann, dennoch behandelt er mich wie einen Vorgesetzten. Sollte es ihm gelingen, die Welt zu erobern, werden wir alle seine Gefangenen sein." Immerhin aber hatte der Herrscher manches Mal die Größe, einen Entschluss zurückzunehmen, wenn er erkannte, dass dieser falsch war.

Der Staat Qin war zu dieser Zeit eines der so genannten „Sieben streitenden Reiche", in die China zerfallen war. Es waren dies außer Qin noch Han, Zhao, Wei, Chu, Yan und Qi. Diese sieben Staaten kämpften bereits seit dem Jahre 475 v. Chr. um die Vorherrschaft. Kurz nach der Beseitigung der Verschwörer begann Ying Zheng einen Krieg gegen das benachbarte Reich Han, das er 230 v. Chr. unterwerfen konnte. Beflügelt von diesem Erfolg gelang es dem Herrscher Qins im Jahre 228 v. Chr. ein weiteres Teilreich unter seine Kontrolle zu bringen, Zhao. Ying Zheng soll über ein den Truppen der anderen Staaten weit überlegenes Heer von 600.000 Soldaten verfügt haben, wobei die Zahlenangaben in den alten chinesischen Texten wohl oft als übertrieben zu betrachten und mit Vorsicht zu behandeln sind. Die Ausrüstung und Ausbildung dieser Armee war sicherlich die beste ihrer Zeit und der ihrer Gegner weit voraus. Ein Besuch des großen Militärmuseums in Bejing setzt uns heute noch in Erstaunen, auf welch hohem Niveau der Kriegstechnik sich die Armeen des damaligen China und ganz besonders jene des großen Eroberers befanden.

Wie sehr das gewaltige Heer des Kriegerfürsten seine Gegner in Angst und Schrecken versetzte, zeigt der Bericht eines alten chinesischen Historikers: „Doch am Pass trafen sie auf die Qin-Armee, die unbeeindruckt gegen sie vorrückte. Ohne Widerstand zu leisten, begannen die Angreifer zu fliehen, und Qin errang einen entscheidenden Sieg und sie verfolgten und vernichteten ihre Feinde, bis ihre Schilde auf einem Fluss von Blut dahintrieben."

Ying Zheng setzte seine Eroberungszüge zügig fort und besetzte 225 v. Chr. den Staat Wei, 223 v. Chr. Chu und 222 v. Chr. Yan. Trotz aller verzweifelten Versuche dieser Länder, sich gegenseitig zu unterstützen, behielt der erfolgreiche Eroberer immer die Oberhand. Er verfügte einfach über die größere und besser funktionierende Armee und war selbst mit hoher militärischer Begabung gesegnet.

Der Herrscher des letzten verbliebenen Teilreiches Qi entsandte nun einen Attentäter, um Ying Zheng aus dem Weg zu räumen. Dieser konnte sich unter einem Vorwand in den Audienzsaal des Kriegerfürsten begeben und warf ein Messer nach ihm, das jedoch sein Opfer verfehlte. Da der Fürst an seinem Hof als Einziger Waffen tragen durfte, tötete er den Attentäter persönlich.

Als er schließlich auch das letzte Teilreich erobert hatte, war Ying Zheng die Verwirklichung eines viele Jahrhunderte gehegten Traums gelungen: Ganz China unterstand wieder einem einzigen Herrscher. Aus dem Fürsten Ying Zheng wurde nun Qin Shihungdi, der „Erste erhabene Gottkaiser von Qin", wovon sich der bis heute gebräuchliche Name für das neue Reich ableitete – China.

Der Herrscher dieses neuen Gesamtreiches war mehr gefürchtet als geliebt. Alle zitterten vor seiner exemplarischen Härte. So ließ er von hunderttausenden versklavten

Arbeitern ein monumentales Grabmal für sich errichten, das durchaus mit den größten Pyramiden ägyptischer Pharaonen mithalten konnte. Dabei kamen tausende Arbeiter um, was den Kaiser aber wenig zu kümmern schien. Sein größtes Projekt war jedoch der Bau der Chinesischen Mauer, die wir heute noch bestaunen können, auch wenn sie nicht vom Mond aus sichtbar ist, wie fälschlich behauptet wurde.

Sehr groß soll die Zahl jener Menschen gewesen sein, die beim Bau der Mauer ums Leben kamen. Da es zu wenige freiwillige Arbeiter gab, wurden viele Männer zwangsweise dazu rekrutiert, was das soziale Gefüge im Reich schwer erschütterte. Wenn man heute die großartige Chinesische Mauer betrachtet, die viele Jahrhunderte lang weiter ausgebaut wurde, so denkt man kaum an die vielen Opfer, die ihre Errichtung forderte.

Eine weitere Aktion Shi Huangdis mutet fast noch verheerender an. Ließ er doch im Jahre 213 v. Chr. groß angelegte Bücherverbrennungen durchführen, die einen Gutteil des bis dahin erworbenen philosophischen und historischen Wissens des chinesischen Volkes vernichteten. Die Auswirkungen waren möglicherweise noch gravierender als jene des Brandes der legendären Bibliothek von Alexandria bei den Kämpfen Julius Caesars in Ägypten. Zusätzlich ordnete der chinesische Kaiser die grausame Hinrichtung von hunderten Gelehrten an, die gegen die Bücherverrichtung protestiert hatten. Angeblich soll sein Kanzler Li Si hinter diesen Maßnahmen gestanden haben.

Um das Volk unter Kontrolle zu halten und Aufruhr möglichst im Keime zu ersticken, ließ Shi Huangdi privaten Waffenbesitz verbieten und große Teile der Bevölkerung seines Reiches umsiedeln, was allerdings zu Aufständen führte. Bei der Niederwerfung dieser Erhebungen ging der Kaiser rigoros vor und so sollen von etwa 30 Millionen Einwohnern Chinas mehr als zwei Millionen durch verschiedene Zwangsmaßnahmen des Herrschers umgekommen sein.

Um die Machtausübung des ersten chinesischen Kaisers nicht nur in negativem Licht erscheinen zu lassen, sei auf seine vielen Reformen und neuen Regelungen hingewiesen, die teilweise sehr lange Bestand hatten. So ließ er das Schriftsystem Chinas nach dem Beispiel Qins vereinheitlichen, führte eine allgemeine Währung in seinem Reich ein und schuf einheitliche Maße und Gewichte.

Die Normierungslust Qin Shihuangdis ging, bestärkt durch den Kanzler Li Si, aber noch viel weiter. Kennzeichnend für die nun alles umfassende Neuordnung wurden detaillierte Vorschriften zur Amtskleidung der Würdenträger und Beamten erlassen. Auch vor dem gemeinen Volk machte der Kaiser nicht Halt. Nicht nur die Größe der Wagen von Bauern und Händlern war exakt vorgegeben, sondern auch, wie die Haartracht und der Schnurrbart der männlichen Untertanen auszusehen hatte. Bei der Bekleidung gab es ebenfalls strikte Vorschriften. Zuwiderhandlung wurde streng bestraft, bis hin zur Todesstrafe.

Das gesamte Reich wurde unter Missachtung der bisherigen Fürstentümer in 36 Kommandanturen und 1.000 Landkreise eingeteilt, die von ausgesuchten kaiserlichen Beamten verwaltet wurden. Es gab dabei eine strenge Hierarchie, die sich über 18 Stufen erstreckte. Jeder dieser Beamten war gezwungen, dem Kaiser jährlich detailliert zu berichten, welche Veränderungen sich in seinem Gebiet ergeben hatten. Dabei wird besonders betont, dass der Kaiser wirklich fähige Leute mit der Funktion von Gouverneuren und Militärkommandanten betraute und keiner seiner Familienangehörigen aus Gefälligkeit hohe Ämter erhielt.

Der Kaiser ließ auch ein riesiges neues Straßensystem von fast 7.000 km Länge anlegen. Diese Straßen verliefen oft über hunderte Kilometer absolut gerade und waren an beiden Seiten mit Bäumen bepflanzt. Für die Erleichterung des Transports wurden auch viele Kanäle gebaut, die teilweise noch heute existieren.

Nachdem Qin Shihuangdi die Grenzen des neuen Reiches durch die große Mauer gesichert hatte, ließ er im Inneren alle Grenzbefestigungen der alten sieben Staaten abtragen und auch die Städte durften nicht mehr befestigt werden. Die vielen Waffen aus Bronze, die er in seinen Kriegen erbeutet hatte, wurden zu riesigen Statuen und Glocken verarbeitet, die vom Ruhm des Kaisers zeugen sollten.

Da er das vereinte China entsprechend repräsentieren wollte, ordnete der Kaiser 212 v. Chr. den Bau einer gigantischen Palastanlage in seiner Hauptstadt Xianyang an, die alle bisherigen Paläste in den Schatten stellen sollte. Allein die Terrasse der Haupthalle soll die Ausmaße von 675 mal 112 Metern gehabt haben. Der Palast wurde allerdings zu Lebzeiten des Kaisers nicht vollendet und nach seinem Tod wieder zerstört. Qin Shihuangdi hatte zudem Kopien von allen Herrscherpalästen der von ihm unterworfenen Reiche in der Hauptstadt errichten lassen. Auch diese sollten von seinen ruhmreichen Taten künden.

Qin Shihuangdi soll angeblich 270 weitere Paläste besessen haben, allerdings ist diese Zahl wohl eine Übertreibung. Der Kaiser verbrachte viel Zeit auf Reisen und legte dabei mit großem Gefolge viele tausend Kilometer zurück. Bei einer dieser Reisen wurden er und seine Begleiter von Aufständischen überfallen und er überlebte nur, weil diese versehentlich die falsche Sänfte attackierten. Bei einem im Jahre 216 v. Chr. von Qin Shihuangdi in Verkleidung unternommenen Rundgang durch seine nächtliche Hauptstadt wurde er von „Banditen" überfallen und fast getötet; man nimmt an, dass es sich hierbei um eine Verschwörung gehandelt habe.

Trotz seines immer wieder bewiesenen Mutes hatte der Kaiser sehr große Todesangst und war auf der Suche nach dem ewigen Leben. Als er Erzählungen von einer „Insel der Unsterblichkeit" hörte, sandte er eine große Expedition aus, um diese ausfindig zu machen. Er wollte unter allen Umständen an das „Elixier des Lebens" gelangen. Die Expedition kehrte niemals zurück. Angeblich sollen die Männer in Japan gelandet sein und dort das japanische Kaisertum begründet haben. Auch eine zweite Expedition verlief erfolglos.

In seiner Todesfurcht beschäftigte sich der Kaiser auch mit allerlei Formen von Zauberei und Schamanismus. Er nahm quecksilberhaltige Essenzen zu sich, die ihm von Alchemisten bereitet wurden, um sein Leben zu verlängern; allerdings scheint er es dadurch eher verkürzt zu haben.

Irgendwann, so meinen viele, die sich mit dem Kaiser beschäftigt haben, sei Qin Shihuangdi von seiner eigenen

Größe geblendet worden und in seinen Vorstellungen über jedes Maß hinausgegangen. Er ließ überall Verherrlichungen seiner Person und seiner Taten in Stein meißeln und aufstellen, in der Hoffnung, dass diese Zeugnisse seiner Größe die Zeiten überdauern würden. Auch duldete er schließlich keinerlei Widerrede mehr und ließ Kritiker unerbittlich töten, was dazu führte, dass er am Ende fast nur noch von Lügnern und Schmeichlern umgeben war und den Kontakt zur Realität völlig verlor.

Der große Eroberer und Einiger Chinas starb am 10. September 210 v. Chr. auf einer seiner Expeditionsreisen vermutlich an einer Quecksilbervergiftung. Bereits sterbend ernannte er seinen ältesten Sohn, Prinz *Fu-su*, der zuvor bei ihm in Ungnade gefallen war und den er sogar zur Zwangsarbeit an die Mauer geschickt hatte, zu seinem Nachfolger. Ein schriftliches Testament hinterließ er nicht.

Doch dieser letzte Wunsch des zuvor allmächtigen Kaisers wurde von seinen engsten Beratern nicht erfüllt. Sie trieben den Prinzen und dessen fähigsten General mittels einer Intrige zum Selbstmord. Auch verheimlichten sie zunächst den Tod des Kaisers und machten nach dessen verspäteter Bekanntgabe seinen jüngsten Sohn, Prinz *Huhai*, zum neuen Herrscher Chinas.

Der neue Kaiser nahm den Namen *Qin Erh-huangdi* an und bestattete seinen Vater in dem riesigem Grabmal, das dieser seit seinem 13. Lebensjahr hatte errichten lassen. Es war eine monströse Totenstadt, umgeben von Mauern und angefüllt mit Luxusgütern. Die Haremsdamen mussten ihrem Herrn, genauso wie viele Arbeiter, die um die Geheimnisse des Grabes wussten, in dieses folgen. Sie wurden lebendig eingemauert. Da eine Liebhaberei des Kaisers das Sammeln von Tieren gewesen war, wurde ihm auch dieser damals sicherlich größte Zoo der Welt mit ins Grab gegeben.

So geriet noch die Reise Qin Shihuangdis in die Ewigkeit zum großen Massaker. Immerhin schien er seinem Nachfolger ein geeintes und starkes Reich zu hinterlassen. Doch konnte sich Qin Erh-huangdi nicht lange an der Macht halten, da er in keiner Weise die Fähigkeiten seines Vaters besaß. Überall kam es zu Erhebungen und schon 207 v. Chr.

wurden die Qin-Armeen von Aufständischen vernichtend geschlagen und der junge Herrscher getötet. Das prunkvolle Grabmal des großen Kaisers wurde verwüstet. 206 v. Chr. gelangte schließlich die *Han-Dynastie* an die Macht.

Der erste Kaiser Chinas wurde schon bald nach seinem Ende äußerst negativ beurteilt. Viele Jahrhunderte lang genoss er keinerlei Glorifizierung, wie sie anderen großen Eroberern zuteil wurde. Man sah ihn als blutrünstigen Despoten und Tyrannen, der durch seine Politik zum raschen Ende seiner Dynastie beigetragen habe. Später stellte man ihn mit Dschingis Khan auf eine Stufe. Erst in kommunistischer Zeit wurde er wieder positiver bewertet. Gewisse Ähnlichkeiten mit *Mao Zedong* sind ja auch durchaus gegeben.

Fest steht, dass der erste Kaiser Chinas eine sehr kraftvolle und energiegeladene Persönlichkeit war, die das Ziel der Einigung des Landes und der Schaffung eines mächtigen zentral regierten Reiches hartnäckig und kompromisslos verfolgte. Seine konsequente und rasche Eroberung aller Teilreiche beweist seine großen strategischen Fähigkeiten. Ohne ihn wäre die weitere Entwicklung Chinas wohl völlig anders verlaufen.

Hannibal Barkas

(247 v. Chr.–183 v. Chr.)

Es gibt große militärische Führer, die ihre Karriere als Sieger beendeten, und solche, die am Ende ihrer Laufbahn unterlagen und letztlich scheiterten. Das heißt jedoch nicht, dass diese die schlechteren Feldherren gewesen wären. Man muss hier auch den Faktor Glück und weitere Umstände in Rechnung stellen. Von jenen, die schließlich scheiterten, war Hannibal einer der Größten. Er hat weite Gebiete erobert und wieder verloren, hat große Siege gefeiert und nur eine wirkliche Niederlage erlitten, er stand lange auf dem Gipfel des Ruhmes und endete als Flüchtling.

Was ihm letztlich fehlte, war die Gunst der Umstände und das notwendige Glück.

Hannibal entstammte dem Geschlecht der *Barkiden*, einer mächtigen Familie, aus der viele Heerführer und Politiker Karthagos hervorgegangen waren. Schon sein Vater *Hamilkar* war ein bedeutender Feldherr, der auf Sizilien erfolgreich gegen die Römer gekämpft, einen Söldneraufstand in seiner Heimat niedergeschlagen und die Herrschaft Karthagos im südlichen Spanien begründet hatte.

Hamilkar sorgte dafür, dass sein Sohn eine gute Erziehung erhielt. Durch seinen Lehrer, den Spartaner *Sosylos*, erfuhr Hannibal viel über die Taten Alexanders des Großen, des Königs *Pyrrhos von Epirus* und anderer großer Heerführer. Auch auf den Gebieten der Politik, der Diplomatie und natürlich des Militärwesens wurde Hannibal gründlich ausgebildet und er verbrachte viel Zeit im Heerlager seines Vaters in Hispanien.

Auch Hannibals Brüder *Hasdrubal* und *Mago* erhielten eine militärische Ausbildung und sollten ebenfalls als Heerführer dienen. Die Römer setzten später die Legende in die Welt, dass Hannibal und seine Brüder Rom ewige Feindschaft schwören mussten.

Hamilkar eroberte in Spanien große Gebiete, um dadurch die Gebietsverluste Karthagos an das Römische Reich im Ersten Punischen Krieg auszugleichen. Außerdem stärkten diese Territorien die Machtgrundlage der Barkiden. Nachdem Hamilkar in einer Schlacht gegen aufständische iberische Stämme sein Leben verloren hatte, übernahm Hannibals Schwager Hasdrubal das Kommando in Spanien. Er erweiterte den karthagischen Besitz in großem Umfang und gründete die Stadt Cartagena. Im so genannten Ebro-Vertrag wurden die Grenzen zum römischen Machtbereich auf der Iberischen Halbinsel festgelegt.

Hannibal war einige Zeit in Karthago gewesen, kehrte jedoch auf Wunsch Hasdrubals nach Spanien zurück und übernahm das Kommando über die Reiterei. Hier bewährte er sich in mehreren heftigen Kämpfen gegen die Iberer.

Als Hasdrubal 221 v. Chr. ermordet wurde, übernahm Hannibal das Oberkommando und er führte die Kämpfe gegen die iberischen Stämme weiter. Seinen ersten Sieg in einer offenen Feldschlacht erzielte er am Tajo, über einen ihm zahlenmäßig weit überlegenen Gegner. Ab 220 v. Chr. belagerte Hannibal die Stadt Sagunt, die ihm die Unterwerfung verweigert hatte. Die Bewohner Sagunts schlossen daraufhin ein Bündnis mit Rom. Die Römer forderten von Hannibal die Aufhebung der Belagerung, was dieser ablehnte, da die Stadt im karthagischen Einflussbereich lag. Der Rat von Karthago ließ ihm diesbezüglich freie Hand. Nachdem er die Stadt acht Monate lang belagert hatte, ließ Hannibal Sagunt stürmen und die Bewohner niedermetzeln. Die Römer verlangten von Karthago die Auslieferung des Feldherrn, andernfalls werde man den Konflikt militärisch lösen. Der karthagische Rat ging auf diese Erpressung nicht ein – der Zweite Punische Krieg begann, in dem Hannibal schließlich 16 Jahre lang gegen Rom kämpfen sollte.

Die Offensive des Karthagers, der nun mit 59.000 Mann nach Italien marschierte, schien mehr als tollkühn. Hannibal wollte mit seiner Armee, die 9.000 Reiter und angeblich auch 37 Elefanten umfasste, möglichst schnell vorrücken und über die Alpen ins Herz des römischen Machtgebietes einfallen. Eine Überquerung dieser Gebirgskette mit einer großen Armee hatte bis dahin noch kein Feldherr gewagt. Wie geplant, rückte Hannibals Armee so schnell vor, dass die Römer diese nicht in Gallien abfangen konnten. Die eilige und improvisierte Überquerung der frühwinterlichen Alpen forderte aber vom karthagischen Heer ihren Tribut und so dürfte im November 218 v. Chr. wohl nur die Hälfte der Truppen in Italien angekommen sein. Doch für die Römer war die Überraschung perfekt. Es ist bis in unsere Tage viel darüber spekuliert worden, wo Hannibal die Gebirgskette überquert hat; der Col de Clapier, der in 2482 Metern Höhe über den Mont Cenis führt, scheint der für den Übergang geeignetste Pass zu sein. 1979 haben Forscher den Col de Clapier mit zwei Elefanten bewältigt, um diese Hypothese zu untermauern.

Während Hannibal nach der Alpenüberquerung durch das Gebiet verschiedener keltischer Stämme zog, konnte er sein dezimiertes Heer mit Kriegern aus der Region verstärken. Hatte er doch vor seinem Gebirgsmarsch durch

Abgesandte freien Durchzug und Unterstützung mit den betreffenden Stämmen ausgehandelt. In einem Gefecht am Fluss Ticinus konnten die karthagischen Reiter einen ersten Erfolg gegen römische Einheiten erzielen, die sich zurückziehen mussten. In der Schlacht an der Trebia feierte Hannibal seinen ersten großen Triumph. Es gelang ihm mit einer List, die Römer über den Fluss zu locken und ihnen eine schwere Niederlage beizubringen. Hier zeigte der Heerführer sein großes Talent in der klugen Planung und gekonnten Ausführung einer bedeutenden Schlacht. Die Römer verloren angeblich 20.000 Mann und versetzten durch ihre ungeordnete Flucht ihre Landsleute in helle Panik. Hannibal verlor allerdings in dieser Schlacht bis auf einen alle Kriegselefanten, die den Marsch über die Alpen überlebt hatten. Damit stand ihm in der Folge ein wichtiges Hilfsmittel karthagischer Kriegskunst nicht mehr zur Verfügung. Doch hatte Hannibal nun Norditalien unter seine Kontrolle gebracht.

Im Frühjahr 217 v. Chr. rückten die Karthager Richtung Süden vor. Bei der Überquerung des Apennin erwies sich die Witterung Hannibals Heer nicht gnädig und er musste erneut Verluste in Kauf nehmen. Durch die geschickte Führung seiner Truppen gelang es ihm aber, sie an den römischen Armeen vorbeizuführen. Diese nahmen die Verfolgung Hannibals auf, eine Unternehmung, die zum nächsten römischen Fiasko führte, denn es gelang dem Karthager, seine Feinde am Trasimenischen See in eine Falle zu locken. Der römische Konsul *Flaminius* war weitaus weniger gut über die Lage unterrichtet als Hannibal, der stets eine große Anzahl von Spähern und Kundschaftern aussandte, die ihn mit den nötigen Informationen versorgten. So positionierte er sein Heer in versteckten Stellungen am Nordostufer des Trasimenischen Sees, weil er erwartete, dass Flaminius mit seinen Truppen auf dem schmalen Uferstreifen den See entlangziehen würde. Der römische Kommandeur tat Hannibal diesen Gefallen und ließ seine Armee in einer langen Reihe vorrücken. Die Karthager griffen schließlich auf der gesamten Länge an und fielen über die überraschten Römer her. Viele Soldaten Roms wurden getötet, andere flohen in den See, von denen die meisten ertranken. Die Vorhut der Römer konnte zunächst fliehen, wurde dann aber gestellt und gefangen genommen. Auch eine Entsatztruppe von 4.000 Reitern wurde aufgerieben. Der römische Konsul war wie die meisten seiner Soldaten gefallen.

Nach diesem neuerlichen Sieg versuchte Hannibal, möglichst viele Verbündete Roms auf seine Seite zu ziehen. Das gelang ihm aber kaum, denn er wurde von diesen als Bedrohung empfunden und so besetzte seine Armee schließlich auch deren Gebiete. Um ihrer Panik Herr zu werden, griffen die Römer auf eine Maßnahme zurück, die nur für Notzeiten vorgesehen war – sie wählten einen Diktator. Die Wahl fiel auf *Quintus Fabius Maximus*, der später „Cunctator" genannt wurde, weil er alle seine Entscheidungen sehr genau abwog und meist zögerlich vorging. Die Römer erwarteten jetzt einen direkten Angriff auf ihre Stadt, der aber unterblieb. Ein karthagischer Reitergeneral soll wegen dieses Versäumnisses zu Hannibal gesagt haben: „Du verstehst zu siegen, Hannibal. Den Sieg zu nutzen aber verstehst du nicht!" Der karthagische Feldherr beabsichtigte, Rom durch die Vernichtung von dessen Bundesgenossensystem lediglich so zu schwächen, dass es keine große Gefahr mehr für Karthago darstellen würde; doch diese Hoffnung erfüllte sich nie. Vielleicht lag Hannibals Verhalten auch darin begründet, dass es ihm schlicht an Belagerungsgerät und die dafür nötigen Spezialisten fehlte. Aber hätte jemand, der auf allen Gebieten erfolgreich improvisierte, wirklich an diesem Problem scheitern können?

Der am 2. August 216 v. Chr. folgende dritte große Sieg Hannibals über die Römer sollte als einer der bedeutendsten Schlachtensiege in die Geschichte eingehen. Bis in die Gegenwart hinein zeigten sich Heerführer begeistert von diesem großartigen Sieg des Karthagers und versuchten, ihm nachzueifern.

Die Konsuln des Jahres 216, *Lucius Aemilius Paulus* und *Gaius Terentius Varro*, rückten von der zögerlichen Politik des „Cunctators" ab und es gelang ihnen, die bis dahin größte Armee Roms aufzustellen. So standen nun mehr als 80.000 Mann gegen Hannibals Truppen, die aus ca. 40.000

Fußsoldaten und 10.000 Reitern bestanden. Hannibal hatte einige Zeit in der Stadt Gerunium verbracht und erwartete jetzt mit seinen gut ausgeruhten und verpflegten Truppen die Römer bei Cannae in Apulien. Die beiden römischen Konsuln, die sich im Kommando über das Heer täglich abwechselten, verfolgten eine uneinheitliche Linie. Der forschere der beiden, Varro, führte die römischen Truppen schließlich über den kleinen Fluss Aufidus gegen Hannibal, der an dessen Südufer stand. Die Römer setzten bei ihrer Aufstellung auf ein starkes, tief gestaffeltes Zentrum, während Hannibal die schwächeren Truppenteile in der Mitte und die im Kampf erfahrenen an den Flügeln positionierte. Für die Römer wurde diese Aufstellung schließlich zu einer riesigen Falle, da sie während ihres zunächst erfolgreichen Vordringens ins karthagische Zentrum von den beiden Flügeln Hannibals in die Zange genommen und schließlich eingekesselt wurden. Die Reiter Hannibals, die der römischen Kavallerie deutlich überlegen waren, gaben den Ausschlag für das Gelingen seines Planes. Die Schlacht endete mit einem historisch beispiellosen Gemetzel, bei dem je nach Quelle zwischen 50.000 und 70.000 Römer fielen und 10.000 gefangen genommen wurden – Verlustzahlen, die nur mit denen der beiden Weltkriege vergleichbar sind. Der Triumph Hannibals schien vollkommen, doch hatten sich zwei wichtige Personen seinem Zugriff entziehen können: der römische Befehlshaber Varro und ein junger Mann namens *Scipio*, der später Hannibals Bezwinger werden sollte.

Auch nach diesem überragenden Sieg erfüllte sich Hannibals Hoffnung nicht, dass nun alle Verbündeten Roms zu ihm überlaufen würden. Zwar fielen einige – vor allem süditalienische – Städte und Stämme von Rom ab, dessen Bündnissystem blieb strukturell jedoch erhalten. In der Folge eröffneten die Römer neue Kriegsschauplätze in Sizilien, Spanien und Afrika, wodurch sie letztlich die Oberhand gewannen.

Während Hannibal in den folgenden Jahren in lang andauernden Kämpfen große Gebiete eroberte und weiter auf die Zerstörung des römischen Bundesgenossensystems hinarbeitete, verschlechterte sich die Lage Karthagos auf anderen Kriegsschauplätzen zunehmend. Hannibal unternahm zwar 211 v. Chr. einen Scheinangriff auf Rom, um das von den Römern belagerte und mit ihm verbündete Capua zu entlasten; zur Eroberung der Stadt war er aber nicht bereit. Dennoch versetzte er die Römer in Angst und Schrecken, die bei seinem Erscheinen ausgerufen haben sollen: „Hannibal ante portas!" („Hannibal ist vor den Toren!")

Als Hasdrubal Barkas, Hannibals Bruder, im Jahre 207 v. Chr. mit einer karthagischen Armee ebenfalls die Alpen überschritt, schien sich der endgültige Sieg über Rom anzubahnen. Doch Hasdrubal machte einige schwerwiegende strategische und taktische Fehler und wurde vernichtend geschlagen, bevor er zu Hannibal stoßen konnte. Die Römer schlugen dem gefallenen Hasdrubal den Kopf ab und warfen diesen sechs Tage später in das Lager Hannibals. Als der karthagische Heerführer das Haupt seines Bruders sah, soll er gesagt haben: „Hier sehe ich das Schicksal Karthagos!"

Obwohl Hannibal nicht aufgab und den Kampf gegen die Römer fortführte, war ihm, als er vom Sieg der Römer in Spanien hörte, vielleicht schon bewusst, dass seine Pläne letztlich scheitern würden. Der Feldherr musste schließlich nach Afrika zurückkehren, da Karthago durch die Landung Scipios in Nordafrika jetzt direkt bedroht war.

Die Schlacht bei Zama im Jahre 202 v. Chr. wurde schließlich zu Hannibals Waterloo und bedeutete die endgültige Niederlage Karthagos in diesem Krieg. Immerhin aber hatte der geschlagene Feldherr das unerwartete Glück, dass der noble Sieger Scipio, der nun „Africanus" genannt wurde, auf seine Auslieferung verzichtete und seinem Widerpart das Schicksal ersparte, womöglich bei einem Triumphzug durch Rom als Siegestrophäe mitgeführt zu werden.

Hannibal kehrte ins zivile Leben zurück und wurde politisch aktiv. Es galt, seine schwer angeschlagene, militärisch und politisch ruinierte Heimat zu reorganisieren. Auch auf diesem Gebiet war er erfolgreich, machte sich aber viele Feinde unter Karthagos Mächtigen. Rom führte ab 200 v. Chr. Krieg gegen *Philipp* von Makedonien und

Antiochos von Syrien und verdächtigte Hannibal, Beziehungen zu Antiochos zu unterhalten. 195 v. Chr. reiste eine römische Kommission nach Karthago, um gegen den ehemaligen Erzfeind vorzugehen und seine Auslieferung zu fordern. Hannibal konnte jedoch rechtzeitig fliehen. Karthago, für das er viele Jahre lang gekämpft hatte, ließ sein Haus zerstören und ihn zum Geächteten erklären – um die gefährlichen Römer zu beschwichtigen, opferten die Karthager den Ruhm ihres bedeutendsten Heerführers.

Hannibal gelangte mit einem Schiff nach Tyros, das in der Hand von Antiochos von Syrien war. Als der Karthager und der König sich in Ephesos trafen, machte Hannibal den Vorschlag, mit einem Heer des Syrers in Italien zu landen. Doch der Plan wurde verraten und die Römer sandten Scipio Africanus mit einer Delegation zu Antiochos, um das Vorhaben zu vereiteln. Der König ließ Hannibals Plan fallen, konnte oder wollte aber einen Kriegsausbruch nicht verhindern. Als die Syrer ihre erste Niederlage gegen die Römer erlitten hatten, versuchte der Karthager, ihnen mit einer selbst aufgestellten Flotte zu Hilfe zu kommen, doch auch damit konnte er die Niederlage zur See nicht abwenden. In der Entscheidungsschlacht bei Magnesia im Jahre 189 v. Chr. wurde Antiochos schließlich von dem römischen Heer unter dem Kommando der Scipio-Brüder vernichtend geschlagen. Bereits vor der Schlacht hatte Hannibal für den Aufmarsch der Syrer nur abfällige Kommentare übrig gehabt.

Hannibal musste erneut fliehen und ging nach Armenien, wo er sich als Städteplaner betätigte, was auf seine Vielseitigkeit hinweist. Als auch hier die Gefahr eines Zugriffs der Römer auf ihn wuchs, floh Hannibal nach Kreta und später nach Bythinien, wo er dem König *Prusias* bei dessen Krieg gegen Pergamon mit seiner militärischen Erfahrung zur Seite stand. Eine der gegnerischen Flotten wurde nicht zuletzt dadurch besiegt, dass man auf Hannibals Rat hin Töpfe mit Giftschlangen auf ihre Schiffe katapultierte.

Im Jahr 183 v. Chr. machten die Römer Ernst und forderten unter der Androhung von Krieg die Auslieferung Hannibals. Der große gescheiterte Eroberer sah als einzi-

Scipio Africanus

(235 v. Chr.–183 v. Chr.)

Publius Cornelius Scipio Africanus, wie sein vollständiger Name lautete, ist als der Mann in die Geschichte eingegangen, der den großen *Hannibal* besiegte. Dabei war dieser sehr gebildete Mann nicht nur ein großer Feldherr, sondern auch ein Glückspilz, der in jungen Jahren drei verlorene Schlachten gegen Hannibal überlebte. Der große Heerführer Scipio, dem allein Rom wahrscheinlich seinen Sieg im Zweiten Punischen Krieg und vielleicht auch sein Fortbestehen verdankte, hat historisch immer im Schatten seines karthagischen Gegners gestanden und es wäre schon längst an der Zeit, ihn von dort hervorzuholen.

Scipio der Ältere – wie man ihn später nannte, um ihn von anderen bedeutenden Trägern des gleichen Namens zu unterscheiden – wurde im Jahre 236 v. Chr. geboren. Er gehörte durch seine Herkunft einer der bedeutendsten Familien der Römischen Republik an, den *Corneliern*. Über seine Kindheit und frühe Jugend existieren keine ausführlichen Berichte, doch darf man annehmen, dass er für einen jungen römischen Aristokraten übliche Erziehung erhalten hat. Wenn er später als umfassend gebildet be-

45

schrieben wurde, lässt dies auf eine gute Ausbildung durch fähige Lehrer schließen. Schon in sehr jungen Jahren wurde er mit dem Krieg konfrontiert, denn Hannibal bedrohte Rom.

Scipio war erst 17 Jahre alt, als er an der Schlacht am Ticinus teilnahm. Sie ging für Rom verloren, doch Scipio kam heil davon. Er machte auch die Schlacht an der Trebia und jene bei Cannae mit, verheerende Niederlagen, die er ebenso unbeschadet überstand. Hannibal schien unbesiegbar und man erwartete seinen Angriff auf die Stadt Rom, den er jedoch niemals unternehmen sollte.

Es wird berichtet, dass sich in Rom nach all diesen militärischen Katastrophen große Verzweiflung ausgebreitet habe. Als die Einnahme der Stadt durch die Karthager unmittelbar bevorzustehen schien, hätten viele römische Offiziere ihr Heil in der Flucht aus Italien suchen wollen. Doch Scipio sei ihnen mit einer Gruppe von Gleichgesinnten entgegengetreten und habe sie mit gezogenem Schwert gezwungen, den Schwur zu leisten, Rom die Treue zu halten – möglicherweise eine später erfundene Legende, genauso wie jener Bericht, Scipio habe bei der Schlacht am Ticinus seinem Vater das Leben gerettet.

Es muss eine große Energie und unwiderstehliche Ausstrahlung von dem jungen Mann ausgegangen sein, denn sonst hätte er, auch im Rom jener Zeit, nicht so rasch militärische Karriere gemacht.

Scipio dachte intensiv über die Gründe für die Niederlagen der kriegserprobten Römer gegen Hannibal nach. Er analysierte die Unterschiede zwischen der römischen Taktik und jener des karthagischen Heerführers. Scipio erkannte die Mängel und Beschränkungen des römischen Militärwesens und versuchte, diese zu beseitigen. Vor allem passte er später die römische Taktik jener des siegreichen Hannibal an und sollte damit Erfolg haben.

Nachdem sein Vater und sein Onkel in Spanien gefallen waren, bot Scipio dem Senat an, ihn dorthin zu senden und ihm die Führung der hispanischen Legionen zu übertragen. Der Senat stimmte zu und so erhielt Scipio im Alter von nur 25 Jahren das Kommando über die spanischen Truppen, ohne auch nur die Position eines Prätors erreicht zu haben, was absolut ungewöhnlich für römische Verhältnisse war und nur durch die besonderen Umstände erklärt werden kann.

Bei Scipios Ankunft auf dem spanischen Kriegsschauplatz waren die dort normalerweise befehligenden Feldherren Karthagos, *Hasdrubal Barkas* und *Mago*, gerade in Nordafrika im Einsatz, um Rebellionen niederzuschlagen. Der junge römische Heerführer hatte also relativ leichtes Spiel und eroberte 209 v. Chr. die wichtigste Stadt Karthagos in Spanien – Carthago Nova. In der Folge gelangen Scipio einige weitere Siege über die Karthager. Der Höhepunkt dieser Erfolgsserie war der römische Sieg in der entscheidenden Schlacht bei Ilipa (206 v. Chr.), der die Karthager dazu zwang, sich aus Hispanien zurückzuziehen. Scipio unternahm noch einige Säuberungsaktionen und musste zudem eine Meuterei seiner eigenen Truppen unterdrücken. Angeblich trugen ihm die keltisch-iberischen Stämme Spaniens die Königswürde an, die dieser allerdings ablehnte. Der junge Mann hatte sich rasch als bedeutender Feldherr etabliert und innerhalb weniger Jahre in Spanien klare Verhältnisse geschaffen.

Zurückgekehrt nach Rom, wurde dem siegreichen Eroberer ein offizieller Triumphzug verwehrt, weil er noch kein höheres Regierungsamt bekleidet hatte. Doch das Volk jubelte dem jungen Sieger trotzdem begeistert zu. Dank seines militärischen Erfolges wurde Scipio 205 v. Chr. zum Konsul gewählt. Hannibal trieb weiterhin sein Unwesen in Italien, war aber bereits auf den äußersten Südwesten der Halbinsel zurückgedrängt worden und hatte viel von seiner Gefährlichkeit eingebüßt.

Scipio erhielt nach seinem Konsulat Sizilien als Provinz zugewiesen und traf dort Vorbereitungen für einen neuen Kriegszug. Er verfolgte nun den Plan, mit einem römischen Heer in Afrika zu landen und Karthago direkt anzugreifen. Dagegen gab es in Rom erhebliche Widerstände, vor allem der einflussreiche *Q. Fabius Maximus* lehnte ein solches Vorhaben ab. Seiner Meinung nach sollte man zunächst Hannibal in Italien besiegen. Dennoch setzte Scipio im Jahre 204 v. Chr. nach Afrika über und landete mit seiner Flotte bei der Stadt Utica.

In Karthago war man nicht untätig geblieben und hatte eine Allianz mit dem numidischen König *Syphax* geschlossen. Nun rückte ein gemischtes karthagisch-numidisches Heer auf die Stellungen Scipios vor, der die Stadt Utica belagerte. Die römischen Truppen waren ihrerseits durch jene des mit Syphax verfeindeten Numidiers *Masinissa* verstärkt worden, der sich mit Scipio verbündet hatte. Der römische Feldherr nahm den Kampf auf und siegte über seinen schlecht geführten Gegner in einem Nachtangriff. Auch in einem weiteren Treffen blieb er siegreich und der numidische König Syphax wurde gefangen genommen.

Da Karthago nach diesen Niederlagen akut bedroht war, ging man auf die relativ moderaten Friedensbedingungen Scipios ein. Der Vertrag wurde vom römischen Senat anerkannt. Doch gleichzeitig wurde Hannibal aus Italien zurückberufen, der mit den Resten seiner Armee nach Afrika übersetzte. Die Karthager vertrauten auf das militärische Geschick ihres größten Heerführers und kündigten den Friedensvertrag mit Rom, was ein verhängnisvoller Fehler war. Vorerst stand allerdings der Kampf zweier wirklich großer Heerführer bevor, wobei Hannibal den größeren Nimbus besaß.

Die beiden Feldherren trafen sich, auf die Initiative Hannibals hin, bei Zama auf dem Feld zwischen ihren Heeren. Livius berichtete, dass die beiden Männer eine Weile lang vor gegenseitiger Bewunderung stumm geblieben seien und einander nur angesehen hätten. Hannibal ersuchte schließlich Scipio um Frieden und fügte hinzu, dass eine dauerhafte Verständigung wertvoller sei, als die unsichere Hoffnung auf das Kriegsglück. Scipio könne sein ruhmreiches Leben durch die Gewährung des Friedens krönen. Der Römer erwiderte, er fordere die bedingungslose Kapitulation, sonst müssten die Waffen das letzte Wort sprechen, was schließlich auch geschah.

Hannibal eröffnete die Schlacht mit seinen Elefanten, die gegen die römischen Linien vorrückten. Da aber die Dressur der Tiere mangelhaft war, verloren die Elefantenführer die Kontrolle über sie und sie richteten in der kathargischen Armee großen Schaden an. Danach wurde Hannibals Kavallerie vom Schlachtfeld vertrieben und Scipio griff frontal an. Dabei erwiesen sich die disziplinierten Römer den bunt zusammengewürfelten Truppen *Hannibals* als weitaus überlegen. Als römische und numidische Reiter die Karthager auch noch an den Flanken und im Rücken angriffen, war der Kampf entschieden.

In der Schlacht bei Zama im Jahre 202 v. Chr. erlitt der bisher immer siegreiche Hannibal seine erste große Niederlage, sein Bezwinger Scipio erhielt dafür später den Beinamen „Africanus".

Karthago bat erneut um Frieden. Und wieder war es Scipio, der die Friedensbedingungen stellte, die nun allerdings bedeutend schärfer ausfielen als vor der Rückkehr Hannibals. Merkwürdigerweise forderten die Römer nicht die Auslieferung des besiegten Feldherrn, was man auf den Einfluss Scipios zurückführte, der große Bewunderung für seinen berühmten Gegner hegte. Vielen Angehörigen des römischen Senats waren die Friedensbedingungen im Ganzen viel zu moderat.

Dabei profitierten die Römer von Scipios Sieg in mehrfacher Hinsicht. Einerseits waren die vielen Eroberungen, die gemacht worden waren, ein großer Gewinn und das Herrschaftsgebiet der Tiberstadt wurde in bedeutendem Ausmaß erweitert. Zudem mussten alle römischen Bundesgenossen, die während des Krieges abgefallen und zu Hannibal übergelaufen waren, große Teile ihrer Territorien an Rom abtreten, welche rasch von römischen Bürgern in Besitz genommen wurden. Karthago war nach dieser Niederlage kein erstrangiger Gegner mehr, sondern nur noch ein schwächerer Konkurrent, den man vorerst dulden konnte. All das hatte man im Grunde nur Scipio Africanus zu verdanken.

Zurück in Rom, erntete der große Krieger allerdings erstaunlich wenig Dank und war wohl auch zu bescheiden, um auf mehr zu bestehen. Man warf ihm vor, er habe sich in diesem Krieg zu viele Rechte angemaßt und seinen Willen über die Beschlüsse des Senats gestellt. Die Begeisterung des großen Feldherrn für die überlegene griechische Kultur und deren Verbreitung in Rom waren weitere Reizthemen für die Gegner Scipios, die vor allem durch den unnachgiebigen *Marcus Porcius Cato* vertreten wurden. Cato sollte später, im so genannten Dritten Punischen Krieg, für die völlige Vernichtung Karthagos und die Annexion aller seiner Gebiete sorgen.

Recht unauffällig hatte Scipio im Jahre 199 v. Chr. das angesehene Zensorenamt und im Jahre 194 v. Chr. das Amt eines Konsuls inne. Danach scheint er sich eher vom öffentlichen Leben zurückgezogen zu haben. Als aber eine römische Delegation zu dem *Seleukiden Antiochos III.* von Syrien geschickt wurde, dürfte Scipio mitgereist sein. Dabei scheint es zu seinem berühmten zweiten Treffen mit dem inzwischen bei Antiochos weilenden Hannibal gekommen zu sein. Scipio fragte Hannibal, wen er für den größten Feldherrn der Geschichte halte. „Alexander der Große", antwortete der Karthager. Darauf Scipio: „Und wer ist der Nächste?" „Ich", antwortete Hannibal. Darauf lachte Scipio und fragte: „Wie wäre deine Antwort ausgefallen, wenn du mich besiegt hättest?" „Dann hätte ich mich als den größten aller Feldherren betrachtet", sagte Hannibal. Scipio wusste das Kompliment zu schätzen.

Als Rom im Jahr 190 v. Chr. Antiochos III. den Krieg erklärte, wurde Scipio wieder militärisch aktiv. Er zog gemeinsam mit seinem Bruder *Lucius Cornelius Scipio* in den Krieg. Dieser hatte offiziell den Oberbefehl und sollte später den Beinamen „Asiaticus" erhalten. Scipio Africanus war seinem Bruder nur als Prokonsul zugeteilt, war aber in Wirklichkeit der eigentliche Befehlshaber. In der Schlacht von Magnesia errangen die römischen Truppen unter Scipios Führung schließlich einen bedeutenden Sieg über ihren zahlenmäßig überlegenen Gegner. Der Krieg mit Antiochos endete mit dem Frieden von Apameia. Scipio hatte damit Rom einen letzten großen Dienst erwiesen.

Bei seiner Rückkehr aus Asien musste er allerdings feststellen, dass seine Gegner inzwischen im Senat das Sagen hatten. Man warf dem Feldherrn und seinem Bruder vor, sie hätten von Antiochos Bestechungsgelder angenommen, und Lucius erhielt eine hohe Geldstrafe. Als nun das Verfahren gegen Scipio Africanus eröffnet werden sollte, stellte man im Senat fest, dass es sich um den Jahrestag seines Sieges in der Schlacht bei Zama handelte. Dieser Umstand rief beträchtlichen öffentlichen Aufruhr hervor. Die Dinge wandelten sich somit zu Scipios Gunsten, doch der hatte genug von aller Politik und zog sich auf sein Landgut in Kampanien zurück, wo er 183 v. Chr. starb. Auf sein Grabmal ließ er schreiben: „Mein undankbares Vaterland soll meine Gebeine nicht erhalten."

Scipio Africanus wird weithin als der bedeutendste römische Feldherr vor Caesar angesehen. Seinen Siegen hatten die Römer, neben der weitgehenden Ausschaltung des gefährlichen Konkurrenten Karthago, viele bedeutende Eroberungen und Gebietszuwächse zu verdanken.

GNAEUS POMPEIUS MAGNUS

(106 v. Chr.–48 v. Chr.)

Sein großer Gegenspieler, *Caesar*, soll angeblich geweint haben, als man ihm den abgeschlagenen Kopf des Pompeius übergab. Es war dies auch ein ziemlich unwürdiges Ende für einen der größten Feldherren und Eroberer der römischen Geschichte. Pompeius lebte in einer Zeit, als Rom seinen Herrschaftsbereich stark ausweitete und er hat sehr viel dazu beigetragen. Dass er auf politischem Gebiet weitaus weniger begabt war als auf dem militärischen, wurde ihm zum Verhängnis.

Schon in jungen Jahren war der am 29. September 106 v. Chr. geborene Pompeius auf dem Schlachtfeld aktiv. Er nahm unter dem Kommando seines Vaters, der 89. v. Chr. Konsul war, am so genannten Bundesgenossenkrieg teil. Sein weiteres Leben wurde vom frühen Tod seines Vaters geprägt. Als dieser bei der Auseinandersetzung zwischen *Marius* und *Sulla* die Partei des Letzteren ergriff und unerwartet bei der Belagerung Roms starb, führte der junge Pompeius die Legionen seines Vaters wieder nach Picenium zurück, von wo die Familie stammte.

Da Pompeius die Rolle seines Vaters übernommen hatte, mangelte es ihm auch nicht an Feinden. Diese klagten den jungen Pompeius wegen Beuteunterschlagung an, doch er wurde freigesprochen.

Der folgende Bürgerkrieg sah Pompeius an der Seite Sullas, der ihm seine Stieftochter *Aemilia* zur Frau gab. Da Aemilia nach kurzer Zeit starb, wurde er von Sulla sogleich mit der Witwe des jüngeren Marius verheiratet. Der Diktator Sulla hielt große Stücke auf Pompeius und betraute ihn, der eigentlich noch viel zu jung dafür war und die eigentlich erforderlichen Ämter noch nicht innegehabt hatte, mit dem Kommando zweier Feldzüge gegen die verbliebenen Anhänger des besiegten Marius in Sizilien und Nordafrika. Der junge Heerführer bewährte sich bei diesen Säuberungsaktionen, bei denen er nicht besonders rücksichtsvoll vorging, und erhielt von Sulla nach anfänglichem Zögern einen Triumphzug zuerkannt. Damit war Pompeius einer der jüngsten Feldherren Roms, die jemals einen Triumph öffentlich feiern durften.

Nachdem der berühmt-berüchtigte Diktator Sulla gestorben war, wurde Pompeius Statthalter der Provinz Hispania Citerior, wo er gegen den abtrünnigen *Quintus Sertorius* kämpfte. Dabei war er trotz einer Armee von rund 30.000 Mann nicht übermäßig erfolgreich. Erst nachdem Sertorius von einigen seiner eigenen Gefolgsleute ermordet worden war, sah sich Pompeius in der Lage, den lange dauernden und viele Opfer fordernden Krieg siegreich zu beenden.

Bei seiner Rückkehr nach Italien wurde Pompeius noch mit den letzten Auswirkungen der *Spartakus*-Rebellion konfrontiert, seine Aufgabe war es, die versprengten Reste des Sklavenheeres zu vernichten. Der eigentliche Sieger über Spartakus hieß *Marcus Licinius Crassus*, doch Pompeius erhielt seinen zweiten Triumphzug zugesprochen und wurde gemeinsam mit Crassus im Jahre 70 v. Chr. Konsul.

Als sich Rom zunehmend von den Piraten des Mittelmeers bedroht sah, erhielt Pompeius im Jahre 67 v. Chr. vom Senat den Oberbefehl im Kampf gegen die Freibeuter. Da er umfassende Vollmachten erhalten hatte und den ganzen römischen Militärapparat nutzen konnte, war er auch rasch erfolgreich. Für drei Jahre waren ihm 20 Legionen und 500 Schiffe unterstellt. Damit besiegte er die Piraten in nur wenigen Monaten. Die Gefangenen wurden von

Pompeius dann in verschiedenen Orten in Kilikien, Griechenland und Süditalien angesiedelt. Dabei wurde ihm zu Ehren eine Stadt in Pompeiopolis umbenannt.

Nach diesem großen Erfolg wartete schon die nächste Herausforderung auf Pompeius. Es wurde ihm, anstelle des Feldherrn Lucullus, der Oberbefehl im Krieg gegen den pontischen König *Mithridates* erteilt. Auch in diesem aufwändigen Feldzug blieb Pompeius siegreich, konnte Mathridates weit zurückdrängen und gründete auf dem Territorium des Geschlagenen eine neue römische Provinz. Auf dem Gebiet des unterlegenen Seleukiden-Reiches gründete Pompeius außerdem die Provinz Syria. Auch in die Wirren in Judäa griff der erfolgreiche Heerführer ein, wobei er nicht davor zurückschreckte, das Allerheiligste des jüdischen Tempels von Jerusalem zu betreten, was einen großen religiösen Frevel darstellte. Als er als gefeierter Held nach Rom zurückkehrte, machte Pompeius einen schweren Fehler, indem er im Vertrauen auf seine politische Macht sein Heer entließ. Es ist überhaupt zu bemerken, dass der große Feldherr auf dem politischen Parkett immer wieder für ihn nachteilige Entscheidungen traf.

Der römische Senat, dem die Machtfülle des Pompeius, die starke Bindung des Heeres an seine Person und die Abhängigkeit verschiedener von ihm begünstigter Familien ein Dorn im Auge waren, stellte sich nun gegen ihn. Man billigte Pompeius zwar einen Triumphzug zu, war aber nicht bereit, seine politische Neuordnung des Ostens zu bestätigen. Was den Feldherrn aber am meisten ärgerte, war die Ablehnung der Versorgung seiner Veteranen durch den aufsässigen Senat. Pompeius musste sich nun um ein Bündnis mit den beiden anderen mächtigen Männern Roms, Crassus und Caesar, bemühen, um seine Pläne durchzusetzen. Das erste Triumvirat entstand.

Caesar setzte als Konsul Maßnahmen im Interesse von Pompeius durch und dieser heiratete Caesars Tochter *Julia*, was die Bindung zwischen den beiden Männern noch verstärkte. Pompeius ließ sich 55 v. Chr. ein eigenes Theater bauen, welches auch „Marmornes Theater" genannt wurde. Hier tagte auch manchmal der Senat, weil auch militärische Befehlshaber an den Sitzungen teilnehmen durften.

Pompeius, der auf dem Schlachtfeld souverän agieren konnte, tat sich in der römischen Innenpolitik eher schwer. Die Auseinandersetzung mit dem Volkstribunen *Clodius Pulcher* kostete ihn viel Kraft, doch konnte er schließlich gegen diesen durchsetzen, dass man ihm für fünf Jahre die Getreideversorgung der Stadt übertrug. 56 v. Chr. wurde das Triumvirat in Lucca erneuert. Durch Einschüchterung und Erpressung gelang es, Pompeius und Crassus das Konsulat im Jahre 55 v. Chr. zu sichern. Außerdem übernahmen sie die einträglichen Statthalterschaften von Spanien und Syrien. Wegen der anarchischen Zustände in Rom blieb Pompeius jedoch in der Stadt. Crassus' Tod bei einem total misslungenen Feldzug gegen die Parther im Jahre 53 v. Chr. und die Ermordung Clodius Pulchers wenig später schufen neue Verhältnisse, die Pompeius zu begünstigen schienen. Er wurde 52 v. Chr. zum Konsul ohne Kollegen gewählt, was fast einer Diktatur gleichkam; Pompeius war damit auf dem Höhepunkt seiner Macht.

Doch noch gab es einen weiteren Konkurrenten: Caesar, der seit Jahren erfolgreich in Gallien Krieg führte. Die Bindung, die durch Pompeius' Ehe mit Caesars Tochter bestanden hatte, existierte nach dem frühen Tod Julias im Jahre 54 v. Chr. nicht mehr. Pompeius verstärkte seine Armee unter dem Vorwand, einen Feldzug gegen die Parther zu planen, um Crassus' Tod zu rächen. Und er heiratete erneut – die Tochter eines reaktionären Politikers, den Caesar nicht mochte. Außerdem näherte er sich immer mehr einigen Persönlichkeiten an, die eindeutig zu Caesars Gegnern zählten. Die Auseinandersetzung mit dem durch seine Siege und Eroberungen immer mächtiger werdenden Rivalen schien unvermeidlich.

Vorerst jedoch sandte Pompeius beruhigende Signale an Caesar, er befürwortete dessen Bewerbung um das Amt eines Konsuls. Andererseits legte er dem Senat Gesetzesentwürfe vor, die eindeutig gegen Caesar gerichtet waren. Auch ließ sich Pompeius immer mehr mit dem konservativen Flügel des Senats ein und protestierte nur äußerst schwach, wenn man in den Sitzungen Caesars Handlungsweise angriff.

Als Pompeius um die Mitte des Jahres 50 v. Chr. schwer

krank daniederlag, machte er Caesar den Vorschlag, dass beide gemeinsam ihre Ämter niederlegen sollten. Dieser Vorschlag erging schriftlich an Caesar, war jedoch so unklar formuliert, dass dieser eine Falle wittern musste. Nach seiner Genesung wurde Pompeius durch seine Anhänger und Gerüchte über Meutereien in Caesars Armee in seinen Absichten bestärkt. Er fühlte sich in der besseren Position und stimmte der Wahl von zwei konservativen Konsuln für das Jahr 49 v. Chr. zu. Als man im Senat verlangte, dass Caesar seinen Oberbefehl abgeben und sich damit selbst entmachten solle, geschah das sicherlich mit der Billigung von Pompeius. Ein offener Konflikt zwischen den beiden mächtigsten Männer Roms war nun nicht mehr abzuwenden.

Als Caesar mit seinen Truppen das Flüsschen Rubikon überschritt, war allen Beteiligten klar, dass damit ein neuer Bürgerkrieg begonnen hatte. Pompeius ließ sich dazu überreden, die Stadt Rom zu verteidigen. Doch waren seine Aussichten schlecht, da er seine Legionen nicht so schnell sammeln und sich nicht voll auf die Unterstützung seiner Verbündeten verlassen konnte. Deshalb entschloss sich Pompeius, Rom zu verlassen. Er begab sich nach Griechenland, wobei ihn ein überwiegender Teil der Senatoren begleitete. Während der siegreiche Caesar in Rom einmarschierte und in der Folge unter den Anhängern von Pompeius in Spanien, Sizilien und Afrika „aufzuräumen" begann, versuchte dieser, möglichst viele Kräfte zu sammeln. Tatsächlich gelang es Pompeius, große Truppenverbände aufzustellen, mit denen er aber nicht nach Italien übersetzte. Stattdessen wartete er in aller Ruhe ab, bis Caesar mit seinen Legionen zu ihm kommen würde, wobei er allerdings nicht mit einem raschen Angriff seines Gegners rechnete, da die Römer im Winter keine großen Schiffsoperationen durchzuführen pflegten. Doch Caesar ignorierte diesen Brauch und setzte mit seinen Truppen bereits zu Beginn des Jahres 48 v. Chr. nach Griechenland über. Erneut waren die Würfel gefallen, wieder hatte Pompeius nicht schnell genug auf den entschlossenen Widersacher reagiert.

Caesar landete mit 15.000 Mann in Epirus und besetzte rasch einige Orte. Pompeius hatte zwar weitaus mehr Soldaten zur Verfügung als sein Gegner, er wich aber einer

Schlacht lange aus und wartete die Entwicklung auf anderen Schauplätzen ab. Diesen Fehler sollte er bald bereuen, denn Caesar erhielt Verstärkung durch *Marcus Antonius*, was Pompeius hätte verhindern können. Danach ging er selbst bei Dyrrhachium in die Offensive.

Pompeius musste nun unwiderruflich kämpfen und er tat es nicht allzu erfolgreich. Es entwickelte sich ein in der römischen Militärgeschichte ungewöhnlicher Kleinkrieg mit dem Bau von groß angelegten Verschanzungen und kleineren Überfällen. Als zwei gallische Reiterkrieger zu Pompeius überliefen, erhielt dieser wertvolle Informationen über die Lage in Caesars Armee und befahl daraufhin einen Angriff. Dieser verlief erfolgreich und die Gegner wichen zurück. Als Caesar zum Gegenangriff schritt, geriet dieser bald ins Stocken und nach wechselvollen Kämpfen mussten Caesars Truppen erneut weichen und schließlich die Flucht ergreifen. Da er einen Hinterhalt befürchtete, nutzte Pompeius diesen Erfolg jedoch nicht aus und feierte stattdessen seinen „großen Sieg". Damit vergab er die Chance, den Bürgerkrieg in seinem Sinne zu beenden.

Den meisten Senatoren im Lager des Pompeius war klar, dass es zu einer Entscheidungsschlacht kommen musste, und so ließ sich der seltsam inaktive Feldherr nun doch dazu überreden. Nach einigen Manövern trafen die feindlichen Armeen schließlich am 9. August 48 v. Chr. bei Pharsalos in Thessalien aufeinander. Es sollte eine der denkwürdigsten Schlachten der römischen Geschichte werden. Pompeius' Truppen waren zwar zahlenmäßig überlegen, doch die meisten seiner Soldaten besaßen keine Kampferfahrung. Caesar sah die taktischen Schritte des Pompeius voraus und reagierte geschickt darauf. Pompeius machte seinen rechten Flügel stark und versuchte, die Stellung Caesars von dort auszuhebeln. Doch dieser hatte seine erfahrenen Veteranen an seinem linken Flügel aufgestellt, wo sie auch standhielten, während er die Front des Pompeius mit seinem rechten, zahlenmäßig stärkeren Flügel zu umfassen begann. Der einstmals große Heerführer Pompeius, der in seiner Karriere so viele Schlachten gewonnen hatte, blieb erneut passiv und gab den Kampf zu einem Zeitpunkt verloren, als er vielleicht durch geschickte Manöver noch etwas hätte erreichen können. Er floh in sein Lager. Da ihn die meisten seiner Anhänger im Stich gelassen hatten, dachte Pompeius nur noch an seine eigene Rettung und ging nach Ägypten, wo er sich Hilfe erwartete.

Doch der junge Pharao *Ptolemaios XIII.*, der kaum mehr als eine Marionette seiner korrupten Ratgeber war, dachte gar nicht daran, dem gestürzten römischen Heerführer und Politiker Asyl und Unterstützung zu gewähren und sich damit den Zorn Caesars zuzuziehen. Pompeius wurde getötet, als er an Land ging. Der junge Pharao, der in vollem Ornat erschienen war, als ob er den Römer offiziell begrüßen wolle, sah dabei ungerührt zu.

Zwei Tage später erschien Caesar mit seiner Flotte und man zeigte ihm bei seinem Landgang den Kopf seines alten Rivalen Pompeius. Er war nicht sehr erbaut darüber und die weitere Entwicklung sollte den jungen Pharao schon recht bald sein Reich und das Leben kosten.

Das Schicksal des Pompeius zeigt, dass erfolgreiche Eroberer und Heerführer nicht unbedingt großartige Politiker abgeben. Nur in wenigen Fällen findet sich eine große Begabung auf beiden Gebieten.

GAIUS JULIUS CAESAR

(100 v. Chr.–44 v. Chr.)

Die vielleicht größte Überraschung im Leben Caesars war seine letzte. Als er einen seiner engsten Vertrauten in der Meute seiner Mörder erblickte, soll er gesagt haben: „Auch du, Brutus?" Caesar ist wohl im europäischen Kulturraum gemeinsam mit Alexander dem Großen und Napoleon der bekannteste Eroberer aller Zeiten, doch er war zugleich einer der überragenden Politiker und Staatsmänner der Geschichte.

Gaius Julius Caesar wurde am 13. Juli 100 v. Chr. geboren. Er entstammte einem alten, stolzen Geschlecht der römischen Aristokratie und verbrachte eine seiner adeligen Herkunft gemäße Kindheit und Jugend. Er wuchs in einer Zeit der inneren Konflikte auf, die schließlich in einen Bürgerkrieg mündeten, und so befanden er und seine Familie sich stets in prekärer Lage: Standen doch die Julier verwandtschaftlich und politisch *Marius* nahe, dem Führer der „Popularen", der schließlich den Machtkampf gegen den „Optimaten" *Sulla* verlieren sollte.

Das Leben des jungen Caesar schien unter der Diktatur Sullas, der ab dem Jahr 82 v. Chr. in Rom eine Schreckensherrschaft errichtete, sehr gefährdet. Caesar hatte 84 v. Chr. sehr jung geheiratet und geriet nun in große Bedrängnis, als der Diktator von ihm die Scheidung von seiner Frau *Cornelia* forderte, deren Vater einer der Gegner Sullas gewesen war. Als er sich dem Wunsch Sullas widersetzte, musste er aus Rom fliehen, doch wurde er schließlich begnadigt und konnte zurückkehren.

Der junge Caesar wurde mit 19 Jahren, nach einer für Abkömmlinge von senatorischen Häusern üblichen Sitte, in den Stab eines Provinzstatthalters aufgenommen. Er diente unter dem Statthalter der Provinz Asien und wurde von diesem an den Hof des Königs *Nikomedes IV.* von Bithynien geschickt. Er dürfte sich mit diesem Herrscher sehr gut verstanden haben, was später zu gewissen Gerüchten Anlass gab. Bei der Erstürmung Mytilenes zeichnete sich Caesar besonders aus und wurde dafür geehrt.

Im Jahre 78 v. Chr. half der junge Aristokrat bei der Bekämpfung von Piraten in Kilikien, kehrte nach dem Tod des Diktators Sulla jedoch bald nach Rom zurück. Er war nun als öffentlicher Ankläger tätig, wobei er unter anderem durch einen Prozess gegen einen Anhänger Sullas große Aufmerksamkeit erregte. Da er jedoch von den Sullanern weiter bedroht wurde, ging Caesar auf eine Studienreise nach Rhodos, um sich in der Redekunst zu verbessern. Unterwegs wurde er von Piraten gefangen genommen. Nach seiner Freilassung gegen ein Lösegeld machte er sich auf die Jagd nach den Seeräubern, nahm sie gefangen und kreuzigte sie. Genau das hatte er ihnen angekündigt, als er noch ihr Gefangener war.

Im Jahre 73 v. Chr. hatte Caesar den Vorsitz im Priesterkollegium der Pontifices, 69 v. Chr. bekleidete er das

Amt eines Quästors, der niedrigsten Stufe der politisch bedeutenden Positionen. Danach wurde er in den Senat aufgenommen. Nachdem seine Frau Cornelia gestorben war, diente Caesar einige Zeit in Spanien unter dem Proprätor *Antistius Vetus* und heiratete bei seiner Rückkehr eine Enkelin Sullas, *Pompeia*, die sehr viel Geld mit in die Ehe brachte, das er für seine politischen Pläne verwenden konnte. Als er 65 v. Chr. das Amt eines Ädilen innehatte, gab er große Summen für die Veranstaltung von Spielen aus, um sich beim Volk beliebt zu machen. *Marcus Licinius Crassus*, der der reichste und einer der mächtigsten Männer Roms war, unterstützte den aufstrebenden Politiker ebenfalls finanziell. 63 v. Chr. wurde Caesar in das Amt eines Pontifex Maximus gewählt, was als sehr wichtiges Amt galt. Sein weiterer politischer Aufstieg schien nun vorgezeichnet.

Bei der Verschwörung des *Catilina* war Caesars Rolle umstritten, er konnte den Fall allerdings ohne Schaden für seine Karriere überstehen. 62 v. Chr. hatte Caesar das Amt eines Prätors inne, die zweithöchste Position im Staate. Er reichte gegen seine Frau Pompeia die Scheidung ein.

Als Proprätor erhielt Caesar im darauf folgenden Jahr die Statthalterschaft in Spanien übertragen, wo er sich zum ersten Mal als militärischer Befehlshaber größerer Verbände auszeichnete. Es gelang ihm, einige iberische Stämme zu besiegen, was ihm den Nimbus eines fähigen Heerführers einbrachte. Außerdem konnte er sich in der Provinz persönlich bereichern und somit seine finanzielle Situation stark verbessern.

Nach seiner Rückkehr nach Rom ging Caesar ein Zweckbündnis mit den beiden starken Männern Roms, *Gnaeus Pompeius Magnus* und Marcus Licinius Crassus ein, mit denen er das erste Triumvirat bildete. Mit deren Rückendeckung konnte er sich im Jahre 59 v. Chr. zum Konsul wählen lassen. In diesem Amt erwies er sich als äußerst umtriebig und schuf viele neue Gesetze, mit denen er sich allerdings auch viele Feinde machte. Um einer Anklage am Ende seines Konsulats zu entgehen, ging er für fünf Jahre als Prokonsul nach Gallien und Illyrien.

Die chaotischen Verhältnisse bei den zerstrittenen gallischen Stämmen außerhalb der römischen Grenzen gaben Caesar die Gelegenheit, hier militärisch einzugreifen, um neuen Ruhm zu ernten, Eroberungen und Beute zu machen. Er stellte für diesen Zweck einige Legionen auf, die dank des Systems der Heeresklientel auf seine Person vereidigt waren. Zunächst führte er einen Kriegszug gegen die Helvetier, die als Gefahr für die römischen Nordprovinzen betrachtet wurden. Er schlug diesen Stamm bei Bibracte und siedelte die Überlebenden als Barriere gegen die vordringenden Germanen an.

Danach kämpfte er gegen die Germanen unter *Ariovist*, die schon weit vorgedrungen waren, und trieb sie über den Rhein zurück.

Das zweite Jahr seiner kriegerischen Unternehmungen brachte heftige militärische Auseinandersetzungen mit dem Stamm der Belger, die schließlich unterworfen wurden. Caesar traf ein Abkommen mit Pompeius und Crassus, die einer Verlängerung seines Prokonsulats zustimmten. So konnte er schließlich zehn Jahre in Gallien bleiben, um seine Eroberungszüge zum Abschluss zu bringen.

Die Eroberung Galliens wurde durch die Uneinigkeit der gallischen Stämme sehr erleichtert, die im Kampf gegeneinander gelegentlich sogar die Römer zur Hilfe riefen. Caesar konnte hingegen auf einen Stab von disziplinierten und fähigen Offizieren vertrauen, von denen einige auch eigenständige Siege errangen. Probleme bereiteten allerdings die gallischen Stämme, die sich bei Angriffen in die Wälder zurückzogen. So konnten die Truppen Caesars ihre weit überlegene Infanterietaktik, die stets der stärkste Trumpf der Römer war, nicht wirkungsvoll einsetzen.

Ein erneuter Vorstoß germanischer Stämme über den Rhein veranlasste Caesar, nun seinerseits den Fluss zu überschreiten, um Vergeltung zu üben. Nach dem erfolgreichen Feldzug gegen die Germanen setzte Caesar nach Britannien über, musste das Unternehmen aber abbrechen, als seine Flotte durch einen Sturm vernichtet wurde. Das hinderte den Eroberer jedoch nicht, im darauf folgenden Jahr wieder einen Vorstoß nach Britannien zu wagen, bei dem er diesmal etwas weiter vordrang. Dem schloss sich im Jahre 53 v. Chr. ein weiterer Feldzug gegen die Germanen an. Dabei drang Caesar auch in noch unbekannte Gebiete vor, was in Rom für einige Aufregung sorgte.

Jetzt erhoben sich einige bereits unterworfene Stämme gegen die Herrschaft der Römer, was zu erneuten Kämpfen führte, die Caesars für sich entscheiden konnte. Die größte Herausforderung für den sieggewohnten Feldherrn war der Aufstand von *Vercingetorix*, dem Führer des Stammes der Averner. Mit ihm traf der Römer zum ersten Mal auf einen gleichwertigen militärischen Gegner. Vercingetorix setzte auf den kleinen Krieg, was ständige Angriffe auf die römischen Versorgungswege und eine Politik der verbrannten Erde bedeutete. Caesar geriet dadurch in ernsthafte Schwierigkeiten und musste seine erste Niederlage in der Schlacht bei Gergovia einstecken. Die Römer erlitten sehr hohe Verluste und das Kriegsglück schien sich zu wenden. Doch beging Vercingetorix schließlich den Fehler, sich für überlegen zu halten, und setzte auf den offenen Kampf, bei dem sich sehr rasch die militärischen Stärken Caesars und seiner Legionen zeigten.

Nach einer schweren Niederlage zog sich der gallische Feldherr mit seinen Truppen in die befestigte Stadt Alesia zurück, die er für unangreifbar hielt. Caesar zog einen doppelten Wall um die Stadt, der etwa 35 Kilometer lang war. Nach innen konnte er so die Ausfälle von Vercingetorix abwehren und sich nach außen gegen erwartete Entsatzversuche durch gallische Heere verteidigen. Es kam schließlich so, wie es der römische Feldherr erwartet hatte. Die Belagerten unternahmen einen massiven Ausbruchsversuch, während die Römer von außen durch ein riesiges gallisches Heer angegriffen wurden. Caesar gelang es in einer sehr blutigen Schlacht, beide Gegner abzuwehren und zurückzuschlagen. Dies war vielleicht die größte Leistung in seiner militärischen Laufbahn und sie sicherte ihm den endgültigen Sieg in Gallien. Vercingetorix hatte nach seiner Kapitulation Gnade von Caesar erwartet, doch wurde er von diesem als Siegestrophäe nach Rom gebracht und schließlich 46 v. Chr. nach dem Triumphzug getötet. Die oft gerühmte Milde Caesars erstreckte sich nicht auf „Barbaren".

Obwohl es noch einige Erhebungen gegen die Römer

gab, war die Inbesitznahme Galliens durch die Eroberer nicht mehr rückgängig zu machen. Caesar ging mit großer Härte gegen die Aufständischen vor und ließ allen Gefangenen die Hände abschneiden. Doch war dies nur der Gipfel der Brutalität, die die Römer im Kampf gegen die Gallier zeigten. Schließlich waren etwa eine Million Gallier getötet und ebenso viele versklavt worden. Die restliche Bevölkerung hatte sich mit der römischen Herrschaft abzufinden.

Die vielen Feldzüge brachten Caesar eine enorme Kriegsbeute, die er, wie auch die Tributzahlungen der einzelnen Stämme, zur Finanzierung weiterer militärischer Unternehmungen nutzte. Ohne diesen finanziellen Rückhalt hätte er wohl nicht die Auseinandersetzung mit Pompeius und dem größten Teil des römischen Senats wagen können. Denn nachdem Crassus im Jahre 53 v. Chr. in seinem gewagten Feldzug gegen die Parther, die stets ein römischer Angstgegner waren, sein Leben verloren hatte, existierte das Triumvirat nicht mehr.

Man hatte in Rom zu Recht große Furcht vor Caesar, von dem man den Griff nach der uneingeschränkten Macht erwartete. Der Senat forderte von dem siegreichen Feldherrn, seine zehn Legionen aufzulösen und praktisch waffenlos nach Rom zurückzukehren. Caesar verlangte listig, dass auch Pompeius seine Truppen auflösen solle, was natürlich abgelehnt wurde. Da er wusste, dass er in Rom kaum Freunde hatte und ein großes Risiko eingehen würde, wenn er ohne seine Soldaten in die Hauptstadt zurückkehrte, ging er gegen den Willen des Senats mit einer Legion über den Rubikon, den „Fluss" zu nennen eine Übertreibung wäre, der aber eine wichtige Grenze darstellte, da er Caesars Machtbereich vom übrigen römischen Territorium abgrenzte.

Durch den schnellen Vormarsch des Eroberers sahen sich Pompeius und seine Anhänger nicht mehr imstande, genug Truppen aufzustellen, und verließen fluchtartig Italien, um in Griechenland einen militärischen Gegenschlag vorzubereiten. Caesar zog in Rom ein und nahm es für sich in Besitz, was relativ leicht war, da alle verbliebenen Patrizier danach trachten, sich gut mit ihm zu stellen. Danach

GAIUS JULIUS CAESAR

wandte sich Caesar nicht sofort nach Griechenland, sondern griff zunächst die verwaisten Legionen des Pompeius in Spanien an. Dazu marschierte er über das südliche Gallien auf die iberische Halbinsel und schlug alle sieben Legionen in recht kurzer Zeit.

Siegreich nach Rom zurückgekehrt, ließ Caesar sich für das Jahr 48 v. Chr. zum Konsul wählen und setzte dann nach Griechenland über, wo Pompeius bereits auf ihn wartete. Nach einem von beiden Seiten nicht sehr geschickt geführten Krieg, bei dem Caesar auch eine Niederlage einstecken musste, kam es zur Schlacht bei Pharsalos am 9. August 48 v. Chr. Hier schienen die Siegeschancen des Pompeius viel größer, da er eine zahlenmäßig weit überlegene Armee befehligte. Doch erwies sich Caesar in diesem Fall als der bessere Heerführer, und so konnte er erneut einen großen Sieg erringen.

Damit waren die Würfel gefallen und Caesar der unumschränkte Herrscher des Römischen Reiches, auch wenn es noch einige Widerstandsnester gab. Er begnadigte einige der Senatoren, die gegen ihn gekämpft hatten, und verfolgte den flüchtenden Pompeius, der schließlich in Ägypten ermordet wurde.

Als man Caesar den Kopf des unterlegenen Pompeius zeigte, gab er Anweisung, die sterblichen Überreste seines Gegners ehrenvoll nach Rom zu überführen. Der Aufenthalt in Alexandria involvierte den Herrscher Roms in die internen Auseinandersetzungen in Ägypten, wobei er Partei für die junge Königin *Kleopatra* ergriff, der er anscheinend von Anfang an verfallen war. Es kam zu einem regelrechten Krieg, in dem die Römer gegen Kleopatras Bruder *Ptolemaios XIII.* und dessen General *Achillas* kämpfen mussten. Caesar wurde zunächst in Alexandria belagert, wobei auch die berühmte Bibliothek der Stadt abbrannte. Als Caesar Verstärkung erhielt, waren seine Gegner rasch besiegt, Ptolemaios wurde getötet, Kleopatra war nun Alleinherrscherin Ägyptens – allerdings von Caesars Gnaden.

Den kürzesten Krieg seiner Karriere führte der römische Feldherr gegen *Pharnakes II.* von Pontus, der die römischen Provinzen in Kleinasien bedrohte. Nach nur fünf Tagen konnte Cäsar den Feldzug siegreich beenden. Dabei soll er den berühmten Ausspruch getan haben: „Ich kam, ich sah, ich siegte." Selbst wenn dies nicht den Tatsachen entsprechen sollte, so wäre es doch gut erfunden.

In einem weiteren kurzen Feldzug in der Provinz Africa schlug Caesar die Truppen einiger abtrünniger Senatoren, die von *Cato dem Jüngeren* und *Metellus Scipio* angeführt wurden. Auch hier schuf Caesar mit einem raschen Sieg in der Schlacht bei Thapsus am 6. April 46 v. Chr. klare Verhältnisse. Anschließend kehrte er für einige Zeit nach Rom zurück.

Der römische Staat war in den Jahren 49 bis 44 v. Chr. gewissermaßen mit der Person Caesars identisch. Mitte des Jahres 46. v. Chr. wurde er zum Diktator auf zehn Jahre ernannt. Man argwöhnte, dass er die Königswürde anstrebe, was er aber immer wieder abstritt. 46 v. Chr. feierte er dann endlich seine Triumphe, besonders jenen über Gallien. Dabei legte er besonderen Wert auf möglichst pompöse Inszenierungen und bot den Bewohnern Roms große Spiele mit Gladiatorenkämpfen und öffentliche Volksspeisungen.

Dann begab er sich auf den letzten Kriegszug seines Lebens, in dem er die Söhne des Pompeius angriff, die sich in Spanien verschanzt hatten. In der Schlacht bei Munda im März 45 v. Chr. musste sich Caesar selbst ins Zentrum des Kampfes stürzen, um den Sieg zu erringen. Danach meinte er, er habe sehr oft um den Sieg gekämpft, dieses Mal aber um sein Leben. Nach vier Jahren Kampf waren damit die Auseinandersetzungen im gesamten Mittelmeerraum beendet und Caesar hatte mit all seinen Kontrahenten abgerechnet. Von nun an ging es um die Konsolidierung der Macht und die Schaffung „normaler" Verhältnisse.

Caesar zeigte sich seinen unterlegenen Gegnern gegenüber in den meisten Fällen versöhnlich. Manche von ihnen konnten nach Rom zurückkehren und erhielten sogar zivile oder militärische Posten. Da er keine besonderen Vorkehrungen gegen mögliche Verschwörungen traf, war es einer Gruppe von Senatoren ein Leichtes, ein geheimes Bündnis zu schmieden, das seine Ermordung plante. Die Verschwörer um *Marcus Iunius Brutus* und *Gaius Cassius Longinus* beschlossen, Caesar während einer Senatssitzung am 15. März 44 v. Chr. zu töten.

Der Diktator ging an diesem Tag in den Senat, obwohl er sich nicht wohl fühlte und gewarnt worden war. Als die Verschwörer mit ihren Dolchen in der Hand auf ihn zustürzten, überrascht es ihn am meisten, auch seinen Schützling Brutus unter ihnen zu sehen. Caesar erhielt schließlich 23 Messerstiche und starb zu Füßen der Statue seines ehemaligen Freundes und späteren Widersachers Pompeius.

Die Ermordung Caesars wurde von seinen Gegnern als „gerechter Tyrannenmord" (*Cicero*) gesehen, führte aber zu einem erneuten Bürgerkrieg, der allen Mördern des Diktators einen frühen Tod brachte und letztlich in die Herrschaft seines Neffen *Octavian* mündete, der das römische Kaisertum begründete. So führten die Verschwörer, die das Königtum Caesars hatten verhindern wollten, indirekt die Herrschaft eines Kaisers herbei, der sich nach seinem großen Vorbild „Caesar" nannte.

Caesar war sowohl als Feldherr als auch als Politiker genial. Nur bei wenigen Menschen in der Geschichte lässt sich eine vergleichbar großartige Doppelbegabung finden. Sein Name lebt vor allem darin fort, dass sich in den zwei Jahrtausenden nach seinem Tod viele Herrscher mit seinem Namen als Titel schmückten, bis hin zum deutschen „Kaiser" oder russischen „Zar".

Kaiser Trajan

(52–117)

In Rom steht inmitten der Reste des einst prächtigen Trajanforums eine fast 30 Meter hohe Säule. Diese nach ihrem Auftraggeber benannte monumentale Siegessäule zeigt, auf einem spiralförmig aufsteigenden Fries von 200 Metern Länge, Szenen aus den Kriegen Kaiser Trajans gegen das Volk der Daker. 2.500 menschliche Figuren geben Auskunft über römische Rüstungen und Waffen und die dramatischen Ereignisse. Im Wesentlichen aber verherrlicht die Säule jenen Kaiser, unter dem das Römische Imperium seine größte Ausdehnung erreichte.

Marcus Ulpius Trajan, geboren am 18. September 53, stammte aus Spanien, war aus adeligem Haus und bereits sein Vater konnte auf eine respektable Karriere auf militärischem und zivilem Gebiet zurückblicken. Dennoch deutete zunächst nichts darauf hin, dass der junge Trajan eines Tages einer der größten Kaiser Roms und einer seiner bedeutendsten Heerführer werden würde.

Trajan machte von Jugend an militärisch Karriere, was sicherlich durch die Verdienste und den Einfluss seines Vaters erleichtert wurde. So diente der Sohn unter anderem als Militärtribun in Syrien, als sein Vater Statthalter dieser Provinz war. Dabei kam der junge Trajan zum ersten Mal mit seinen späteren Gegnern, den Parthern, in Berührung. Bedeutende Ämter in Rom blieben ihm zunächst verwehrt, da Kaiser *Domitian* ihm offenbar nicht besonders zugetan war.

Ende der 80er Jahre wurde Trajan zum Kommandanten der 7. Legion ernannt, die an den Rhein ziehen sollte, um dort die Rebellion des Statthalters von Obergermanien niederzuschlagen. Er kam mit seinen Leuten aber erst nach dem Ende der Kämpfe dort an.

Als sich in der römischen Oberschicht eine Verschwörung gegen den sich zunehmend tyrannisch gebärdenden Kaiser abzeichnete, hielt sich Trajan abseits und bekundete weiterhin seine Loyalität. Kaiser Domitian zeigte sich erfreut und der bis dahin eher stiefmütterlich behandelte Trajan stieg in seiner Gunst. Im Jahre 91 durfte er sogar als Konsul agieren. Später sah man über seine Freundschaft mit dem verhassten Kaiser großzügig hinweg.

Im Jahre 96 schritten die Verschwörer schließlich zur Tat und ermordeten Domitian. Unter dem neuen Kaiser *Nerva* wurde Trajan Statthalter in Obergermanien. Hier erreichte ihn im gleichen Jahr ein Brief Nervas, der ihm die Adoption ankündigte. Dahinter dürfte eine massive Einflussnahme der Freunde Trajans in Rom gestanden haben, man sprach von einem verdeckten Staatsstreich. Die offizielle Adoption Trajans durch Nerva erfolgte im Herbst 97.

Mit dieser Maßnahme sollte eine geregelte Nachfolge

gesichert werden, da der Kaiser kinderlos war. Zudem stand Trajan beim Heer in hohem Ansehen und galt als einer der besten Befehlshaber. Er konnte auch recht bald die Anführer einer Gruppe von gegen Kaiser Nerva meuternden Prätorianern nach Germanien locken und dort exekutieren. Als der greise Nerva wenig später nach nur kurzer Regierungszeit starb, wurde Trajan im Februar 98 in Köln diese Nachricht von dem jungen *Hadrian* überbracht, der später Trajans Nachfolger werden sollte.

Es erregte große Verwunderung, dass der neue Kaiser zur Sicherung der Grenze weiterhin am Rhein blieb, wo er neue Straßen anlegen und einen neuen Limes bauen ließ. Auch ernannte er neue Statthalter aus seinem Freundeskreis. Nachdem er überzeugt war, dass er genug zur Sicherung der germanischen Provinzen getan hatte, kehrte er im Herbst 99 nach Rom zurück. Hier erregte er großes Aufsehen durch seine Bescheidenheit und die besondere Wertschätzung, die er den Mitgliedern des Senats entgegenbrachte. Er schwor auch einen Eid auf die Republik und wurde wegen seiner humanen Haltung gerühmt. Trajan sah sich als Erster unter Gleichen und wollte als Kaiser nicht über den Gesetzen stehen. Damit hatte er sowohl das Volk als auch den Senat auf seiner Seite. Seine Herrschaft sollte sich wie jene seines Vorgängers Nerva eindeutig von der Gewaltherrschaft Kaiser Domitians unterscheiden.

Trajan diente seinem Imperium in rastloser Pflichterfüllung. Er wies die übermütige Prätorianergarde in ihre Schranken und legte eine große Achtung vor dem Senat und den Gesetzen an den Tag. Alles Dinge, die viele seiner Vorgänger und Nachfolger anders handhabten. Die 19-jährige Regierungszeit Trajans war durch die Errichtung und den Ausbau vieler Städte, Kanäle und Straßen geprägt. Auch kluge soziale Maßnahmen wurden ergriffen. Und er weigerte sich, die Christen zu verfolgen, obwohl er diesem neuen Glauben kein Verständnis entgegenbrachte und ihn persönlich wohl ablehnte. Der mit dem Ehrentitel „Optimus Princeps" ausgezeichnete Trajan betätigte sich als Baumeister, als aufgeschlossener Wirtschaftspolitiker und Förderer von Literatur, Kunst und Wissenschaft.

Seine größte Leistung erbrachte Trajan sicherlich auf

dem Gebiet der „Außenpolitik", die in erster Linie eine Eroberungspolitik war. Unter ihm sollte das Römische Reich seine größte Ausdehnung erreichen. Das Militärische lag ihm gewissermaßen im Blut, er galt schon recht früh als sehr begabter Truppenführer und Feldherr. Bei seinen Soldaten war er sehr beliebt, da er wie viele große Heerführer die Bereitschaft zeigte, alle Gefahren und Widrigkeiten des Krieges mit ihnen zu teilen. Er wusste auch, dass man durch Feldzüge von innenpolitischen Problemen ablenken konnte und dass es von Vorteil war, die Truppen immer beschäftigt zu halten. Hatte es in der römischen Geschichte doch immer wieder Krisen gegeben, die durch rebellierende militärische Einheiten herbeigeführt wurden.

Um dem vorzubeugen, schuf Trajan einen militärischen Geheimdienst, der unter anderem dem Schutz seiner Person und seiner Herrschaft dienen sollte. Dabei kam den so genannten „frumentarii", die ursprünglich für die Verpflegung der Truppen zuständig und als Kuriere tätig gewesen waren, die größte Bedeutung zu. Sie erhielten viele neue Aufgaben und operierten von ihrem Hauptquartier auf dem Caelius in Rom aus. Außerhalb Roms wurden entlang der Straßen Stützpunkte dieses Dienstes unterhalten.

Trajan, der immer in erster Linie Soldat blieb, hatte eine große Vorliebe für die Jagd und besonders für die blutigen Zirkusspiele. Unter kaum einem anderen Kaiser wurden derart groß angelegte Spiele veranstaltet. In der Arena kamen bis zu 10.000 Gladiatoren zum Einsatz und 11.000 Tiere wurden abgeschlachtet. Die Zeit Trajans war wohl der Höhepunkt dieses „spielerischen" Gemetzels in der Geschichte Roms. Der Kaiser machte sich damit bei der vergnügungssüchtigen Bevölkerung sehr beliebt und auch er selbst schien das Zusehen bei diesen blutigen Spielen sehr zu genießen.

Die erste große militärische Auseinandersetzung in der Regierungszeit Trajans war jene mit den Dakern, die sich schon unter der Herrschaft Domitians als gefährlicher Gegner bemerkbar gemacht hatten. Sie hatten einige Male einen seit der Zeit Kaiser Domitians bestehenden Friedensvertrag gebrochen und blutige Überfälle auf römisches Gebiet unternommen.

Besonders der König der Daker, *Decebalus*, wurde von Trajan als ernste Bedrohung für die südlich der Donau gelegenen römischen Provinzen empfunden. Deshalb hatte der Kaiser bereits Vorsorge für einen Feldzug gegen die Daker getroffen, neue Straßen anlegen und die Grenzbefestigungen verstärken lassen.

Trajan begann den Feldzug im Jahr 101 mit einem großen Truppenaufgebot von etwa 100.000 Mann, bestehend aus verschiedenen Legionen und Hilfstruppen. Die Operationen verliefen sehr erfolgreich. Detaillierte Berichte dazu liegen leider nicht vor, es soll sich jedoch um sehr erbitterte Kämpfe gehandelt haben. Bekannt ist, dass bei Tapae auf dakischem Gebiet gegen Ende des Jahres 101 eine große Schlacht stattfand, bei der Trajan siegte. Decebalus unternahm während des Winters eine Gegenoffensive und überquerte die Donau, wurde jedoch wieder über den Fluss zurückgetrieben.

Im folgenden Jahr brachte ein römischer Vorstoß ins Zentrum des Daker-Reiches schließlich den entscheidenden Sieg. Trajan schlug sein Lager vor der feindlichen Hauptstadt auf. Der König der Daker ersuchte um Verhandlungen und musste sich schließlich ziemlich erniedrigenden Bedingungen fügen. Das Volk der Daker wurde entwaffnet, Festungen wurden geschleift und eine römische Besatzung musste akzeptiert werden. Offenbar waren Trajans Truppen von den Kämpfen ebenfalls sehr erschöpft, denn sonst hätte er wohl einem Friedensvertrag überhaupt nicht zugestimmt.

Auch wenn der Sieg nach manchen Berichten nicht so eindeutig ausfiel, wie von Trajan dargestellt, nahm er den Beinamen „Dacius" an und feierte seinen Triumph. Die Daker hielten sich aber nicht an die Bedingungen des für sie demütigenden Vertrages und bildeten weiterhin eine Bedrohung. Deshalb zog Trajan im Jahre 105 erneut gegen sie zu Felde und hatte schwere Kämpfe zu bestehen. Er verfügte bei diesem Kriegszug über 14 Legionen mit 66.000 Soldaten, eine große Anzahl von Hilfstruppen, Spezialtruppen und sonstige Streitkräfte, wozu auch Teile der Flotte zählten. Insgesamt sollen es etwa 200.000 Mann gewesen sein, die der Kaiser einsetzte.

Der Dakerkönig hatte dieses Mal einige Verbündete gefunden, die ihn allerdings wegen der geballten römischen Macht bald im Stich ließen. Ein von Decebalus initiiertes Attentat auf Trajan schlug ebenfalls fehl. Dieses Mal gelang es dem Kaiser, mit seinem Heer die dakische Hauptstadt Sarmizegtusa zu besetzen und das Reich der Daker vollständig zu erobern; König Decebalus beging auf der Flucht Selbstmord. Sein Kopf wurde später in Rom beim Capitol ausgestellt. Doch konnte der letzte Widerstand der Daker erst Ende des Jahre 106 gebrochen werden. Das besiegte Reich wurde zur römischen Provinz und römische Siedler strömten ins Land. Ziel war wie stets die rasche Romanisierung des Gebietes.

Bei seiner Rückkehr feierte der Kaiser seinen neuen Triumph und ließ die Trajanssäule und das sie umgebende Forum errichten. Ermöglicht wurden diese Bauten unter anderem durch den angeblich riesigen Schatz der dakischen Könige, die über Gold- und Silberminen verfügt hatten, die den Römern in die Hände fielen. Trajan ließ sich nun auf neu geprägten Münzen als großzügiger Herrscher verewigen. Die zur Feier des Sieges von *Apollodorus* von Damaskus errichtete steinerne Brücke über die Donau war fast einen Kilometer lang und damit für tausend Jahre die längste der Welt. Die römische Armee konnte nun jederzeit ohne Probleme den Fluss überqueren.

Im Jahre 106 wurde auch das Nabatäer-Reich, das die Karawanenwege vom Roten Meer bis nach Syrien kontrolliert hatte, unkriegerisch dem Imperium als römische Provinz Arabia angegliedert.

Trajan führte auch einige militärische Reformen durch. So begründete er eine neue Eliteeinheit, die „equites singulares" – eine Kavallerietruppe, die ihm als Leibwache diente. Diese Männer kamen aus den Provinzen und wurden sorgfältig ausgesucht. Sie bildeten wohl auch ein Gegengewicht zu den mächtigen Prätorianern, die schon mehrere Kaiser auf dem Gewissen hatten.

Eine weitere Neuerung waren Trajans Spezialtruppen, die bereits gegen die Daker eingesetzt wurden. In ihnen sollten die besten Eigenschaften und Fähigkeiten der verschiedenen Völker des Reiches zum Tragen kommen. Der

Truppenstärke der Legionen wurde unter Trajan etwas verringert, vielleicht auch, um mehr Leute für die Spezialtruppen zur Verfügung zu haben. Andererseits stellte Trajan zwei neue Legionen auf, deren Soldaten in Italien rekrutiert wurden.

Der größte Kriegs- und Eroberungszug Trajans war wohl jener gegen die Parther, die seit langer Zeit ein Angstgegner der Römer waren. Hatten sie doch schon im Jahre 53 v. Chr. den erfolgsgewohnten Triumvirn *Marcus Licinius Crassus* getötet und seine Armee aufgerieben. Seit der Zeit *Neros* hatte ein relativ friedliches Verhältnis zu den Parthern bestanden, doch nun schufen diese mit ihrem Einmarsch in das Königreich Armenien, in dem sie einen ihnen genehmen König installierten, einen Kriegsgrund. Die Römern betrachteten Armenien als eine Art Protektorat, sahen ihren Einfluss in der Region in Gefahr und fürchteten wohl auch einen Prestigeverlust, wenn sie nicht militärisch reagierten.

Trajan zog im Jahr 113 so rasch, wie dies unter antiken Transportbedingungen möglich war, insgesamt 11 Legionen und eine große Anzahl von Hilfstruppen zusammen. Zwar gab es Verhandlungen mit dem parthischen König Osroes I., doch kam es dabei zu keiner Einigung. Daraufhin besetzte Trajan im Jahre 114 Armenien, beseitigte die Monarchie und erklärte das Land zu einer römischen Provinz. Der parthertreue Marionettenkönig verlor Krone und Leben. Möglich wurde dies natürlich nur unter heftigen Kämpfen gegen die Parther, aus denen die Truppen des Kaisers in der Regel siegreich hervorgingen.

Trajan sah nun die Möglichkeit, diesen römischen Erbfeind völlig auszuschalten und in die Fußstapfen des großen Alexander zu treten. Der Kaiser besetzte die umliegenden Gebiete und nahm Kontakt zu den Herrschern im Kaukasusgebiet auf. Seine Lust auf weitere Eroberungen war geweckt und so wurden bereits im Jahre 115 weitere Kriegszüge unternommen.

Die Berichte sind widersprüchlich und so bleibt unklar, ob Trajan seine Streitmacht in einer oder zwei Armeen vorrücken ließ. Das obere Mesopotamien wurde rasch erobert und die wichtigsten Städte besetzt. Der weitere Vorstoß erfolgte entlang des Tigris gegen die parthische Hauptstadt Ktesiphon. Innere Unruhen und chaotische Verhältnisse im Reich des Gegners erleichterten den raschen Eroberungszug Trajans. Schon bald waren Ktesiphon und die wichtige Stadt Seleukia in der Hand der Römer. Sogar die Tochter des parthischen Königs wurde von ihnen gefangen genommen, der König aber entkam.

Im Herbst 116 erreichte Trajan den Persischen Golf. Er nannte sich nun „Parthicus" und ordnete große Zirkusspiele in Rom an. Außerdem errichtete er die neuen römischen Provinzen Mesopotamia und Assyria. Mit der Annexion dieser Gebiete erreichte das Römische Imperium seine größte Ausdehnung. Später sollte Hadrian, der Nachfolger Trajans, die meisten der Eroberungen Trajans wieder aufgeben, da ihre dauerhafte Verteidigung die militärische Kraft Roms überstieg.

Als Trajan im Persischen Golf ein indisches Schiff sah, klagte er über sein vorgerücktes Alter, das es ihm nicht mehr möglich mache, auch noch nach Indien zu ziehen. So wurde aus ihm doch kein zweiter Alexander.

Ende des Jahres 116 kam es zu einem Aufstand im südlichen Mesopotamien, der nur mit großer Anstrengung niedergeschlagen werden konnte. Ein noch größeres Problem ergab sich durch die Erhebung der Juden in den neu eroberten und in anderen Gebieten im Osten des Reiches, die ihre religiöse Freiheit durch die Römer bedroht sahen. Bei dieser Rebellion verübten die Aufständischen schreckliche Massaker an den dort lebenden Griechen. Die Situation drohte völlig außer Kontrolle zu geraten, als der Aufstand auch auf Zypern und Ägypten übergriff. Die Soldaten Trajans konnten die Aufrührer nur unter großen Mühen und schweren Verlusten niederringen. Die besiegten, aber nicht vernichteten Parther starteten von Medien aus neue Angriffe. Da half es den Römern auch nichts, einen parthischen Marionettenkönig in Ktesiphon einzusetzten.

So waren die letzten Jahre Kaiser Trajans von blutigen Ereignissen überschattet, die ihm sicherlich viel Kraft abverlangten. Doch kämpfte er verbissen weiter. Schwer krank machte er sich schließlich auf die Heimreise nach Rom, das er jedoch nicht wiedersehen sollte. Trajan starb am 9. August 117 in der kleinasiatischen Stadt Selinunt. Seine sterblichen Überreste wurden zur Feuerbestattung in die römische Kapitale überführt.

Ob der sterbende Kaiser seinen Verwandten Hadrian tatsächlich adoptiert und damit zum seinem Nachfolger bestimmt hat, ist umstritten. Trajans Gemahlin, *Plotina*, konnte jedenfalls durchsetzen, dass Hadrian die Herrschaft übernahm.

Der neue Kaiser ließ für den Verstorbenen einen postumen Triumphzug zur Feier seines Sieges im Partherkrieg abhalten. Das war an sich schon ungewöhnlich, noch ungewöhnlicher aber war, dass man Trajans Asche im Sockel der Trajanssäule beisetzte, denn üblicherweise wurden Bestattungen nur außerhalb der heiligen Grenzen der Stadt vorgenommen.

Trajan wurde schließlich zum Gott erhoben, was auf die große Ehrfurcht hindeutet, die man ihm entgegenbrachte. Das Gebet im Senat für einen neuen Kaiser soll bis ins 4. Jahrhundert einen Gebieter erfleht haben, der „glücklicher als Augustus und besser als Trajan" sein möge. Auch viele Jahrhunderte später galt Trajan noch immer als Musterbeispiel eines gerechten Herrschers.

König Geiserich

(389–477)

Vandalismus ist ein Begriff, der heute allgemein zum Sprachgebrauch gehört, aber von kaum jemandem mit dem historischen Volk der Vandalen in Verbindung gebracht wird. Die spanische Provinz Andalusien leitet ihren Namen sehr wahrscheinlich ebenfalls von diesem kleinen und tapferen Volk ab, obwohl es das Gebiet nur kurze Zeit bewohnte. Doch was wären die Vandalen, die in der Welt solche Spuren hinterlassen haben, ohne ihren legendären König Geiserich, der als einer der großen „Barbaren"-Herrscher in die Geschichte einging?

Am Ende des 4. Jahrhunderts waren die Vandalen wie viele andere germanische Stämme unter dem Druck der Hunnen und Goten nach Westeuropa gezogen. Dabei kam es unvermeidlich zu Konflikten mit den Römern, die vorerst dadurch bereinigt wurden, dass man die Vandalen in der Provinz Noricum ansiedelte. Nach dem Einfall der Ostgoten sah sich der Vandalenkönig *Godegisel* jedoch nicht mehr an die Übereinkünfte mit den Römern gebunden und so zog sein Volk westwärts ins Rhein-Neckar-Gebiet. Dabei kam es zu kriegerischen Auseinandersetzungen mit den Franken. 406 fiel Godegisel im Kampf und sein minderjähriger Sohn *Gunderich* musste die Herrschaft übernehmen. Die Vandalen setzten über den Rhein, marschierten nun plündernd und brandschatzend durch Gallien und eroberten viele Städte, die auf dem Weg lagen. Als sie die Pyrenäen erreichten, schreckten sie vor einem Überschreiten der Berge zurück und setzten sich in Südgallien fest, das sie ausgiebig plünderten. Doch als die Römer 407 mit Hilfe der Legionen aus Britannien mit einer Offensive gegen sie begannen, blieb Gunderich und seinem Volk nichts anderes übrig, als den Weg über die das Gebirge zu nehmen. Sie drangen, gemeinsam mit den ebenfalls vertriebenen Stämmen der nichtgermanischen Alanen und der Sueben, tief bis ins Innere der Iberischen Halbinsel vor und bildeten dort kleine Königreiche, die bis auf das suebische Reich in Galicien allerdings keinen langen Bestand hatten. Dem Vordringen der zahlenmäßig weit überlegenen Westgoten konnten diese fragilen politischen Gebilde nichts entgegensetzen.

Man nimmt an, dass Geiserich, der ein Stiefbruder König Gunderichs war und schon in jungen Jahren als großer Krieger galt, bereits zu jener Zeit die eigentlich treibende Kraft unter den Vandalen war. Geiserich, dessen Name „Speerfürst" bedeutet, war vermutlich im Jahre 389 geboren worden. Über seine Kindheit und Jugend ist so gut wie nichts bekannt. Er soll die Vandalenreiter an die „Rosse des Meeres" (*Felix Dahn*) gewöhnt haben und mit Schiffen auf Raubzüge gefahren sein. Dabei wurden die Balearischen Inseln angegriffen und geplündert und einige Küstengebiete des römischen Afrika heimgesucht. Geiserich erkannte sehr rasch, welche Reichtümer diese bis dahin recht stabile römische Provinz für ein mutiges Volk bereithielt, das in der Lage war, sie zu erobern. Afrika war in den Zeiten der Völkerwanderung und des untergehenden Weströmischen Reiches lange Zeit ein sicherer Hafen für die römische Zivilisation gewesen und konnte durch seinen Getreideüberschuss die großen Städte in Italien miternähren. Viele römische Bürger waren inzwischen in das scheinbar ruhige Afrika geflüchtet und erfreuten sich dort eines beträchtlichen Wohlstandes. Ein derartiges Gebiet musste einfach ein begehrenswertes Objekt für einen „barbarischen" Eroberer sein.

Im Jahre 428 wurde Geiserich durch den überraschenden Tod König Gunderichs bei der Plünderung Sevillas Herrscher der Vandalen. Ganz einwandfrei war diese Thronfolge nicht, da Geiserich nur ein Halbbruder des verstorbenen Königs war und zudem eine katholische Sklavin nichtgermanischer Herkunft zur Mutter hatte. Bei seiner Machtergreifung musste Geiserich die unmündigen Kinder Gunderichs übergehen, die in der Thronfolge vor ihm standen. Er tat dies skrupellos und schreckte später auch nicht davor zurück, die Kinder seines Halbbruders ermorden zu lassen.

Geiserich wird von antiken Autoren als von mittlerer Statur und, nach einem Sturz vom Pferd, für den Rest seines Lebens hinkend beschrieben. Er soll kein Mann großer Worte, tiefsinnig, asketisch, in vielen Dingen sehr geschickt, aber auch sehr jähzornig gewesen sein. In der Kriegsführung war er sicher sehr begabt und – wie sich später zeigen sollte – fähig, seine Lage stets genau einzuschätzen. Manche Autoren schildern Geiserich als gefährliches Scheusal, das vor Brudermord und anderen Untaten nicht zurückschreckte. Arglist, Treuebruch und Verrat sollen seine gefährlichsten Waffen gewesen sein.

Geiserich hatte mit dem Thron zugleich die Probleme von seinem Vorgänger übernommen. Als die Vandalen in Spanien durch die kampfstarken und zahlenmäßig überlegenen Westgoten immer mehr unter Druck kamen, musste Geiserich einen Ausweg suchen. Besonders akut wurde das Problem, als ein Teil seines Volkes, der silingische

Stamm der Vandalen, von den verbündeten Westgoten und Römern bei Baetica fast völlig vernichtet wurde. Geiserich wusste, dass er mit den verbliebenen hasdingischen Vandalen einen Krieg gegen die Westgoten nicht gewinnen konnte.

Als er vom Gouverneur der römischen Provinz Nordafrika *Bonifatius*, der durch eine innenpolitische Intrige in Rom in Bedrängnis geraten war, eingeladen wurde, mit seinem Volk in Afrika zu siedeln, überlegte er wohl nicht lange. Alarichs Vandalen hatte sich das ebenfalls bedrängte Volk der Alanen angeschlossen, die bis zum Untergang des Reiches der Vandalen deren wichtigster Bündnispartner blieben. Nachdem das gewagte Unternehmen, 80.000 Menschen über die Straße von Gibraltar zu bringen, gelungen war, entwickelten sich die Dinge allerdings anders als von Bonifatius gewünscht. Denn Geiserich dachte gar nicht daran, ihm wie geplant als Söldner zu dienen, sondern strebte, mit dem Recht des Stärkeren, die Alleinherrschaft über die Provinz an. Nach einer Belagerung fiel Geiserich im Jahr 430 die wichtige Stadt Hippo Regius in die Hände, die er zu seiner Hauptstadt machte, was sie bis 439 bleiben sollte. Als Bonifatius schließlich den oströmischen General *Aspar* zu Hilfe rief, fügte Geiserich beiden im Jahre 432 eine vernichtende Niederlage zu. Der glücklose Bonifatius floh nach Italien, wo er von der eigentlichen römischen Machthaberin *Galla Placidia* überraschenderweise als oberster Heerführer eingesetzt wurde. Genauso unerwartet errang Bonifatius einen Sieg gegen den mächtigen *Aetius*, auch wenn er selbst bei dieser Schlacht ums Leben kam.

Neben der Unfähigkeit seiner Gegner war ein weiterer wichtiger Faktor bei Geiserichs Siegeszug wohl der Umstand, dass sich große Teile der Landbevölkerung, insbesondere viele Sklaven, den Vandalen anschlossen, von denen sie sich eine Verbesserung ihrer Situation erhofften.

So konnte Geiserich mit seinem kleinen germanischen Volk, das maximal 20.000 Krieger aufbieten konnte, eines der reichsten und intaktesten Gebiete des untergehenden Römischen Reiches unter seine Kontrolle bringen.

435 schlossen die Weströmer mit den Eroberern einen Vertrag, der Geiserich große Gebiete in Mauretanien und

Numidien zuerkannte. Die Vandalen ersetzten nun die Elite des römischen Afrika und passten sich überraschend schnell dem Lebensstil der Unterworfenen an. Sie wussten die Annehmlichkeiten dieser der ihrigen weit überlegenen Kultur zu schätzen, ohne dabei viel von ihrem kriegerischen, „barbarischen" Wesen aufzugeben.

Da es der Arianer Geiserich mit seinem religiösen Bekenntnis durchaus ernst nahm, begann er 437 mit der Katholikenverfolgung, die besonders den katholischen Bischöfen galt, die er verbannte oder hinrichten ließ. So konnte er zugleich den Arianismus durchsetzen und seine Macht festigen. Letztlich sollte die religiöse Spaltung zwischen den neuen Herren und ihren Untertanen jedoch wesentlich zum Untergang des Vandalen-Reiches beitragen.

Die Vandalen unternahmen ab 438 vermehrt Überfälle nach Piratenart im Mittelmeer und auf Sizilien, die sich bald zu größeren Eroberungszügen ausweiteten. Die Krieger Geiserichs nahmen dabei schon die Rolle vorweg, die Jahrhunderte später die Wikinger spielen sollten. Als Räuber des Meeres überfielen sie immer wieder bestimmte Landstriche und eroberten diese schließlich. Die Seemacht des dahinsiechenden Weströmischen Reiches war nur mehr ein Schatten ihrer selbst und konnte den plündernden Seeräubern aus Afrika wenig entgegensetzen.

439 brach Geiserich den Vertrag mit Rom endgültig, als er bei einer günstigen Gelegenheit das geschichtsträchtige Karthago überfiel und eroberte. Dabei soll es zu schrecklichen Gräueltaten gekommen sein – wenn man der meist sehr vandalenfeindlichen Überlieferung Glauben schenken will. Geiserich fielen durch die rasche Eroberung auch einige Einheiten der römischen Flotte in die Hände, was die Seemacht der Vandalen verstärkte. Das unter der Herrschaft Geiserichs errichtete Königreich, das in etwa die beiden ehemaligen römischen Provinzen Byzacena und Procunsularis umfasste, musste schließlich von Kaiser *Valentinian III.* in Rom anerkannt werden.

König Geiserich übernahm die römischen Kaisergüter als seinen eigenen Besitz, garantierte ansonsten aber den vormals römischen Bürgern ihr Eigentum. Das hätte zu einem guten Einvernehmen mit den Besiegten führen können, wenn nicht die religiösen Differenzen gewesen wären, die immer wieder zu Gewaltausbrüchen führten. Schon bald konnten die Krieger Geiserichs große Inseln wie Sardinien, Korsika und die Balearen erobern, was die vandalische Macht weiter stärkte.

455 wagte Geiserich sein wohl bekanntestes Unternehmen. Er überfiel Rom und ließ seine Männer die Stadt 14 Tage lang plündern. Aus diesem Ereignis wurde im 18. Jahrhundert der Begriff „Vandalismus" abgeleitet, mit der Bedeutung: „wildes Zerstören um seiner selbst willen". Doch meinten spätere Historiker, dass man den Vandalen damit Unrecht tue, denn grausamer als andere antike Völker seien sie bei ihren Eroberungen auch nicht vorgegangen. So wurden die Plünderungen angeblich sehr systematisch durchgeführt und dabei auf Bitten des Papstes ein Großteil der römischen Bevölkerung verschont. Überhaupt möglich wurde dieser Überfall jedenfalls aufgrund der chaotischen Verhältnisse im untergehenden Weströmischen Reich. Kaiser Valentinian III. hatte seine erst dreijährige Tochter *Eudocia* dem vandalischen Kronprinzen *Hunerich* als Braut versprochen. Nachdem der Kaiser jedoch ermordet worden war, schien diese Abmachung hinfällig, weshalb Geiserich sich der dynastisch wertvollen Braut versichern wollte. Außerdem hatte er einen großen Bedarf an fähigen römischen Handwerkern, die er ebenfalls mit sich nahm. Bei dieser Kriegsfahrt konnten die Vandalen sogar das reiche Sizilien für einige Zeit unter ihre Kontrolle bringen. Außerdem wurde man mit dem Angriff auf Rom gleich auch den neuen römischen Kaiser *Petronius Maximus* los, der von seinen eigenen Leuten umgebracht wurde, als er fliehen wollte. Und nicht zuletzt hatten die Vandalen die Getreideversorgung Roms in ihre Hand bekommen und konnten so den Römern bei Bedarf große Probleme bereiten. Die kleine Prinzessin Eudocia, die gemeinsam mit ihrer Mutter und ihrer Schwester entführt worden war, verlobte Geiserich mit seinem Sohn Hunerich, der sie später auch heiratete.

Im Jahre 468 rafften sich das Weströmische und das Oströmische Reich schließlich zu einer gemeinsamen großen Militäraktion gegen die Vandalen auf. Diese Unternehmung unter der Leitung des „Magister militum" des Westreiches, *Rikimer*, scheiterte jedoch kläglich, wobei auch über Verrat spekuliert wurde. 474 sah sich der Oströmische Kaiser genötigt, den Vandalen den Besitz der eroberten Inseln zu garantieren, doch waren sie schon bald nach dem Tod Geiserichs nicht mehr dazu in der Lage, diese zu halten.

Geiserich lebte für antike Verhältnisse unwahrscheinlich lange, er wurde 85 Jahre alt. Er soll sein Reich bis zum Schluss unter voller Kontrolle gehabt und weiterhin eine sehr geschickte und erfolgreiche Politik betrieben haben. Nach dem Tod Geiserichs am 25. Januar 477 in Karthago brachen die lange schwelenden Konflikte, die er durch seine machtvolle Persönlichkeit hatten unterdrücken können, offen aus. Die kleine herrschende Schicht der arianischen Vandalen konnte sich inmitten ihrer zahlenmäßig überlegenen katholischen Untertanen nur sehr schwer behaupten und es kam immer wieder zu Auseinandersetzungen. Außerdem erfolgten zunehmend heftige Angriffe maurischer Stämme, die Teile des Vandalen-Reiches unterwarfen und eine ständige Gefahr darstellten. Die häufigen Streitigkeiten in der vandalischen Führungsschicht um die Herrschernachfolge trugen zur weiteren Destabilisierung bei.

Von den Söhnen und Enkeln Geiserichs hatte keiner auch nur annähernd sein Format. So war es kein Wunder, dass das Reich der Vandalen in Nordafrika 60 Jahre nach dem Tod des großen Königs unterging und das Volk Geiserichs aus der Geschichte verschwand. Von den Vandalen blieb kaum eine Spur im heutigen Nordafrika, wenn man vom gelegentlichen Auftauchen von blondem Haar in der Bevölkerung absieht.

König Attila

(410–453)

Das Römische Reich war schon lange nicht mehr auf dem Höhepunkt seiner Macht, als der Hunnenkönig Attila die Bühne der Geschichte betrat, doch es hat durch ihn den eigentlichen Todesstoß erhalten. Attila ging in die Geschichte ein als historisches Schreckgespenst, das überall Tod und Untergang herbeiführte, und in die Sage als König *Etzel*, der als *Krimhilds* Rächer die Burgunder vernichtete. Was schon darauf hinweist, dass sich bei dieser Figur im Laufe der Zeit Dichtung und Wahrheit stark vermischt haben.

Das Volk der Hunnen ist scheinbar aus dem Nichts in die europäische Geschichte eingetreten. Bis zum 4. Jahrhundert war kaum etwas über sie bekannt und auch später wusste man wenig über ihre Geschichte vor ihrem Eindringen in die Welt der Spätantike, da sie als schriftloses Volk keine Aufzeichnungen hinterlassen hatten. Im Jahre 376 wurde im Römischen Reich bekannt, dass sie von Osten kommend die Goten und Alanen besiegt hatten, was von Seiten der Römer mit einer gewissen Erleichterung aufgenommen wurde. Doch schon bald verwandelte sich diese Erleichterung in Panik, als die Westgoten bei ihrer Flucht vor den Hunnen die Donau überquerten, in den römischen Machtbereich einfielen und Pannonien verheerten. Zum Schrecken der Römer wurde auch die Stadt Adrianopel eingenommen und verwüstet.

Danach ging es Schlag auf Schlag, denn die Hunnen tauchten ab 395 sowohl im West- als auch im Oströmischen Reich auf und verwüsteten viele Provinzen. 405 erreichten sie Norditalien und 406 zogen sie über den Rhein nach Frankreich. Das stolze Konstantinopel verstärkte seine Stadtmauern und war froh, als die Hunnen ihre kriegerische Energie einige Zeit gegen die Perser wandten.

Die nomadischen Viehzüchter und geschickten Reiter

aus dem Osten schlossen von nun an aber immer wieder Bündnisse mit römischen Kaisern und dienten auch zu Tausenden in den römischen Armeen. Manchmal schickten Ost- und Westrom Hunnen als Söldner gegeneinander in den Kampf. Man wollte diese besten Reiterkrieger der bis damals bekannten Geschichte als Verbündete nicht missen. Die Hunnen hatten viele Häuptlinge, aber was ihnen zu fehlen schien, war eine einheitliche Führung mit einem klaren politischen Konzept. Erst mit Attila sollten sie diese tatsächlich erhalten.

Man nimmt an, dass Attila im Jahre 406 geboren wurde und der hunnischen Oberschicht entstammte. Über seine Kindheit und die Art der Erziehung, die er erhielt, ist so gut wie nichts bekannt. Als Jugendlicher war er mit einem Römer befreundet, der später sein Schicksal werden sollte – *Flavius Aetius*. Dieser weilte als Geisel bei den Hunnen und interessierte sich sehr für die Sitten und Gebräuche, vor allem aber für das Heerwesen seiner „Gastgeber". Er soll zu dem jungen Attila ein fast brüderliches Verhältnis gehabt haben und mit ihm oft auf die Jagd gegangen sein. Während Attila heranwuchs, konnten zwei hunnische Führer, *Octar* und *Rua*, die Führung über die meisten der zerstrittenen Stämme übernehmen und eine Vorform königlicher Herrschaft etablieren. Attila dürfte ein gutes Auge für die Schwachstellen dieser Doppelherrschaft, die schließlich durch den Tod Octars zur Alleinherrschaft wurde, gehabt haben. Der hunnische Machtbereich war einfach zu groß, um ihn wirklich restlos zu kontrollieren, wenn es keine Struktur dafür gab. Attila plante daher, von den beiden römischen Reichshälften gleichermaßen Tribute zu erpressen, um damit sein zukünftiges, besser organisiertes Reich zu finanzieren. Doch einstweilen musste er noch auf seinen Machtantritt warten.

Attilas Freund Aetius hatte nach seiner Rückkehr aktiv an den inneren Auseinandersetzungen Westroms teilgenommen und war mit Hilfe einer von ihm geführten hunnischen Armee zum wichtigsten Verbündeten der starken Frau des Reiches geworden – *Galla Placidia*, der Mutter des römischen Kaisers Valentinian. Doch fiel Aetius bald wieder in Ungnade, da er sich als intrigant und machtbesessen erwies. In einer Schlacht gegen den von Galla Placidia eingesetzten Heerführer Bonifatius erlitt er eine Niederlage und musste zu den Hunnen flüchten, wo er seinen Freund Attila wieder traf. Mit der Unterstützung der Hunnen konnte Aetius bald nach Italien zurückkehren und sich als der eigentlich starke Mann im untergehenden Weströmischen Reich etablieren. Mit Hilfe vieler hunnischer Söldner kämpfte er dann sehr erfolgreich gegen die Burgunder, Westgoten und Bagauden. Die Vernichtung des Burgunder-Reiches durch die Hunnen des Aetius – ohne die Beteiligung Attilas – bildet vielleicht den wesentlichen Kern der berühmten Nibelungensage. Attila sah es nicht gerne, dass man den Römern für ihre Kriege so viele hunnische Krieger überließ, denn entgegen späteren Annahmen war das hunnische Volk nicht sehr zahlreich.

Im Jahre 440 starb unerwartet der hunnische Herrscher Rua, der eben noch Konstantinopel bedroht hatte. Nun war die Stunde Attilas gekommen; gemeinsam mit seinem Bruder *Bleda* griff er nach der Macht. Die Brüder hatten schon unter der Herrschaft Ruas einen Aufstieg erlebt und ihre Krönung zu Königen der Hunnen scheint recht reibungslos verlaufen zu sein.

Attilas und Bledas erste Aktion richtete sich gegen Ostrom, das gerade einen Feldzug gegen das von den Vandalen unter *Geiserich* besetzte Karthago unternahm. Durch die Ungeschicklichkeit eines oströmischen Bischofs, der in hunnisches Territorium eingedrungen war, ergab sich ein passender Kriegsgrund. Attila hielt für seine Gegner eine Überraschung bereit: Hatten die Hunnen als Steppenreiter bei Belagerungen starker Festungen bisher kaum einen Erfolg erzielt, fiel nun eine oströmische Festung nach der anderen. Attila hatte seine Krieger entsprechend ausbilden lassen und für das nötige militärische Gerät gesorgt. Als Vorbild hatten ihm die Römer selbst gedient, deren Wissen sich die Hunnen inzwischen angeeignet hatten.

Konstantinopel musste nun seinen Feldzug in Afrika abbrechen und seine Truppen gegen die Hunnen werfen. Inzwischen zahlte man sicherheitshalber Tribut an Attila und seinen Bruder. Als sich die Oströmer durch die Aufstockung ihrer Armee 443 wieder stark genug fühlten, brach der Krieg erneut aus. Wieder zog Attila von Sieg zu Sieg, er eroberte mehrere wichtige Städte und besiegte Konstantinopels fähigste Generäle. Danach blieb dem oströmischen Kaiser *Theodosius*, der nicht mehr an einen Sieg gegen die Hunnen glaubte, nichts anderes übrig, als wieder hohe Schutzgelder zu bezahlen.

445 eskalierte der permanente Streit zwischen den Brüdern Attila und Bleda, die von ihrem Wesen her sehr unterschiedlich waren. Der eher einfache und grobschlächtige Bleda stand seinem intelligenteren und raffinierteren Bruder meist ziemlich verständnislos gegenüber. Während Attila große Pläne verfolgte, gab sich Bleda mit kleinen Erfolgen zufrieden und war stets zu sehr an seinem privaten Vergnügen interessiert. Attila ließ sich auf einen erbitterten Machtkampf ein, den letztlich nur einer von den beiden überleben konnte. Wie nicht anders zu erwarten, blieb der geschicktere Attila Sieger und er ließ seinen Bruder ermorden.

Die Byzantiner hatten die interne Unruhe unter den Hunnen dazu genutzt, sich auf weitere Auseinandersetzungen vorzubereiten und ihre Hauptstadt möglichst stark zu befestigen. Doch als Attila 447 wieder auf dem Schlachtfeld erschien, setzte er seine militärische Erfolgsserie nahtlos fort. Dieses Mal jedoch ließ er tatsächlich keinen Stein auf dem anderen. Er verheerte den Balkan derart, dass sich die betroffenen Gebiete nie wieder davon erholten. Viele Städte wurden vollständig vernichtet. Die byzantinische Armee versuchte in mehreren Schlachten, den Hunnensturm aufzuhalten, erlebte jedoch immer wieder ein Debakel. Nur bei der Schlacht am Utus hätte Attila um ein Haar eine Niederlage erlitten; er verlor viele seiner besten Krieger. Einige Historiker waren sogar der Ansicht, dass die Hunnen nicht in der Lage waren, diese hohen Verluste zu ersetzen, und deshalb an Kampfkraft einbüßten. Dennoch konnte Attila mit diesem mühevoll errungenen Sieg Ostrom völlig in die Knie zwingen.

Kaiser Theodosius ließ sich auf langwierige Verhandlungen mit den Hunnen ein, die sehr hohe Forderungen stellten. Da man diese nicht befriedigen konnte, ohne den byzantinischen Staat erheblich zu schwächen, beschloss der Kaiser die Ermordung Attilas. Doch der Plan wurde verraten und scheiterte.

Attila ging nun daran, große Teile der eroberten Gebiete zu annektieren.

Römische Abgesandte berichteten, dass der Hunnenkönig von kleiner Statur und auch sonst körperlich nicht besonders beeindruckend sei. Er soll ziemlich humorlos, launisch und mäßig im Trinken gewesen sein. Im persönlichen Umgang soll er sich bescheiden, fast asketisch und nicht sehr kriegerisch gegeben haben.

Als Kaiser Theodosius 450 überraschend starb und sein Nachfolger *Marcian* die Tributzahlungen wieder einstellte, ergab sich im Osten eine neue Lage für den Herrscher der Hunnen. Attila entschloss sich überraschenderweise aber zu einem Kriegszug im Westen, wozu er sogar Kontakte zum Vandalenkönig Geiserich aufnahm, von dessen Flotte er sich Unterstützung erhoffte. Attila brach mit seinem Heer in Richtung Gallien auf. Doch sollten sich bei diesem Eroberungszug die Grenzen seiner Macht zeigen, denn nun wandte sich Attilas Jugendfreund Aetius gegen den Hunnenkönig. Der römische Heerführer beendete seine alte Feindschaft mit den Westgoten und bot ihnen ein militärisches Bündnis gegen Attila an. Der Westgotenkönig *Theoderich* ging auf das Anerbieten ein und auch andere germanische Stämme stießen, aus Furcht vor dem Hunnensturm, zu diesem Bündnis.

Attila hatte seinen großen Raubzug im Frühjahr 451 von Ungarn aus begonnen, rückte rasch vor und eroberte bereits am 8. April die Stadt Metz. Dem Bischof von Troyes gegenüber soll er sich selbst als die „Geißel Gottes" bezeichnet haben, als die er dann in die Geschichte einging. Das Heer der Hunnen stieß weiter vor und belagerte Orleans, das sich im Juni ergab. Doch nun griffen die Westgoten an und Attila zog sich nach Troyes zurück, wobei er immer wieder attackiert wurde. Aetius und Theoderich vereinigten nun ihre Armeen und der König der Hunnen musste sich dem Kampf stellen. Auf den Katalaunischen Feldern bei Chalons-sur-Marne schien er ein für sich günstiges Schlachtfeld gefunden zu haben. Die Hunnen waren bei der Auswahl von Schlachtfeldern immer darauf bedacht, ihre stärkste

Waffe, den gefürchteten Bogen, mit dem sie ihre Gegner mit einem pausenlosen Pfeilhagel eindeckten, möglichst optimal einsetzen zu können. Attila griff bereits vor dem Morgengrauen an und wollte eine rasche Entscheidung herbeiführen, was ihm aber nicht gelang. Seine Gegner hatten ihre Truppen gut aufgestellt und gingen bald zum Gegenangriff über. Nach stundenlangen Kämpfen wurden die Hunnen in ihre Wagenburg zurückgedrängt, wo sich unter anderem die Gefährte befanden, mit denen sie Millionen Pfeile auf das Schlachtfeld transportiert hatten. Attila erwartete für den nächsten Tag das Ende seiner Armee und bereitete sich auf seinen Tod vor. Doch da der Westgotenkönig Theoderich gefallen war und er selbst hohe Verluste erlitten hatte, ließ Aetius die Hunnen abziehen.

Militärhistoriker hegen immer wieder große Zweifel an der Größe des Feldherrn Attila, der von den beiden wirklich großen Schlachten, die er schlug, eine fast und die andere vollständig verlor. Ansonsten hatte er es angeblich immer nur mit weit unterlegenen lokalen Truppen oder der zweiten Garnitur der Byzantiner zu tun.

Nach seiner Rückkehr in die Heimat war Attila klar, dass er einen weiteren Feldzug unternehmen musste, da sonst sein Nimbus und seine Position unter den Hunnen gefährdet waren. Er entschied sich für einen Angriff auf Italien, wobei er mit der Unterstützung der Vandalen rechnete. Der Italienzug im Jahr 452 ist wohl die bekannteste unter den Unternehmungen der „Geißel Gottes".

Nach raschem Eindringen in Italien griff Attila die Stadt Aquileia an, die sich verbissen verteidigte. Als die Hunnen nach schwersten Verlusten in die Stadt eindrangen, kannten sie keine Gnade. Viele andere Städte fielen ihnen zum Opfer, wobei der Hunnenkönig nun auch Orte, die sich ihm freiwillig ergeben hatten, nicht vor Plünderungen und Vernichtungsaktionen verschonte. Die Römer setzten auf Zeitgewinn und schickten Attila eine Delegation entgegen, der auch Papst *Leo I.* angehörte. Sie erreichten den Hunnen südlich des Gardasees. Nach Gesprächen mit den Römern beschloss Attila plötzlich, den Feldzug abzubrechen und umzukehren. Das hat zu einigen Legenden über Attilas Angst vor dem durch den Papst verkörperten Christentum geführt. Doch dürften eher eine Malariaepidemie in Italien und ein großes Geldgeschenk der Römer der tatsächliche Grund dafür gewesen sein. Außerdem wusste Attila, dass er es bei einem Zug nach Rom wieder mit Aetius zu tun bekommen würde. Heimgekehrt plante Attila seinen nächsten Feldzug, der dieses Mal wieder Ostrom gelten sollte. Zuvor jedoch heiratete er 453 die germanische Prinzessin *Ildiko*, um seine Position, die sich aufgrund der Misserfolge im Westen verschlechtert hatte, zu stärken. Doch starb der große Hunnenkönig plötzlich in seiner Hochzeitsnacht an einem Blutsturz. Ein großer Teil der damals bekannten Welt dürfte tief aufgeatmet haben.

Der plötzliche Tod des gefürchteten Attila hat bis heute Spekulationen am Leben erhalten, die von einem getarnten Mord an dem Hunnenkönig ausgehen. Feinde hatte die „Geißel Gottes" ja genug. Da er keine Anweisungen für seine Nachfolge gegeben hatte und seine Söhne sich als eher untalentiert erwiesen, versank sein riesiges Reich rasch in Bürgerkrieg und Anarchie. Die unterworfenen Völker warfen bei der ersten Gelegenheit das Joch der Hunnen ab und diese erlitten von nun an eine militärische Niederlage nach der anderen. Innerhalb weniger Jahrzehnte verschwanden die Hunnen genauso rasch aus der Geschichte, wie sie in ihr erschienen waren. Attilas Freund und späterer Gegner Aetius überlebte ihn nur kurz; er wurde durch Kaiser Valentinian ermordet. Doch das Weströmische Reich konnte sich nicht mehr erholen und ging 25 Jahre nach seiner letzten großen Anstrengung im Kampf gegen die Hunnen mit der Absetzung des letzten „Kaisers", der Marionette *Romulus Augustulus*, durch einen Barbaren unter.

Attila und seine Hunnen lebten in Legenden und Sagen weiter. Man denke nur an das Nibelungenlied. Der Begriff „Hunne" wurde zum Schimpfwort, den man seinen Feinden an den Kopf warf. So nannten die Engländer im Ersten Weltkrieg die Deutschen „Hunnen" und dichteten ihnen die Grausamkeiten an, die man einstmals den Kriegern Attilas zuschrieb.

KARL DER GROSSE

(742–814)

Dieser größte Herrscher des frühen Mittelalters ist der Einzige, auf den sich zwei große Nationen Europas gleichermaßen als Ahnherrn berufen: Deutschland und Frankreich. Doch Karl der Große war auch einer der größten Erfolge in der Geschichte dieses Kontinents.

Auch wenn es nicht unumstritten ist, so ist es doch am wahrscheinlichsten, dass Karl am 2. April 747 zur Welt kam. Er war der erstgeborene Sohn des fränkischen Hausmeiers *Pippin* des Jüngeren und dessen Gemahlin *Bertrada*. Über die Kindheit und Jugend Karls ist nur wenig bekannt. Er war wohl vier Jahre alt, als sein Vater 751 den inzwischen völlig machtlosen Merowingerkönig *Childerich III.* absetzte und sich selbst zum König ausrufen ließ. Im gleichen Jahr wurde auch Karls jüngerer Bruder *Karlmann* geboren.

Der sehr tatkräftige und erfolgreiche König Pippin behandelte seine beiden Söhne gleich und wollte sein Reich unter ihnen aufteilen. Im Jahre 754 ließ er sich und seine Söhne von Papst *Stephan II.* krönen und salben. Damit war die Königswürde für die Familie der Karolinger endgültig gesichert.

Nach einem kriegerischen Leben, in dem er die Macht und Ausdehnung des Frankenreiches stark vergrößert hatte, starb Pippin am 24. September 768. Das Reich hatte er wie geplant kurz vor seinem Tod unter seinen beiden Söhnen geteilt. Karl erhielt den Norden und sein Bruder den Süden des fränkischen Reiches. Wie nicht anders zu erwarten, gab es zwischen den beiden Erben Konflikte, bei denen Karl als der Ältere meistens die Oberhand behielt. Die Expansion des Frankenreiches kam in dieser Zeit der inneren Zerrissenheit zum Stillstand. Karl heiratete die Tochter des langobardischen Königs und verzichtete damit vorerst auf weitere Interventionen in Italien. Auch mit anderen Gegnern schloss man Frieden.

Die Situation veränderte sich grundlegend durch den Tod Karlmanns am 4. Dezember 771. Karl war jetzt der alleinige Herrscher des Frankenreiches und betrieb von nun an eine offensive Außenpolitik, was bedeutete, dass er zum Eroberungs- und Unterwerfungskurs seines verstorbenen Vaters zurückkehrte. Er verstieß seine langobardische Frau und nahm sich eine neue Gemahlin aus einem alemannischen Adelsgeschlecht.

Karls Hauptbeschäftigung war fortan das Kriegführen. Das einzige Jahr seiner Regierungszeit, in dem von keinem Kriegszug berichtet wird, ist das Jahr 790. Ein bedeutender Konflikt war jener mit den in großen Teilen Italiens herrschenden Langobarden. Zu deren König hatte sich die Frau seines verstorbenen (ermordeten?) Bruders mit ihren Kindern und Anhängern geflüchtet. Außerdem hatte Karl seine Frau, die Tochter des Langobardenkönigs, verstoßen – schon dies wäre Anlass zu einem Krieg gewesen.

Karl hatte wohl von Anfang an den Plan, das Langobarden-Reich zu unterwerfen. Der Einfall der Franken in Italien war sehr erfolgreich und Karl konnte nach einer neunmonatigen Belagerung der langobardischen Hauptstadt Pavia den feindlichen König samt dessen Hofstaat gefangen nehmen. Da ihm das übrige Reich nun ohne größere Kämpfe in die Hände fiel, gab sich Karl großzügig und beließ viele langobardische Würdenträger in ihren Ämtern. Nach späteren Aufständen der Besiegten, die in langen Kämpfen niedergeschlagen werden mussten, änderte der Frankenkönig seine Politik und organisierte das Gebiet nach dem Muster seines Reiches durch den Einsatz von fränkischen Grafen. Seit 774 trug er auch den Titel eines „Königs der Langobarden".

Karl zog während seines Italienaufenthalts auch nach Rom, wo er Papst *Hadrian* traf. Der Frankenkönig bestätigte die Gebietsschenkungen seines Vaters an die Kirche, aus denen später der Kirchenstaat hervorgehen sollte. Diesem ersten Zug des fränkischen Herrschers auf Rom sollten später weitere folgen.

Weitaus weniger erfolgreich verlief der Feldzug Karls gegen die Mauren in Spanien im Jahre 778. Grund für das Eingreifen der Franken auf der Iberischen Halbinsel war angeblich ein Hilferuf des Emirs von Barcelona, der um Unterstützung in seiner Auseinandersetzung mit dem Emir von Cordoba ersuchte. Auf dem neuen Kriegsschauplatz waren die militärischen Erfolge Karls, im Vergleich zum Krieg gegen die Langobarden, aber eher bescheiden, was anscheinend an dem zahlenmäßig schwachen Heer lag, das er befehligte. Beim Rückzug durch die Pyrenäen wurde die Nachhut des fränkischen Heeres von den Basken überfallen und nach heftigem Kampf völlig vernichtet. Dieses Ereignis bildet die Grundlage des Rolandsliedes, einer der größten Dichtungen des Mittelalters. Erst in der späteren Regierungszeit Karls konnte, nach weiteren kriegerischen Auseinandersetzungen mit den Mauren, 806 die so genannte „Spanische Mark" jenseits der Pyrenäen errichtet werden.

Eine wichtige Eroberung Karls, die allerdings weitgehend unblutig ablief, war Bayern. Dessen Herzog *Tassilo III.* hatte, als Schwiegersohn des gestürzten Langobardenkönigs *Desiderius*, auf das falsche Pferde gesetzt. Als sich auch noch der Papst und der Adel seines Landes gegen ihn wandten, blieb Tassilo unter dem militärischen Druck des Franken keine andere Wahl, als Karl den Vasalleneid zu leisten. Damit war die Sache aber noch nicht bereinigt, und schon ein Jahr später, im Sommer 788, bereitete Karl den endgültigen Sturz des Bayern vor. Er lud Tassilo zu sich und ließ ihn mit seiner Familie gefangen nehmen. Man brachte massive Anschuldigungen gegen den Bayern vor, wie etwa jene, mit den Awaren gegen seinen fränkischen Herrn konspiriert zu haben. Auch eine bereits 25 Jahre zurückliegende angebliche Fahnenflucht bei einem gemeinsamen Kriegszug wurde ihm vorgeworfen. Das Todesurteil gegen Herzog Tassilo wurde von Karl in eine lebenslange Klosterhaft umgewandelt.

Um Bayern vollends seinem Herrschaftsbereich einzuverleiben, verbrachte Karl zwei Winter in dessen Hauptstadt Regensburg und setzte dann einen Präfekten über das Land ein. Um Tassilo endgültig auszuschalten, wurde dieser noch gezwungen, für sich und seine Nachkommen auf sämtliche Ansprüche auf Bayern zu verzichten.

Karls Konflikt mit den Awaren, die 788 Einfälle in seinen

Machtbereich unternommen hatten, verlief nun allerdings alles andere als unblutig. Der fränkische König zog 791 mit einem großen Heer gegen das Volk der Steppenreiter. Doch der Erfolg war mäßig, da sich die Awaren nicht zur Schlacht stellten, sondern sich immer weiter zurückzogen. Nach Abbruch des Feldzuges beschloss Karl ein weiteres Unternehmen, das allerdings strategisch besser geplant wurde.

Bei diesen Vorbereitungen zeigte sich der weite Horizont des fränkischen Königs. Er ließ eine bewegliche Schiffsbrücke bauen, um jederzeit die Donau überqueren zu können. Zur Verbesserung des Nachschubs wurde außerdem versucht, Donau und Rhein durch einen Kanal zu verbinden. Dieser frühe Plan, einen Vorläufer des späteren Rhein-Main-Donau-Kanals zu bauen, scheiterte allerdings an der technischen Unzulänglichkeit der Zeit und an der schlechten Witterung.

Als 795 innere Unruhen im Awaren-Reich ausbrachen, schien die Zeit günstig für einen neuen Angriff der Franken. Eine fränkische Truppe gelangte bis ins Zentrum des gegnerischen Gebietes. Im darauf folgenden Jahr marschierten die Franken in zwei Heersäulen gegen die Awaren. Eine der Armeen stieß von Friaul aus vor, während die andere die Donau entlangzog. Die Awaren konnten diesem Angriff wenig entgegensetzen und unterwarfen sich. Dabei fielen den Kriegern Karls riesige Schätze in die Hände, wovon die Kirche einen beträchtlichen Teil erhielt. In Aachen wurde eine eigene Schatzkammer für den Beuteanteil des Königs errichtet. Als die Awaren im Jahr 803 einen Aufstand gegen die Herrschaft der Franken wagten, wurden sie endgültig unterworfen und verschwanden weitgehend aus der Geschichte. Das Reich Karls konnte damit weit nach Südosten ausgedehnt werden.

Die längste und heftigste Auseinandersetzung hatte Karl jedoch mit den Sachsen. Sie waren schon lange Gegner der Franken gewesen, die Vorstöße in das Gebiet der Sachsen gewagt hatten, um sich für sächsische Überfälle zu rächen und die Macht ihres Reiches zu demonstrieren. Karl hatte aber nun die Absicht, nicht nur kleinere Feldzüge gegen die Sachsen zu unternehmen, sondern diese völlig zu unterwerfen und ihr Gebiet seinem Reich einzuverleiben.

Die Sachsenkriege erstreckten sich über den langen Zeitraum der Jahre 772–785 und 792–804. Im Jahre 772 drang Karl mit einem großen Heer in das Gebiet der Engern ein. Er konnte die dem Kriegsgott geweihte Eresburg erobern und die Welteneiche Irminsul, einen riesigen Baumstamm in einem heiligen Bezirk, zerstören. Die Eresburg erhielt eine fränkische Besatzung. Karl beabsichtigte, das Land durch die völlige Ausrottung der heidnischen Religion und durch eine rasche Christianisierung fest in sein Reich zu integrieren.

Die Sachsen reagierten aber auf die Zerstörung ihres zentralen Heiligtums äußerst heftig und führten während Karls Italienfeldzug einen Gegenschlag durch. Nun entwickelte sich das, was später als der „langwierigste, grausamste und anstrengendste Krieg des fränkischen Volkes" in die Reichsannalen einging.

Während der jahrelangen Kämpfe schien es einige Male so, als würden die Sachsen völlig unterworfen, doch trafen die Franken auf immer neuen Widerstand. Häufig griffen die Sachsen fränkische Siedlungen und Kirchen an. Karl kämpfte mit großer Erbitterung, rückte oft mit mehreren Heeressäulen vor und setzte weiterhin auf die christliche Missionierung des Gegners.

Im Sommer 775 konnte Karl die inzwischen verloren gegangene Eresburg wieder zurückerobern, setzte über die Weser und unterwarf die Ostfalen, die Engern und die Westfalen. Die Besiegten mussten wie stets Geiseln stellen und einen Eid auf den neuen Herrscher schwören. Doch kaum hatte der fränkische König den Schauplatz verlassen, griffen die Sachsen wieder an und eroberten erneut die für sie bedeutende Eresburg. Wieder griff Karl ein und kämpfte die Rebellen nieder. Danach berief er im heutigen Paderborn eine große Versammlung sächsischer Häuptlinge ein und ließ sie den Treueeid schwören. Dann wurden die Versammelten geschlossen getauft.

Doch während Karl auf seinem Spanienfeldzug, zu dem er sich hatte verleiten lassen, seine erste Niederlage erlebte, brauten sich in Sachsen erneut dunkle Wolken zusammen.

Endlich hatten die Rebellen in *Widukind* einen begabten Anführer gefunden. Dieser initiierte einen gnadenlosen Kleinkrieg gegen die Franken, wodurch die Auseinandersetzung eine neue Dimension erhielt. Karl musste immer wieder bereits eroberte Gebiete zurückerobern. Fast immer setzte er dabei auf das Prinzip des getrennten Vormarsches mehrerer Heeressäulen. Es gelang ihm schließlich, den Widerstand Widukinds zu brechen, und dieser musste nach Dänemark fliehen. Bei Verden an der Aller ließ Karl nun eine exemplarische Strafaktion durchführen und 4.500 sächsische Aufständische in einer Massenhinrichtung töten. Von nun an galt er als der „Sachsenschlächter".

Doch schon bald entwickelten sich neue Kämpfe und Karl stand 783 in zwei Feldschlachten jeweils am Rande der Niederlage. Angeblich stürzten sich sogar barbusige sächsische Frauen ins Schlachtgetümmel. Nach einem erneuten Sieg im Jahre 784 verfolgte Karl den wieder aufgetauchten Widukind und konnte ihn 785 endlich zur Aufgabe zwingen. Der besiegte Feind wurde schließlich beim Weihnachtsfest dieses Jahres getauft, was die Situation merklich beruhigte. Doch kam es immer wieder zu kleineren Konflikten und Erhebungen sächsischer Krieger.

Im Jahr 789 hatte Karl weitere kriegerische Auseinandersetzungen mit slawischen Stämmen wie den Sorben und Wilzen zu bestehen. Auch im unteren Italien wurde Krieg geführt und die häufigen arabischen Einfälle im südlichen Frankenreich mussten zurückgeschlagen werden. Dazu kam von 794 bis 799 erneut jedes Jahr ein Feldzug gegen sächsische Gegner. Karl ging dazu über, ganze sächsische Stämme zu deportieren, erließ strenge Gesetze, errichtete Bischofssitze auf sächsischem Gebiet und trieb die Christianisierung weiter voran.

799 bahnte sich ein großes welthistorisches Ereignis an. Der mit einem überaus zweifelhaften Charakter versehene Papst *Leo III.* hatte sich durch seinen Lebenswandel in Rom recht unbeliebt gemacht und war zu Karl nach Paderborn geflohen. Dieser zog mit dem Kirchenoberhaupt im Jahre 800 nach Rom und stärkte somit dessen Position. Entweder nach Absprache oder als Geste des Dankes setzte der Papst

Karl dem Großen während der Weihnachtsmesse die Kaiserkrone aufs Haupt und das anwesende Volk bestätigte den Vorgang per Akklamation. Von nun an gab es nicht nur im byzantinischen Osten, sondern auch im Westen Europas wieder einen römischen Kaiser. Dessen letzter „Vorgänger" war der unglückliche *Romulus Augustulus* gewesen, der 476 entmachtet wurde und so unbedeutend war, dass man „vergaß", ihn umzubringen.

Die Byzantiner leisteten Widerstand gegen diesen neuen westlichen Kaiser, den man nicht anerkennen wollte. Es kam zu Kämpfen im Gebiet der Adria, die zu Ungunsten der Franken ausgingen, da sie keine eigene Flotte besaßen. Nach dem Friedensschluss im Jahre 810 suchte eine Gesandtschaft aus Konstantinopel Karl den Großen auf und zeigte sich gewillt, den Franken nun als Kaiser zu akzeptieren.

Um sein riesiges Reich zusammenzuhalten, setzte Karl als Gegengewicht zum lokalen Adel Grafen ein, die ihm verantwortlich waren. Zu deren Beobachtung installierte er zusätzlich ein System von Königsboten, eine Position, welche seit 802 nur noch hohe Amtsträger einnehmen durften. Die Verhältnisse zwangen Karl zu einer Art Reisekönigtum, da er sonst die Kontrolle über viele Gebiete seines gewaltigen Reiches verloren hätte. So entstand eine Reihe von Kaiserpfalzen, die, wie der Dom zu Aachen, erstmals seit der Römerzeit zumindest teilweise wieder aus Stein erbaut wurden.

Aachen war die offizielle Hauptresidenz Karls, da es günstig gelegen war und über heiße Quellen verfügte – der Kaiser soll gerne geschwommen sein. Die Kaiserresidenz und die Pfalzkapelle galten als architektonische Glanzpunkte ihrer Zeit. Karl versammelte in seiner Residenz zudem einen Gelehrtenkreis und gründete eine Hofschule, auch wenn es bei ihm selbst mit dem Schreiben etwas haperte.

Der Kaiser stand in diplomatischem Verkehr mit dem Kalifen *Harun ar-Raschid* in Bagdad. So gelangte als Geschenk der erste Elefant seit der Römerzeit in nördliche Gefilde.

Karl hatte mehrere „Gemahlinnen", denn außer seiner

jeweils legitimen Frau hatte er nach fränkischer Tradition mehrere so genannte „Friedelfrauen", was zu einer größeren Anzahl von Nachkommen führte. Später warf man Karl diesen lockeren Lebenswandel vor und ein Mönch sah ihn in einer Vision dafür in der Hölle schmachten.

Neben zahlreichen Töchtern, von denen sechs ein höheres Alter erreichten, hatte Karl vier Söhne, die das Kindesalter überlebten. Sein erster, 770 geborener Sohn *Pippin, „der Bucklige"* genannt, hatte vermutlich durch einen Geburtsfehler einen verkrümmten Rücken. Obwohl seine Mutter, *Himiltrud*, anscheinend keine Vollehe mit Karl eingegangen war, galt Pippin lange Zeit als Thronfolger, verlor diesen Anspruch aber, als Karl von seiner dritten Frau *Hildegard* weitere Söhne bekam. Pippin sah seine Chancen schwinden und bereitete mit einigen fränkischen Adeligen im Jahr 792 eine Revolte vor, um an die Macht zu gelangen. Die Verschwörung wurde jedoch verraten und Karl veranstaltete einen großen Prozess, nach dem viele der Verschwörer hingerichtet wurden. Pippin „der Bucklige" wurde für den Rest seines Lebens in das Kloster Prüm verbannt.

Karls ursprünglicher Plan einer Reichsteilung unter seinen drei legitimen Söhnen nach seinem Ableben wurde durch den frühen Tod der beiden älteren obsolet. So erhob er seinen einzig verbliebenen Sohn *Ludwig* 813 zum Mitkaiser, der ihm dann 814 automatisch in der Herrschaft folgte. Des Kaisers letzte geplante Eroberung, jene des stets feindlichen Dänemark, ließ sich nicht mehr realisieren. Kaiser Karl der Große starb am 28. Februar 814 in Aachen, wo er in der Pfalzkapelle beisetzt wurde. Er hatte 47 Jahre geherrscht, das Frankenreich durch seine Eroberungen stark vergrößert und die Kaiserwürde erworben. Bei Karls Tod umfasste sein Reich etwa 1 Million Quadratkilometer.

Otto der Große

(912–973)

„Seit den Tagen Karls des Großen hatte kein derartiger Regent und Schützer des Vaterlandes den Königsthron mehr innegehabt", schrieb Bischof *Thietmar von Merseburg* um 1015 in einer Chronik über Otto den Großen.

Otto wurde am 23. November 912 in Wallhausen bei Sangershausen geboren. Sein Vater war der Sachsenherzog *Heinrich*, der 919 König des Ostfränkischen Reiches wurde. Heinrich I. war der erste König aus dem Stamm der Sachsen und er konnte diese Würde für sich und seine Nachkommen aus der Familie der *Ottonen* sichern. Er erklärte seinen Sohn Otto zum alleinigen Erben des Königstitels, um die Einheit nicht zu gefährden. Das war zur Zeit der fränkisch-karolingischen Herrscher unüblich gewesen. König Heinrich verheiratete seinen Sohn mit *Edgitha*, einer Halbschwester des englischen Königs.

Über die Jugend Ottos ist fast nichts bekannt, er wird wohl zum Kriegshandwerk erzogen worden sein. Lesen und Schreiben, auf das man bei einem zukünftigen Herrscher offenbar wenig Wert legte, lernte er erst sehr spät. Er beherrschte auch nicht die Sprache aller Gebildeten seiner Zeit – das Latein. Dafür sammelte er bereits in jungen Jahren Erfahrungen als Kommandeur einer Streitmacht im Kampf gegen die Slawen.

Nachdem sein Vater gestorben war, wurde Otto von Adeligen der Sachsen und Franken gehuldigt. Am 7. August 936 wurde er nach einer Huldigung der übrigen Stämme des Reiches vor der Pfalzkapelle in Aachen zum König gesalbt und gekrönt. Man knüpfte dabei bewusst an die Tradition Karls des Großen an.

Schon kurz nach seiner Krönung traf Otto bei der Neubesetzung von Ämtern in Sachsen auf Widerstand. 937 kam es zu einem militärischen Aufstand seines Halbbruders *Thankmar*, dem sich viele sächsische Adelige anschlossen.

Auch der neue Herzog Bayerns, *Eberhard*, verweigerte Otto den Gehorsam, was zu zwei Feldzügen führte, in denen sich der König schließlich durchsetzen konnte. Eberhard wurde verbannt und durch seinen Onkel ersetzt.

Ottos Reichspolitik war darauf ausgerichtet, die einzelnen Herzogtümer durch eine durchdachte Heiratspolitik und die Belehnung von Verwandten langfristig an sich zu binden. So schränkte er nach und nach den Spielraum der Herzöge ein. Das führte jedoch zu Aufständen, die Otto allerdings alle niederwerfen konnte. Auch die Kirche des Reiches wurde von ihm unter Kontrolle gebracht und erwies sich als starke Säule seiner Macht.

Nachdem sich sein rebellischer Bruder Heinrich unterworfen hatte, belehnte ihn Otto mit dem Herzogtum Lothringen, das bereits sein Vater Heinrich dem Westfrankenreich weggenommen hatte. Da sich sein Bruder aber als Herzog nicht durchsetzen konnte, setzte ihn Otto wieder ab, was zu einer erneuten Revolte des Jüngeren führte, der sich sogar einer Verschwörung anschloss, deren Ziel die Tötung des Königs war. Otto ließ Heinrich inhaftieren und die meisten seiner Mitverschworenen hinrichten. Der rebellische Bruder floh zwar aus seiner Gefangenschaft, unterwarf sich aber zu Weihnachten 941 endgültig seinem älteren Bruder, was Otto auch wieder mit seiner Mutter versöhnte, die auf der Seite Heinrichs gestanden hatte.

König Otto musste sich aber auch mit dem westfränkischen Königshaus auseinandersetzen, das karolingischer Abstammung war. Hier setzte Otto ebenfalls auf Heiratspolitik und verteidigte seinen Besitz, Lothringen. Immer wieder griff er in Konflikte im Westfrankenreich vermittelnd oder militärisch ein. Dessen König *Ludwig IV.* war in Auseinandersetzungen mit seinem mächtigen Rivalen *Hugo dem Großen* verstrickt und konnte es nicht mit Otto aufnehmen.

Auch das Königreich Burgund war von Otto abhängig, der in die Thronfolge eingriff und Burgund nach dem Tod des italienischen Königs *Hugo* um große Gebiete in der Provence und an der Rhone vergrößerte. Selbst die Byzantiner waren sich der Macht des ostfränkischen Königs bewusst und nahmen Kontakt zu ihm auf.

Natürlich griff Otto massiv im Königreich Italien ein, das er unter seine Kontrolle bringen musste, wenn er die Kaiserwürde erlangen wollte. Wie im Westfrankenreich nutzte er innere Konflikte und unterstützte einen Rivalen König Hugos, *Berengar von Ivrea*, den er schließlich zu Italiens neuem Herrscher machte. Die Situation wurde aber durch das Eingreifen von Ottos Sohn *Liudolf* verschärft, der sich ohne Einwilligung seines Vaters zu einem Italienzug entschloss. Liudolf scheiterte bei seinem Unternehmen nicht zuletzt am Widerstand von Ottos Bruder Heinrich, der Herzog von Bayern war. Der König nahm daraufhin diesen Bruder mit auf seinen Italienzug von 951, der dann ohne große Kämpfe verlief. Otto heiratete schließlich die italienische Königswitwe *Adelheid* und nahm damit die Würde eines Königs von Italien an. Zu seiner Kaiserkrönung kam es allerdings dieses Mal noch nicht.

Da Liudolf von seinem Vater für sein Fehlverhalten bestraft worden war und er sich an den Rand gedrängt fühlte, empörte er sich und verbündete sich mit dem Erzbischof von Mainz, der ebenfalls die Gunst Ottos verloren hatte. Als noch der mächtige Herzog Konrad der Rote und weitere bedeutende Adelige zu den Aufständischen stießen, kam es zum offenen militärischen Konflikt. Der König belagerte Mainz und Regensburg, konnte aber beide Städte nicht einnehmen.

Nun kam es auch noch zu einem Einfall der Ungarn, die Ottos Schwierigkeiten ausnutzen wollten. Allerdings nutzte nun der Umstand, dass Liudolf mit den Ungarn paktierte, wiederum seinem Vater. Viele seiner Anhänger fielen von dem Königssohn ab, was die Aussichten Ottos verbesserte. Eine Schlacht an der Iler blieb allerdings unentschieden. Als sich die Rebellen Otto unterwarfen, floh Liudolf nach Regensburg, das belagert wurde. Bald sah sich auch der rebellische Prinz gezwungen, sich dem Vater zu Füßen zu werfen und um Gnade zu flehen, die ihm auch gewährt wurde. Er starb schließlich im September 956 in Italien, wohin Otto ihn geschickt hatte.

Im Jahr 955 fielen die gefürchteten Ungarn erneut in Bayern ein und belagerten Augsburg. Otto organisierte ein Heeresaufgebot aus allen Stämmen seines Reiches und rückte gegen das ungarische Heer vor. Am 25. Oktober 955 kam es auf dem Lechfeld vor der Stadt Augsburg zu einer großen Schlacht, die mit einer vernichtenden Niederlage der Ungarn endete. Der vormals aufständische Herzog *Konrad der Rote* fiel in diesem Gefecht.

Die Auswirkungen jenes Sieges der Deutschen waren sehr bedeutend für die weitere geschichtliche Entwicklung, denn die Ungarn gaben ihre Raubkriege auf und wandelten sich in der Folge von Nomaden zu einem sesshaften Volk, wobei sie innerhalb relativ kurzer Zeit auch das Christentum annahmen. Das dem bayerischen Herzogtum benachbarte Gebiet zwischen der Enns und dem Wienerwald wurde kolonisiert und es entstand die Ostmark, das spätere Österreich.

Otto wurde nach seinem Lechfeld-Sieg stürmisch gefeiert, man bezeichnete ihn als „Imperator" und als „Vater des Vaterlandes". Von Seiten der Reichsfürsten wurde die Forderung erhoben, Otto seiner hegemonialen Stellung entsprechend zum Kaiser zu krönen, notfalls auch ohne Mitwirkung des Papstes.

Doch vorerst musste wieder Krieg geführt werden, denn die Ostseeslawen hatten sich erhoben. Es kam zu einer Schlacht an der Recknitz in Mecklenburg, die wieder mit einem großen Sieg König Ottos endete. Damit war auch in diesem Raum die Oberhoheit des Reiches gesichert. Massiv wurde die christliche Mission als Mittel zur Herrschaftssicherung in den Ostgebieten eingesetzt, was innerhalb kurzer Zeit zur Gründung vieler neuer Bistümer führte. Mit der Christianisierung der „Heiden" erfüllte Otto seine Pflicht als christlicher Herrscher und konnte dadurch seine Macht ausbauen.

Der König hatte seine wichtigsten inneren und äußeren Feinde besiegt und ging nun daran, seine Herrschaft zu festigen, wobei ihn sein jüngerer Bruder *Brun* unterstützte. Dieser war Erzbischof von Köln, Kanzler und Erzkaplan des Reiches. Außerdem erhielt er das Herzogtum Lothringen verliehen. Brun hatte großen Einfluss im Westfrankenreich, sowohl König Ludwig IV. als auch sein Gegenspieler Hugo waren inzwischen gestorben.

In Italien hatte der von Otto gegen ein Treuegelöbnis

wieder eingesetzte König Berengar seine Position gestärkt. Als Otto 958 schwer erkrankte, versuchte Berengar Rom und den Kirchenstaat unter seine Kontrolle zu bringen. Damit geriet er in Konflikt mit dem Oberhaupt der Kirche.

Im Jahr 960 wurde Otto von Papst *Johannes XII.*, der in große Bedrängnis geraten war, um Hilfe gebeten und nun endlich doch nach Rom zur Kaiserkrönung eingeladen. Der Herrscher ließ sicherheitshalber seinen Sohn als Otto II. zum Mitkönig wählen und brach dann mit einem starken Heer nach Italien auf. Der Zug führte über Pavia, wo der italienische König Berengar II. vertrieben wurde, nach Rom, das man im Januar 962 erreichte. Unter Akklamation der Römer erfolgte am 2. Februar die Salbung und Krönung Ottos zum Kaiser. Dadurch wurde die hegemoniale Stellung Ottos im Abendland gewürdigt.

Es kam aber bald zum Bruch zwischen dem Papst und dem Kaiser, da Otto die Oberherrschaft über Rom ausüben wollte. Johannes XII. nahm Kontakt zum Sohn König Berengars auf. Der Kaiser reagierte rasch und marschierte wieder nach Rom, wo er den Papst von einer Bischofs-Synode absetzen ließ. Der neue Papst *Leo VIII.* wurde jedoch, genau wie Otto, von einem Aufstand der Römer überrascht. Der Kaiser verließ Rom, in das Johannes XII. wieder einzog. Dort starb dieser allerdings bald, woraufhin Otto erneut Leo VIII. einsetzte.

Nachdem der Kaiser 965 nach Deutschland zurückgekehrt war, hielt er einen prunkvollen Reichstag in Köln ab, zu dem sich alle Großen seines Reiches und Lothar, der neue König des Westfrankenreiches, einfanden. Dabei wurde das Bistum Magdeburg gegründet.

Auseinandersetzungen um den neuen Papst, Johannes XIII., der 965 auf Leo VIII. gefolgt war, erforderten einen neuerlichen Romzug des Kaisers. Zu Weihnachten 966 hielt der Kaiser ein fürchterliches Strafgericht unter den Aufständischen ab. Sein Sohn Otto II. wurde zum Mitkaiser gekrönt. Die Huldigung Ottos durch die Fürsten von Benevent und Capua, die der byzantinische Kaiser zu seinen Gefolgsleuten zählte, führte letztendlich zu einem Krieg mit Byzanz, der von 968 bis 970 dauern sollte.

971 verständigte man sich mit den Byzantinern und die-

se gaben *Theophanu*, eine aus ihrem Kaiserhaus stammende Prinzessin, Otto II. zur Frau. Man krönte sie nach der Hochzeit zur Kaiserin.

Nach seiner Rückkehr veranstaltete der Otto I. einen großen Hoftag in Quedlinburg, der wieder von allen wichtigen Fürsten und vielen Gesandten besucht wurde. Wenig später, am 7. Mai 973 starb er auf seiner Pfalz Memleben. Man bestattete ihn nach einem aufwändigen Leichenzug, der angeblich 30 Tage dauerte, neben seiner schon 946 verstorbenen ersten Frau Edgitha im Dom zu Magdeburg. Im Gegensatz zu seiner eigenen Thronbesteigung verlief die Machtübernahme durch seinen Sohn *Otto II.* mühelos.

Kaiser Otto der Große steht uns als eine der herausragenden Persönlichkeiten des Mittelalters gegenüber. In seiner Regierungszeit gelang es ihm, alle Widerstände zu brechen, sein Reich durch kluge Eroberungs- und Missionierungspolitik zu vergrößern, das Vordringen der Ungarn zu stoppen und die faktische Oberhoheit der Kaiser über die Päpste durchzusetzen. Seinem Sohn Otto II. hinterließ er ein konsolidiertes Reich, das sich auf dem Höhepunkt seiner Macht befand. Allerdings hatte Otto durch seine Italienpolitik und die Ein- und Absetzung von Päpsten seinen Nachfolgern ein Erbe hinterlassen, das von späteren Geschichtsschreibern als problematisch angesehen wurde. Alle Nachfolger Ottos waren von nun an auch in inneritalienische Angelegenheiten verwickelt und verbrachten damit einen großen Teil ihrer Regierungszeit auf italienischem Boden. Sie waren gezwungen, dort Kriege zu führen, gerieten in immer neue Auseinandersetzungen mit den Päpsten und einige verstarben weit entfernt von ihrer Heimat. Das schwächte die Position von Ottos Nachfolgern in ihrem Kernreich und es wurde immer schwerer, ein starkes Kaisertum aufrechtzuerhalten. Wenn es einen wirklich bedeutenden Kritikpunkt an der Herrschaft Ottos geben kann, dann ist es sicherlich seine Orientierung nach Italien.

Der große mittelalterliche Geschichtsschreiber *Otto von Freising* verlieh Kaiser Otto den Beinamen „der Große", ein Namensattribut, das rasch allgemein anerkannt wurde, da niemand Ottos Bedeutung ernsthaft infrage stellte.

WILHELM DER EROBERER

(1027–1087)

Eines der eindrucksvollsten Zeugnisse mittelalterlicher Kunst und Geschichte ist der Teppich von Bayeux, der auch heute noch keinen, der ihn sieht, unbeeindruckt lässt. Auf diesem Kunstwerk, einem mit Bildern und Texten bestickten Wandbehang, sind die verschiedenen Stadien eines Ereignisses dargestellt, das großen Einfluss auf die europäische Geschichte hatte – der Eroberung Englands im Jahre 1066 durch Wilhelm, den Herzog der Normandie.

Wie bei vielen anderen ehrgeizigen Herrschern war die Herkunft Wilhelms nicht ganz makellos. Sein Vater, *Robert I. „der Teufel"*, zeugte ihn mit *Herleva*, der Tochter eines kleinen Handwerkers. Wilhelm wurde vermutlich im Jahre 1027 in Falaise geboren. Robert, seit diesem Jahr Herzog der Normandie, verheiratete Herleva nach der Geburt einer gemeinsamen Tochter mit einem seiner Freunde und Gefolgsleute. Er selbst war in einer kinderlosen Ehe mit Edith von Dänemark verheiratet.

Herzog Robert fasste 1034 den Entschluss, eine Pilgerreise nach Jerusalem zu unternehmen. Da er keinen wirklich legitimen Erben hatte, überredete er seine Gefolgsleute, seinen Sohn „Wilhelm den Bastard" als seinen Erben anzuerkennen und ließ sie darauf schwören. Robert starb am 22. Juli 1035 während seiner Pilgerreise in Nicäa in der Türkei. Sein Sohn Wilhelm musste also bereits im Alter von acht Jahren die Nachfolge antreten.

Das Überleben des kleinen Wilhelm war in erster Linie dem Umstand zu verdanken, dass sich die bedeutendsten Anhänger seines Vaters, darunter besonders der Erzbischof von Rouen, der ein Bruder Herzog Roberts war, um ihn scharten und ihn beschützten. Dass auch der französische König dieser Nachfolge zustimmte, verbesserte Wilhelms Chancen.

Doch innerhalb weniger Jahre kamen fast alle Beschützer des kleinen Herzogs ums Leben, die meisten wurden umgebracht, einer von ihnen sogar im Schlafzimmer des Jungen. Wilhelm musste sich daher einige Male auf die Flucht begeben. Die Verhältnisse in dem an sich sehr mächtigen Herzogtum waren chaotisch. Einen starken Beistand fand Wilhelm schließlich in dem französischen König, der die Vormundsrechte über ihn übernahm und ihn als seinen besonderen Schützling betrachtete. Doch auch seine Mutter sorgte für den jungen Herzog und ließ ihm eine entsprechende Erziehung angedeihen. Im Alter von 15 Jahren schlug König *Heinrich I.* von Frankreich Wilhelm zum Ritter. Später wird er es wohl bereut haben, dass er seine schützende Hand über ihn gehalten hatte.

Ab 1047 verteidigte der junge Herzog sein Land energisch und erfolgreich gegen normannische Rebellen, Ansprüche aus Nachbarherzogtümern und später auch gegen den französischen König, seinen einstmaligen Beschützer; 14 Jahre lang lebte Wilhelm in einem fast permanenten Kriegszustand. Im Jahr 1051 heiratete er, gegen den massiven Widerstand des Papstes, der die Ehe viele Jahre lang nicht anerkennen wollte, *Mathilde von Flandern*, die eine Nachkommin König *Alfreds des Großen* von England war. Der französische König war ebenfalls gegen diese Heirat, die einen großen Machtzuwachs für Wilhelm bedeutete. 1052 kam es daher zum Bruch zwischen dem Herzog und König Heinrich.

Herzog Wilhelm überstand alle diese Auseinandersetzungen, die ihn einige Male an den Rand des Untergangs brachten, unbeschadet. Grund dafür dürfte neben seiner kriegerischen Begabung sein unbezähmbares und entschlusskräftiges Naturell gewesen sein. Seine überzeugenden Führungseigenschaften und sein Mut beeindruckten schon seine Zeitgenossen. Er war von großer, stattlicher Figur und galt als außergewöhnlich stark.

Bereits ab 1054 hatte der Normannenherzog eine Macht erreicht, die ihn zu einem bedeutenden Herrscher machte und bereits jene des französischen Königs übertraf. Wilhelm reformierte sein Herzogtum und dessen Verwaltung und erneuerte auch die kirchliche Verfassung in seinem Territorium, wobei ihn eine Gruppe mächtiger Bischöfe unterstützte. Das Feudalsystem festigte sich, treue Gefolgsleute und vor allem Verwandte des Herzogs hatten die wichtigsten Stellungen inne.

Der englische König, *Edward der Bekenner*, hatte vor seiner Krönung einige Jahre in der Normandie verbracht und betrachtete sie als Vorbild, dem er nacheifern wollte. Er errichtete eine neue Verwaltung, die jener des Herzogtums ähnlich war und holte sich viele Normannen zur Unterstützung nach England. Dies führte zu einem Aufstand der Angelsachsen, den Edward nur mühsam unterdrücken konnte. Als Herzog Wilhelm den König besuchte, soll ihm dieser versprochen haben, er würde sein Nachfolger werden.

Bei einem Schiffbruch im Ärmelkanal rettete sich *Harold Godwinson*, der mächtigste englische Herzog, an die normannische Küste, wo er von einem Grafen gefangen genommen wurde, der von Wilhelm abgefallen war. Wilhelm befreite Harold und nahm ihn auf einen siegreichen Kriegszug mit. Er soll dabei Harold auch den Treueeid abgenommen haben. Der Engländer dachte aber nicht daran, sich an einen Eid zu halten, den er in einer Art Gefangenschaft abgegeben hatte.

Als Edward der Bekenner am 5. Januar 1066 starb, hinterließ er keinen Nachkommen. Um die englische Thronfolge entspannen sich kriegerische Auseinandersetzungen zwischen den Bewerbern. Harold Godwinson ließ sich zum König krönen, musste aber sofort in den Kampf ziehen: Herzog Wilhelm betrachtete die Krönung Harolds als persönlichen Affront und Herausforderung; das Schwert sollte entscheiden.

Wilhelm bereitete sich auf die Auseinandersetzung sehr geschickt vor. Er versicherte sich seiner Vasallen, tat seinen Anspruch auf Englands Thron überall kund und rüstete sein Heer bestmöglich aus. Einen Eindruck davon gibt uns der berühmte Teppich von Bayeux. Wilhelm setzte feierlich seinen Sohn als Erben des Herzogtums ein und ließ ihn die Treue schwören. Seine Gemahlin stattete er für die Zeit seiner Abwesenheit mit besonderen Vollmachten aus.

Dann machten sich die Normannen an den Bau von Schiffen. Die Arbeiten gingen gut voran und bereits im August 1066 waren genügend Transportmittel vorhanden. In

England kam es inzwischen erneut zu kriegerischen Auseinandersetzungen, in die auch König Harold eingreifen musste, obwohl er Wilhelm als seinen Hauptfeind ansah.

Harolds erster Kampf galt seinem Bruder *Tostig* und dem Norwegerkönig *Harald Hadrade*, die beide Ansprüche auf Englands Thron erhoben und sich verbündet hatten. Nachdem 300 norwegische Schiffe in Yorkshire gelandet waren und die Truppen seiner Feinde bereits ein lokales englisches Aufgebot besiegt hatten, stellte sich König Harold nach einem Gewaltmarsch mit seiner Armee dem Kampf. Die Schlacht fand am 25. September in der Nähe von York bei Stamford Bridge statt. Harold konnte die Eindringlinge schlagen, seine beiden Konkurrenten fielen in der Schlacht. Es war einer der größten Siege des Mittelalters und Harold war sicherlich ein großer Feldherr.

Nachdem der Papst den Plänen Wilhelms seinen Segen gegeben hatte und sich genügend Kämpfer aus der Normandie, der Bretagne, aus Flandern und der Picardie eingefunden hatten, stand dem Unternehmen nur noch eines im Wege – der ungünstige Wind. So verzögerte sich die Abfahrt der Flotte um einige Wochen, jene Zeit, die Harold in England für die Beseitigung seiner anderen Konkurrenten nutzen konnte.

Herzog Wilhelms Armada machte sich beim ersten günstigen Wind von Dives-sur-Mer auf die kurze Reise über den Kanal nach England. Dabei kam ihnen sehr gelegen, dass Harolds Flotte, die sie hätte abfangen sollen, wegen Versorgungsproblemen in den Hafen von London eingelaufen war. So konnte Wilhelm mit seinen Leuten ungehindert am 28. September in Pevensey an der südenglischen Küste landen.

Der Herzog ließ ein Kontingent in der Stadt und plünderte einige Tage lang das Umland, bevor er sich mit seinem Heer auf den Weg nach Hastings machte.

Harold hatte am 1. Oktober von der Landung seines Gegners erfahren und sich mit jenem Teil seiner Krieger, die die Schlacht bei Stamford Bridge heil überstanden hatten, in einem weiteren Gewaltmarsch nach London aufgemacht. Dort stellte er in kurzer Zeit ein angelsächsisches Heer zusammen, das jedoch zum größten Teil aus kriegsunerfahrenen Bauern bestand. Dann machte er sich auf den Weg, um Wilhelm bei Hastings den Weg abzuschneiden.

König Harold stellte sich mit seinen Truppen am 13. Oktober auf dem Senlac-Hügel nordwestlich der Stadt auf. Hier hatte er eine gute Position für die bevorstehende Schlacht. Wilhelms Heer traf am nächsten Tag ein und gruppierte sich vor dem Hügel in Gefechtsordnung. Der Kampf konnte beginnen. Es sollte die längste Schlacht des Hochmittelalters werden.

Wilhelms Armee war besser strukturiert als jene Harolds, der kaum Reiter und wegen seiner Verluste bei Stamford Brigde nur noch wenige Bogenschützen hatte. Der Angelsachse setzte vor allem auf seine Housecarls, Kämpfer mit großen Streitäxten, die durch Kettenrüstungen und Langschilde geschützt waren. Außerdem befehligte er, neben dem Fyrd genannten Aufgebot, 500 dänische Söldner. Insgesamt standen Harold wohl etwa 8.000 Kämpfer zur Verfügung.

Wilhelm befehligte etwa 7.000 Mann, darunter 3.000 schwere Reiter meist adliger Herkunft. Außerdem verfügte er über eine größere Anzahl Bogenschützen und – eine große militärtechnische Neuerung – Armbrustschützen. Der Herzog teilte sein Heer in drei Formationen auf, wobei die Normannen das Zentrum bildeten.

Es waren nun die Armbrust- und Bogenschützen Wilhelms, die die Schlacht einleiteten. Ihre Geschosse hatten aber auf den angelsächsischen Schildwall wenig Wirkung. Da die Leute Harolds nicht zurückschossen und daher bald keine verwendbaren Pfeile mehr vorhanden waren, musste Wilhelm Männer losschicken, um für Nachschub zu sorgen. Ein Sturmangriff der normannischen Fußkämpfer prallte von Harolds Schildwall ab. Auch eine Attacke von Wilhelms Reitern scheiterte. Dann tauchte noch das Gerücht auf, der Herzog sei gefallen, und Wilhelm konnte den Ausbruch einer Panik erst im letzten Moment verhindern, indem er sich überall seinen Leuten zeigte.

Fast schien es so, als könnte Harold seinen großartigen Sieg von Stamford Bridge bei Hastings wiederholen. Doch nun begann sein Mangel an Bogenschützen und Kavallerie ihre Wirkung zu zeigen. Immer mehr seiner Männer fielen durch den anhaltenden Beschuss und es entstanden Lücken in der Schlachtordnung. Als auch noch einige seiner Krieger unkontrolliert zu wütenden Gegenangriffen übergingen und niedergemetzelt wurden, geriet die angelsächsische Armee in völlige Unordnung. So konnten Wilhelms überlegene Truppen schließlich die Oberhand gewinnen. Nach neun Stunden Kampf leistete nur noch Harold mit seinen besten Housecarls Widerstand; als der König fiel, fand auch die Schlacht ihr Ende.

Nach dem Sieg ließ Wilhelm seine Männer ausruhen und setzte sie erst fünf Tage später in Marsch. Während das Eroberungsheer nur langsam vorankam und auch mit Seuchen zu kämpfen hatte, verbreitete sich die Nachricht von Wilhelms Sieg. Daraufhin ergaben sich viele Gebiete in Südostengland kampflos und die bedeutende Stadt Winchester fiel in die Hände der Normannen. Wilhelm beschloss die Isolierung der Stadt London, die er ihrer Größe wegen nicht erobern konnte. Er begann einen Vernichtungsfeldzug rund um die Stadt, der schließlich dazu führte, dass eine Abordnung hoher Würdenträger sich ihm unterwarf und seiner Thronbesteigung zustimmte. Kurz vor Weihnachten zog Wilhelm in London ein und man traf rasch Vorbereitungen für eine Krönung.

Als Wilhelm am Weihnachtstag des Jahres 1066 in der Westminsterabtei gekrönt wurde, bestätigte er unter Eid die bestehende englische Rechtsordnung. Ganz ernst meinte er das wohl nicht. Wilhelm wurde von nun an mit dem Beinamen „der Eroberer" versehen.

Doch ganz abgeschlossen war die Eroberung Englands noch nicht. Wilhelm ließ drei starke Festungen errichten, um London zu schützen. Die bekannteste davon ist der Tower of London. Der neue König zog nach Barking, wo er eine Versammlung des englischen Adels einberief. Er erwartete dessen Unterwerfung, die auch erfolgte. Nachdem sich seine Herrschaft stabilisiert hatte, reiste Wilhelm im März 1067 in die Normandie zurück. Sicherheitshalber nahm er hochrangige Angelsachsen als Geiseln mit. In seinem Herzogtum wurde er zwar mit Freude empfangen, aber an den Grenzen herrschte Unruhe, denn der französische König gönnte ihm die neue Würde nicht. Auch von Seiten Skandinaviens wurde das neue Reich bedroht.

Doch Wilhelm hatte genügend Kraft und Energie, sich seinen Gegnern zu stellen. So führte er von 1067 bis 1072 hauptsächlich in England militärische Operationen durch, um das gesamte Land unter seine Kontrolle zu bringen und Aufstände niederzuschlagen.

Als Wilhelm bereits den größten Teil Englands unterworfen hatte, kam es im Norden zu einer Gegenoffensive skandinavischer und sächsischer Fürsten und die Normannen sahen sich plötzlich in der Defensive. Doch der Eroberer ergriff sofort die Initiative: Er vertrieb die Dänen, unterdrückte einen Aufstand unter *Edric dem Wilden* und dem Fürsten von Wales und schlug eine Erhebung in Dorset nieder. Dann wandte er sich wieder den Dänen zu, die York angriffen, vertrieb sie erneut, verwüstete rücksichtslos die Gebiete, die sich gegen ihn erhoben hatten und erreichte vor seinem überraschten skandinavischen Gegner die Stadt Chester. Nachdem Wilhelm auf ganzer Linie gesiegt hatte, verließ die dänische Flotte das Land.

Wilhelm dürfte in England, das ihm immer wieder neue Schwierigkeiten bereitete, jedoch nicht allzu glücklich gewesen sein. Seit 1073 war der König viel häufiger in seiner normannischen Heimat anzutreffen, in der er sich offenbar wohler fühlte. Allerdings wurde er durch seine Doppelfunktion als König von England und als Herzog der Normandie immer wieder in Konflikte hineingezogen und musste seine Stellung behaupten. So musste er zum Beispiel erneute skandinavische Angriffe abwehren.

König Philipp I. von Frankreich versuchte ein Bündnis mit allen Gegnern Wilhelms zu realisieren und den Kampf gegen ihn zu koordinieren. Zumindest in der Zeit zwischen 1075 und 1077 umfasste die Allianz die französischen, englischen und skandinavischen Widersacher des Eroberers. Sehr kritisch wurde die Lage Wilhelms, als sich sogar sein Sohn *Robert* gegen ihn empörte und die Stadt Rouen in seinen Besitz bringen wollte. Der französische König unterstützte und ermunterte Robert, der seinem Vater bei der Belagerung der Burg Gerberoy eine militärische Niederlage beibringen konnte. Während der schottische König *Malcolm* in England einfiel und dadurch ein neuer Krisenherd entstand, konnte Wilhelm nach Verhandlungen immerhin mit seinem Sohn Frieden schließen.

Als 1080 im Norden Englands erneut ein Aufstand ausbrach, der die normannische Herrschaft in diesen Gebieten bedrohte, schickte Wilhelm seinen Halbbruder *Odo von Bayeux* und seinen Sohn Robert dorthin, um den Aufstand zu ersticken und die Schotten zu vertreiben, und beides gelang. Auch ein Angriff der Grafen von Anjou und der Bretagne auf die Normandie konnte erfolgreich abgewehrt werden.

Im Jahr 1082 kam es zum Streit zwischen Wilhelm und seinem Halbbruder und wichtigsten Gefolgsmann Odo von Bayeux, der mit seinen Vasallen nach Italien ziehen wollte, um dort die Papstkrone zu erlangen. Wilhelm ließ Odo gefangen setzen und dieser blieb bis zum Tod des Herrschers in Haft. Auch Wilhelms Sohn Robert rebellierte erneut und verließ das Herzogtum. Schließlich starb Ende 1083 auch noch Wilhelms Gemahlin Mathilde.

Neben diesen Schicksalsschlägen sollten Krieg und Kampf Wilhelm bis an sein Lebensende begleiten. 1085 meldete *Knut IV. der Heilige* Besitzansprüche auf bestimmte Gebiete in England an, weshalb Wilhelm dorthin zurückkehrte. Der Eroberer wollte nicht dulden, dass die schwer erkämpfte Beute einem anderen Eroberer in die Hände fiel. Er war sichtlich gealtert und gesundheitlich angeschlagen, doch sein Mut und seine Energie schienen ungebrochen. Wilhelm ließ das größte Heer aufstellen, das ihm jemals gedient hatte, und stationierte seine Truppen in Gebieten, in denen die Ernährung gesichert war. Die Küstengebiete hatte er verwüsten lassen, um eine Invasion zu erschweren.

Neben den Kriegsvorbereitungen ordnete Wilhelm in diesem Jahr die Erstellung des so genannten „Domesday Books" an, das als großes Reichsgrundbuch dienen sollte und alle Besitzungen beschrieb, die der König an seine Lehensmänner übergeben hatte. Damit wurde die Grundlage für ein geregeltes Steuerwesen geschaffen. Wobei zu erwähnen ist, dass die Erfassung der neuen Grundverhältnisse wohl auch nötig war, da unter Wilhelm der alte angelsächsische Adel zu Gunsten der Normannen enteignet, vertrieben und oft auch getötet worden war. Damit wurde der große Landraub für alle Zeiten festgeschrieben. Die in diesem Dokument eingetragenen Eigentumsverhältnisse galten als endgültig und durften nicht mehr infrage gestellt werden. Man weiß durch das „Domesday Book" unter anderem, dass die Bevölkerung Englands damals etwa zwei Millionen Personen umfasste.

Nach einem Aufenthalt in Winchester hielt Wilhelm im Jahre 1086 anlässlich des Pfingstfestes in Westminster einen großen Hoftag ab. Hier schlug er seinen Sohn Heinrich zum Ritter. König Knut hatte inzwischen in Limfjord ein stattliches Heer und eine große Flotte aufgestellt. Doch aus der geplanten Eroberung Englands wurde nichts, da sich Knuts Untertanen gegen ihn erhoben und ihn gefangen nahmen. Er wurde schließlich in Odense ermordet. Das normannisch beherrschte England war gerettet, aber auch die Tage des Eroberers waren gezählt.

Eine militärische Auseinandersetzung mit dem französischen König Philipp I. sollte Wilhelm das Leben kosten. Als sich in England die Verhältnisse in seinem Sinn entwickelt hatten, wandte sich der Eroberer wieder der Normandie zu, denn das Herzogtum war erneut durch Philipp bedroht. Dieser ließ seine Truppen im August 1087 in die Normandie einfallen, wo sie große Verwüstungen anrichteten. In einem blutigen Rachefeldzug versuchte daraufhin Wilhelm, einige Städte für die Normandie zurückzugewinnen. Als er vor die Stadt Mantes kam, unternahmen die Franzosen einen Ausfall, der jedoch zurückgeschlagen wurde. Wilhelm ließ die Stadt nach deren Besetzung vollkommen zerstören.

Als der Eroberer durch die Stadt ritt, trat ein Ereignis ein, das in verschiedenen Versionen überliefert ist. Er habe plötzlich einen heftigen Schmerz in den Eingeweiden verspürt, wird berichtet, während eine weitere Quelle behauptet, er sei vom Pferd gefallen; an anderer Stelle heißt es wiederum, er sei im Kampf verwundet worden. Fest steht, dass sich der König von diesem Zwischenfall nicht mehr erholte und ans Bett gefesselt blieb. Wilhelm ertrug sein nahendes Ende gefasst und furchtlos. Während er langsam und unter Qualen starb, gab er seine letzten Anweisungen. Sein Gefolge konnte ihm nun auch die Freilassung seines Halbbruders Odo abtrotzen. Und nach anfänglichem Widerstand ließ er sich sogar dazu überreden, seinem rebellischen Sohn Robert das Herzogtum Normandie zu übertragen. Den Thron von England erhielt sein zweitgeborener Sohn, *Wilhelm II. Rufus*, wohin ihn der Sterbende auch sofort schickte, um Aufständen zuvorzukommen. So hatte der Eroberer schließlich auf dem Sterbebett sein Reich geteilt, was seinen ursprünglichen Plänen sicher widersprach. In England wurde dadurch das Wahlkönigtum durch die erbliche Thronfolge ersetzt.

Wilhelm der Eroberer starb am 9. September 1087 und wurde in der Abteikirche von Saint-Étienne in Caen beigesetzt. Sein Halbbruder, Bischof Odo von Bayeux, den er später so lange gefangen halten ließ, hatte einige Jahre nach der Schlacht bei Hastings den großartigen Teppich von Bayeux herstellen lassen, der der Nachwelt auf 70 Meter Länge von den großen Taten Wilhelms des Eroberers berichtet.

Sultan Saladin

(1138–1193)

Wenn Touristen die berühmte Kreuzritterburg Krak des Chevaliers im heutigen Syrien bewundern, so sind sie beeindruckt von der Wucht der Mauern und der Größe der Anlage. Die Burg ist ein großartiges Relikt aus der Zeit der Kreuzzüge, als die europäischen Eroberer Schutz und Rückhalt in diesen gewaltigen Bauten suchten. Doch auch mit Hilfe ihrer Burgen vermochten sie sich nicht dauerhaft gegen die erdrückende moslemische Übermacht im so genannten Heiligen Land halten. Dies konnte umso weniger gelingen, als ein Mann wie Saladin die Krieger des Islam in den Kampf führte.

SULTAN SALADIN

Es mag erstaunen, dass der Gegenspieler von *Richard Löwenherz* und der größte Held der islamischen Welt auch bei den Europäern einen guten Leumund genießt. Doch hat dieser Mann, nach dem sogar eine irakische Provinz benannt wurde, bereits zu Lebzeiten großen Eindruck selbst auf seine Gegner gemacht.

Saladin wurde 1137 oder 1138 in Tikrit als Sohn einer kurdischen Familie geboren. Sein Vater und sein Onkel dienten im Heer des *Zengis* und seines Sohnes *Nur ad-Din*, die gegen die Kreuzfahrerstaaten kämpften. Saladins Vater, der seinem Herrrn treu gedient hatte, erbat für seinen Sohn eine Offiziersstelle, die dieser auch erhielt.

1163 erhielt Saladin den Befehl, gemeinsam mit seinem Onkel *Schirkuh* nach Ägypten zu ziehen und in die dortigen Wirren einzugreifen. In der Folge entwickelten sich Kämpfe mit den Kreuzrittern, die ebenfalls die Eroberung Ägyptens planten. Schirkuh behielt die Oberhand und ernannte sich nach der Hinrichtung des Wesirs *Schawar* zu dessen Nachfolger. Da er bereits zwei Monate später starb, trat nun Saladin, als sein Neffe, sein Erbe an und wurde im Jahre 1169 ägyptischer Wesir.

Nach dem Tod des letzten Fatimidenkalifen *al-Adid* konnte Saladin als Sultan allein über Ägypten herrschen. Er reformierte das Land und überwarf sich mit seinem ehemaligen Herrrn Nur ad-Din. Dieser starb jedoch bald und Saladin konnte sich gegen dessen noch sehr jungen Erben durchsetzen und übernahm die Herrschaft in Syrien. Später gliederte er seinem Reich noch Aleppo und Mossul an. Nun besaß Saladin endlich genügend Macht, um den Heiligen Krieg gegen das christliche Königreich Jerusalem in die Wege zu leiten. Hauptziel war die Rückeroberung Jerusalems. Als Vorwand dienten dabei die Angriffe des christlichen Grafen *Reinald von Chatillon* auf muslimische Karawanen. Saladin begann den Kriegszug 1187 mit der Belagerung der Festung und Stadt Tiberias. Obwohl es bei den Kreuzrittern genügend Stimmen gab, die einen Marsch auf Tiberias im Hochsommer für Wahnsinn hielten, machte sich das christliche Heer am 3. Juli unter der Führung von König *Guido von Lusignan* auf den Weg.

Die Armee der Christen bestand aus rund 15.000 Mann,

während Saladin ungefähr 20.000 Kämpfer zur Verfügung hatte. Da Saladin um die überlegene Kampfkraft der europäischen Ritter wusste, entwickelte er eine spezielle Taktik. Seine leichten und sehr wendigen Reiter deckten die marschierenden Truppen immer wieder mit Pfeilhageln ein und er ließ alle Sträucher entlang der Wege abbrennen. Als er den Rittern schließlich den Weg versperrte, sodass sie nicht in das Dorf Hittin eindringen konnten, schlugen diese bei den Hörnern von Hattin ihr Lager auf. Saladin umzingelte sie und setzte weiter Sträucher in Brand.

Als die Christen am 4. Juli zum See Genezareth durchbrechen wollten, wich Saladins Armee langsam zurück und deckte sie mit Pfeilen ein. Überall brannte das Buschwerk. Da die schon sehr erschöpften und demoralisierten Ritter in immer größere Unordnung gerieten, wurden sie von Saladins Männern immer mehr dezimiert. Viele Christen starben und auch die mitgeführte Reliquie, das so genannte Heilige Kreuz, wurden von Saladins Leuten erbeutet.

Einige entschlossene Trupps der Christen brachen durch und entkamen dem Inferno. König Guido und seine verbliebenen Männer kämpften jedoch weiter einen aussichtslosen Kampf. Schließlich brach auch dieser Widerstand zusammen und der König und viele seiner Ritter wurden gefangen genommen.

Saladin zeigte sich nicht gerade edelmütig, er ließ zwar den König und den Großmeister der Templer am Leben, alle anderen Ordensritter aber bei lebendigem Leibe häuten; Rainald von Chatillon soll er sogar persönlich enthauptet haben.

In der Folge griff Saladin mit seinen Truppen viele christliche Festungen an und eroberte sie. Insgesamt soll er angeblich 52 Festungen und Städte eingenommen haben. Am 2. Oktober 1187 fiel dann Jerusalem in Saladins Hände.

Und nun tat der Sultan etwas, was die unterlegenen Christen in großes Erstaunen versetzte: Er verzichtete auf das große Massaker an der Bevölkerung, obwohl alle erwarteten, dass er Rache für jene unfassbaren Grausamkeiten nehmen werde, die die Kreuzfahrer im Jahre 1099 bei der Eroberung Jerusalems begangen hatten. Saladin entschied, dass sich die Vermögenden unter den christlichen Bewohnern der Stadt gegen ein Kopfgeld freikaufen könnten. Alle jene, die dazu nicht in der Lage waren, wurden als Sklaven verkauft. Eine Ausnahme bildeten alte Menschen, die ebenfalls freigelassen wurden.

Zur Schätzung der Summe, die der Freikauf der Christen erbringen würde, gründete Saladin ein „Auslösungsschatzamt", das den Betrag ermitteln sollte. Ergebnis: 7.000 Christen zahlten insgesamt 30.000 Denare. Der Bruder Saldins, *El-Adil*, ließ sich 1.000 der Versklavten schenken und gab ihnen die Freiheit. Aufgrund dieses für die damalige Zeit sehr humanen Verhaltens ging Saladin als gütiger und toleranter Herrscher in die Geschichte ein. Doch ist dies, wie wir gesehen haben, nur die halbe Wahrheit: Der Sultan konnte sehr grausam und rücksichtslos sein, wenn er es für erforderlich hielt.

Saladin setzte seine Angriffe gegen die Kreuzfahrerstaaten auch nach dem Fall Jerusalems fort und eroberte weitere Gebiete. Das Territorium der Christen schrumpfte zusehends und schließlich konnten sie nur noch die Städte Tyros, Tripolis und Antiochia behaupten.

Saladin galt nun als der größte aller Helden der islamischen Welt und ein alle anderen überragender Herrscher. Mit der Eroberung Jerusalems hatte er nach 88 Jahren der Besetzung durch die Christen die auch für die Moslems sehr wichtige heilige Stadt wieder in deren Besitz gebracht. Kein anderer islamischer Herrscher sollte jemals größeren Ruhm erringen, als der Kurde Saladin.

Nachdem sich der Schock, den der Fall Jerusalems verursachte, etwas gelegt hatte, wurde im christlichen Europa der Dritte Kreuzzug vorbereitet. Papst *Gregor VIII.* und dessen Nachfolger *Clemens III.* riefen die christlichen Herrscher dazu auf, das Kreuz zu nehmen. Neben anderen waren Kaiser *Friedrich I. Barbarossa*, der französische *König Philipp II.* und der englische König *Richard Löwenherz* die führenden Persönlichkeiten dieses Kreuzzuges. Der bereits greise Barbarossa war auf seinem Vormarsch über den Balkan und Kleinasien ständig in Kämpfe verwickelt, unter anderem aufgrund eines geheimen Bündnisses Saladins mit dem christlichen Kaiser von Byzanz, blieb jedoch siegreich. Als Katastrophe erwies sich aber der Tod Barbarossas bei einem Bad im Fluss Saleph. Das große Heer des Kaisers löste sich auf und nur wenige setzten in der Folge den Kreuzzug weiter fort.

Nun lag die Initiative beim englischen und französischen König, die mit ihren Truppen auf dem Seeweg zur bereits von Kreuzfahrern belagerten Stadt Akkon reisten. Die Ankunft von Richard Löwenherz leitete den raschen Fall der befestigten Stadt ein. Saladin konnte die Übergabe Akkons durch deren reduzierte Verteidiger nicht verhindern, obwohl er das Belagerungsheer bereits mit seinen Truppen eingeschlossen hatte. Auch Streitigkeiten innerhalb des Kreuzfahrerheeres, die zum Abzug des österreichischen Herzogs *Leopold* und fast des gesamten deutschen Kontingents führten, konnte Saladin nicht wirklich ausnutzen, da ihm mit Richard Löwenherz nun ein überragender christlicher Heerführer gegenüberstand. Als Saladin von der durch Richard angeordneten Niedermetzelung von 3.000 Muslimen hörte, gab er den Befehl, künftig ebenfalls alle christlichen Gefangenen zu töten. Die Auseinandersetzung zwischen Richard Löwenherz und Saladin war dennoch von gegenseitigem Respekt geprägt. Man ging ritterlich miteinander um. So soll der Sultan dem König bei einer Erkrankung seinen Leibarzt angeboten haben, zudem soll er ihm Pfirsiche und Schnee aus den Bergen geschickt haben.

Auch mit Kaiser Friedrich Barbarossa stand Saladin in regem Kontakt. Der Sultan soll Barbarossa sogar eine Heirat seines Sohnes mit der Tochter des Kaisers angeboten haben. Eine Delegation Saladins weilte sechs Monate am Hof Friedrichs. Dieser soll nach dem Fall Jerusalems den Sultan zum ritterlichen Duell aufgefordert haben, das aber nicht zustande kam.

Trotz seiner großer militärischer Begabung, die ihm so große Eroberungen ermöglicht hatte, fand er in dem christlichen König Richard seinen Meister. Die Kampfweise der Sarazenen war sehr vom Fernkampf mit Pfeil und Bogen geprägt, was bei gepanzerten abendländischen Rittern nicht sehr wirkungsvoll war. Im Nahkampf zeigten sich die leichter ausgerüsteten Krieger des Sultans den Europäern in der Regel als unterlegen. Bei einem gewieften Taktiker vom Range eines Richard Löwenherz, halfen auch die im Orient beliebten vorgetäuschten Fluchten und Hinterhalte wenig. So kam es trotz der stets gegebenen zahlenmäßigen Überlegenheit der Sarazenen immer dann zu einer Niederlage, wenn die Kreuzfahrer gut geführt wurden und die Fehler vermieden, die sie bei der Schlacht von Hattin begangen hatten.

Die Niederlage, die er am 7. September 1191 bei Arsuf in einer offenen Feldschlacht gegen Richard Löwenherz erlitt, traf Saladin tief. Es schien ihm unmöglich, diesen christlichen Herrscher zu schlagen. Der große Saladin büßte viel von seinem Nimbus ein und wurde zunehmend mutloser.

Sämtliche Versuche Saladins während des Jahres 1192, König Richard und die Kreuzfahrer zu besiegen, scheiterten. Ein neu ausgerüstetes muslimisches Heer wurde von den Christen abgefangen und vernichtet. Saladin war schließlich bereit, seinen Gegnern einen Kompromiss vorzuschlagen, und bot ihnen einen freien Zugang nach Jerusalem an. Doch als sich eine günstige Gelegenheit ergab, griff er mit seinen inzwischen verstärkten Truppen die Stadt Jaffa an. Aber auch dieses Unternehmen blieb erfolglos, da Richard der bedrängten Stadt zu Hilfe kam. Einmal mehr konnte der Sarazenenherrscher den König nicht bezwingen.

Nach langen Kämpfen einigte man sich schließlich auf einen Kompromiss und Saladins großer Gegner verließ im Oktober 1192 das Land. Die beiden bedeutenden Herrscher und Eroberer waren einander, entgegen anderslautender Berichte, nie persönlich begegnet.

Saladin konnte sich des Friedens nicht mehr lange erfreuen und starb am 4. März 1193 in Damaskus. In einem Nachruf schrieb ein arabischer Autor, dass der Sultan seinen Angehörigen nur einen Denar hinterlassen habe, weil er viel für gute Zwecke ausgegeben hätte. Überhaupt habe er alles verschenkt und selbst nur einfache Kleidung aus Leinen, Baumwolle oder Wolle getragen. Die von Saladin begründete Dynastie der *Aijubiden* sollte nicht lange herrschen und wurde schon um 1250 wieder aus Ägypten und Syrien verdrängt.

Der gute Ruf Saladins überdauerte bis auf den heutigen Tag. Er ist sicherlich für die Europäer der bekannteste islamische Herrscher des Mittelalters. Im Abendland wurde er stets als der „edle Heide" und als „ritterlicher Gegner" wahrgenommen. Auch in einigen Spielfilmen tauchte der islamische Held in dieser Rolle auf.

KÖNIG RICHARD LÖWENHERZ

(1157–1199)

Nachdem die Muslime das christliche Königreich Jerusalem vernichtend geschlagen und einen großen Teil der von den Kreuzfahrern eroberten Gebiete wieder unter ihre Kontrolle gebracht hatten, trat ihnen ein junger englischer König siegreich entgegen, dessen Ruhm bis heute andauert und der vielen als der klassische Ritterkönig des Mittelalters gilt.

Richard Plantagenet wurde am 8. September 1157 in Oxford geboren. Er war der dritte Sohn König *Heinrichs II.* von England und dessen Gemahlin *Eleonore von Aquitanien*. Die Plantagenets waren normannischer Herkunft und infolge der Eroberung Englands durch *Wilhelm den Eroberer* an die Macht gelangt. Sie waren jedoch in ihren französischen Besitzungen stark verwurzelt und engagierten sich dort oft mehr als in England.

Später hieß es, dass Richards Eltern wahrhaft große Menschen gewesen seien. Richards Vater, König Heinrich II., beherrschte nicht nur England, sondern brachte auch große Teile Frankreichs unter seine Kontrolle. Eleonore von Aquitanien, Richards Mutter, war sicherlich für ihre Zeit eine außergewöhnliche Frau, die nicht nur mit ihren politischen Erfolgen, sondern auch als Schirmherrin der Troubadoure und begnadete Intrigantin von sich reden machte.

Die Erziehung des Prinzen dürfte sich in durchaus konventionellen Bahnen bewegt haben, wobei sicher die

Erziehung zum Kämpfer und militärischen Befehlshaber im Vordergrund stand. Der junge Richard zog zum ersten Mal in den Krieg, als er noch nicht einmal 16 Jahre alt war. Zuvor war er bereits zum Herzog von Aquitanien ernannt worden.

Richards ältester Bruder, *Heinrich*, erhob sich bald gegen seinen königlichen Vater und auch der jüngere Richard wurde in den Strudel der Ereignisse gezogen. Nicht nur die Söhne bekämpften König Heinrich, auch Eleonore machte Front gegen den Gatten und der Adel revoltierte. Der König konnte schließlich den Aufstand militärisch niederwerfen und nahm seine Gemahlin in Haft. Die Söhne fanden mit der Bitte um Gnade Gehör bei ihrem Vater und er nahm sie wieder bei sich auf.

Doch Richards rebellischer Geist war noch nicht gebrochen und er nahm nach dem Tod seiner Brüder Heinrich und *Gottfried* den Kampf gegen den eigenen Vater erneut auf. Dabei scheute er auch nicht davor zurück, die Hilfe des jungen französischen Königs *Philipp II.* in Anspruch zu nehmen. Gemeinsam mit diesem und seinem letzten verbliebenen Bruder *Johann*, später „Ohneland" genannt, gelang es ihm schließlich, einen Sieg über König Heinrich zu erringen. Dieser musste seinen Sohn Richard im Abkommen von Azay-le-Rideau als seinen alleinigen Erben anerkennen. Richard konnte die Erbschaft unerwartet schnell antreten, denn der besiegte König starb nur zwei Tage später, am 7. Juli 1189, bei Chinon, wo auch Richard zehn Jahre später seinen letzten Atemzug tun sollte.

Der junge König hielt sich nach seiner pompösen Krönung, am 3. September 1189 in Westminster nicht lange in England auf, dessen Klima er nicht mochte. Da er das Kreuzzugsgelübde abgelegt hatte, bereitete er einen Zug ins Heilige Land vor. Das Gelübde hatte er gemeinsam mit seinem Jugendfreund König *Philipp II. August* von Frankreich abgelegt; die beiden Männer sollten nun bald zu politischen Gegnern und schließlich persönlichen Feinden werden.

Richards Weg führte ihn zunächst ins sizilianische Messina, wo er gleich nach seiner Landung in interne Wirren verstrickt wurde. Seine Schwester wurde dort, nach dem

Tod ihres Gatten, gefangen gehalten. Auch nach der Freilassung seiner Schwester gab es laufend Kämpfe, da man den englischen König als Eindringling und Eroberer betrachtete. Richard stürmte schließlich mit seinen Truppen die Stadt Messina und richtete ein großes Blutbad an. Der sizilianische König *Tankred* unterwarf sich nun dem überlegenen Kreuzfahrerheer. Nach diesen Ereignissen scheint erstmals die Bezeichnung „Löwenherz" für König Richard aufgetaucht zu sein.

Schon während des Aufenthalts in Sizilien kam es zu starken Meinungsverschiedenheiten mit Philipp II. August und den Franzosen, was für den weiteren Verlauf des Kreuzzuges nichts Gutes verhieß. Auf dem Weg nach Palästina eroberte Richard die unter byzantinischer Herrschaft stehende Insel Zypern. Er nahm den „Kaiser" Zyperns, *Isaak Komnenos*, gefangen und verkaufte die unterworfene Insel an *Guido von Lusignan*, den von *Saladin* vertriebenen König von Jerusalem. Auf Zypern heiratete Richard am 11. Mai 1191 auch *Berengaria von Navarra*, was eher eine Zweckehe gewesen sein dürfte, da er damit seine französischen Besitzungen stärken konnte, über die während seiner Abwesenheit seine Mutter, Eleonore von Aquitanien, herrschte.

Als König Richard am 8. Juni 1191 den Boden des Heiligen Landes betrat, eilte ihm schon der Ruf voraus, der größte lebende Krieger des Abendlandes zu sein. Doch war die Kriegsart, die ihn nun erwartete, etwas völlig anderes als jene Feldzüge, an denen er in Europa teilgenommen hatte. Allerdings war allein sein Ruf so einschüchternd, dass die muslimischen Verteidiger der Stadt Akkon, die 21 Monate einer Belagerung durch Kreuzfahrertruppen standgehalten hatten, alle Hoffnung aufgaben. Die Stadt fiel nun sehr rasch und Richard konnte seinen ersten Erfolg auf dem Kreuzzug verbuchen.

Doch durch das Verhalten gegenüber seinen Verbündeten, König Philipp von Frankreich und Herzog *Leopold* von Österreich, der die deutschen Ritter führte, schuf Richard sehr rasch eine gespannte, feindselige Atmosphäre im Lager der Kreuzfahrer, was dazu führte, dass sowohl König Philipp als auch der österreichische Herzog den Feldzug verließen und nach Europa zurückkehrten. Der englische König musste den weiteren Kampf um Jerusalems mit einem in sich gespaltenen und demoralisierten Heer antreten. Unter diesen Umständen sind seine weiteren Erfolge durchaus bemerkenswert.

Während des Marsches der Kreuzfahrer offenbarte sich Richards militärisches Genie. Er sorgte dafür, dass seine Truppen gut ausgerüstet waren und der Nachschub reibungslos funktionierte. Bei Überfällen durch die Sarazenen stürzte er sich sofort ins ärgste Kampfgetümmel. Der mühsame Zug bei unerträglicher Hitze verlangte den gepanzerten Rittern das Letzte ab. Trotz aller Entbehrungen gelang es Richard, seine Männer in den Gefechten mit den Truppen Saladins immer wieder erfolgreich zu führen. In der Schlacht bei Arsuf am 7. September 1191 glückte ihm ein großer Sieg über das muslimische Heer. Dennoch konnte sich der König nicht zum Weitermarsch auf Jerusalem entschließen, aufgrund der Kräfteverhältnisse erschien ihm ein Angriff auf die Heilige Stadt als zu risikoreich. Auch glaubte er, die Stadt nach ihrer Eroberung nicht lange halten zu können. Richard lag mit seiner Entscheidung wohl richtig, aber viele seiner christlichen Mitstreiter waren anderer Meinung. Vor allem die französischen Kämpfer protestierten gegen diesen Kurswechsel und viele verließen deshalb das Heer des Königs. Und dabei blieb es – Jerusalem wurde nicht zurückerobert.

Richards militärisch größte Stunde war sein Sieg gegen die Armee Saladins bei dessen Gegenangriff auf Jaffa, als er mit einer zahlenmäßig weit unterlegenen Truppe einen Angriff nach dem anderen abwehrte und seine Gegner schließlich vom Schlachtfeld vertrieb. Die Sarazenen betrachteten ihn nun endgültig als unbezwingbares Wunderwesen, gegen das sie keine Chance hatten. Doch Richard war durch die ständigen Kämpfe stark erschöpft und schlug Sultan Saladin Friedensverhandlungen vor. Er war ernstlich krank und hatte hohes Fieber, aber es gelang ihm, am 2. September 1192 einen Waffenstillstand zu schließen. Die Christen sollten die Küstengebiete im Heiligen Land behalten und es wurde ihnen eine allgemeine Reisefreiheit garantiert. Man warf Richard später vor, dass er die Kreuzzugsidee verraten habe, aber dieser Kompromiss war wohl das Beste, was unter den gegebenen Umständen zu erreichen war. Im Gegensatz zu vielen seiner Leute zog Richard nun nicht als Pilger nach Jerusalem, sondern dachte nur noch an seine Heimkehr. Am 9. Oktober 1192 konnte er endlich ein Schiff besteigen. Seine Hoffnung, in kurzer Zeit England zu erreichen, sollte sich allerdings nicht erfüllen.

In der Welt der eher kleinwüchsigen Menschen des Mittelalters wirkte Richard mit einer Größe von 1,86 Meter fast wie ein Riese. Seine normannische Herkunft war durch seine roten Haare und seinen roten Bart zu erkennen. Er zeigte im Kampf stets großen Mut und schien keine Gefahr zu scheuen. Richard gab sich meist sehr ritterlich und bezeugte seinen Gegnern gegenüber große Achtung. Andererseits war er auch oft sehr jähzornig und unbeherrscht, das machte ihm den österreichischen Herzog Leopold zum Feinde. Zeugnisse von Grausamkeit gibt es allerdings auch, man denke nur an seinen Befehl zur Niedermetzelung von 3.000 Menschen nach der Eroberung von Akkon im Juli 1191. Richard war für einen König des Mittelalters relativ gebildet und beherrschte auch Latein. Wenn er sich in der Schlacht auch als ungestümer Berserker gebärdete, was er vielleicht auch seinem Ruf schuldig war, so waren seine militärischen Aktionen und Kriegszüge in der Regel sehr gut geplant und hatten ein strategisches Konzept.

Richard sprach, trotz seines englischen Königstitels, kein Wort Englisch, sondern nur Französisch und er sah sich selbst eher als Aquitanier und Herrscher eines Angevinischen Reiches. Während seiner Regierungszeit war er nicht mehr als zehn Monate in England, dessen regnerisches und kaltes Wetter ihm verhasst gewesen sein soll. Das tat aber der großen Verehrung keinen Abbruch, die ihm die Engländer später entgegenbrachten. Man identifizierte Richard und seine Umgebung oft mit dem legendären König Artus und dessen Tafelrunde.

Die Rückreise des Königs und seines Gefolges aus dem Heiligen Land gestaltete sich problematisch. Richard, der wusste, dass sein Bruder Johann in England inzwischen selbst nach der Königswürde strebte, drängte zur Eile und wollte mit dem Antritt der Rückreise nicht länger warten. So geriet er mit seinem Schiff in die gefürchteten Winterstürme, mit denen Seefahrzeuge des Mittelalters nur schwer zurechtkamen. Zudem musste er seine Route ändern, als er erfuhr, dass König Philipp ihn im westlichen Mittelmeer abfangen wollte. So fuhr das Schiff Richards in die Adria und nahm Kurs nach Norden. Hier soll es zu einer Begegnung mit einem Piratenschiff gekommen sein, die jedoch glimpflich verlief. Die Piraten setzten den König und seine Begleiter in Istrien an Land, von wo sie als Pilger getarnt weiterreisten. Doch bereits im kärntnerischen Friesach wurden sie erkannt, konnten jedoch entkommen. In Bruck an der Mur fielen die angeblichen Pilger erneut auf und Herzog Leopold V. ließ nach ihnen fahnden. In Erdberg, einem kleinen Vorort von Wien, fand ihre ihre Flucht ein Ende, die Männer des österreichischen Herzogs nahmen Richard fest.

Herzog Leopold freute sich über seinen Fang und ließ den König in Dürnstein in der Wachau inhaftieren. Kaiser *Heinrich VI.*, der dem Engländer ebenfalls nicht wohl gesonnen war, erfuhr von dessen Festnahme und forderte den Gefangenen für sich. Nach einigen Verhandlungen einigten sich der Kaiser und der Herzog darauf, das Lösegeld zu teilen, und so wurde Richard an Heinrich VI. ausgeliefert, der ihn von nun an auf der Burg Trifels gefangen hielt. Als Lösegeld forderte der Kaiser 100.000 Mark Silber, was ungefähr dem doppelten Staatsbudget Englands in jener Zeit entsprach, und einige politische Zugeständnisse.

Trotz der Bemühungen seines Bruders und des französischen Königs, die den Kaiser dazu bewegen wollten, Richard für den Rest seines Lebens gefangen zu halten, wurde das Lösegeld, unter tatkräftiger Mithilfe seiner Mutter Eleonore, schließlich aufgebracht und er wurde aus der Gefangenschaft entlassen. Es wurden viele Versuche unternommen, die horrende Lösegeldsumme in heutige Währungsverhältnisse umzurechnen, die aber alle nicht überzeugen. Jedenfalls bedeutete dieses Lösegeld einen extrem hohen finanziellen Aderlass für das englische Königreich.

Nach der triumphalen Rückkehr Richards in seinen Machtbereich im März 1194 versöhnte er sich sogleich mit seinem Bruder Johann und wurde gegen den französischen König Philipp aktiv. Sein ehemaliger Freund hatte ihm kräftig geschadet und vor allem während seiner Abwesenheit viele seiner Territorien annektiert. Es entspann sich ein langer Krieg, bei dem es zu einigen bedeutenden Siegen Richards und der Eroberung französischer Gebiete gab. König Philipp musste ihm schließlich 1196 im Vertrag von Louviers die meisten der von Frankreich annektierten Gebiete wieder abtreten. Richard war nun auf dem Höhepunkt seiner Macht und konnte die Bedingungen diktieren.

Nachdem er seine Ansprüche gegen den König von Frankreich durchgesetzt hatte, wandte sich Richard gegen den aufständischen aquitanischen Adel, den er mit der ihm eigenen Konsequenz bekämpfte. Daneben war Richard auch außenpolitisch aktiv, indem er sich an den mächtigen und wohlhabenden Grafen von Flandern annäherte, seine Schwester mit dem fast königgleichen Grafen von Toulouse verheiratete und seinen Neffen *Otto von Braunschweig* bei der Erringung der Kaiserkrone unterstützte. Doch währenddessen gingen die Kämpfe mit aufständischen Adeligen in Aquitanien weiter.

Richard hatte in seinem Leben eine Vielzahl von Kämpfen heil überstanden, obwohl er oft im Zentrum des Geschehens stand, doch nun wendete sich das Blatt. Bei der Belagerung der Burg Chalûs in der Nähe von Limoges wurde der König von einem Armbrustbolzen getroffen. Wenige Tage später, am 6. April 1199, starb er in den Armen seiner Mutter an Wundbrand. Er war nur 41 Jahre alt geworden. Sein Nachfolger wurde sein Bruder, der glücklose Johann „Ohneland".

Zum Tod Richards gibt es eine Legende, die aber nur wenig mit der Wirklichkeit zu tun hat: Der König soll dem Schützen, der ihn tödlich verwundet hatte, verziehen und ihn sogar fürstlich belohnt haben. Tatsächlich wurde der Mann nach dem Ableben des Königs von Richards Männern auf grausame Weise getötet. Dass dies nur eine von vielen Legenden ist, die sich um das Leben dieses außergewöhnlichen Königs ranken, ist nicht verwunderlich.

DSCHINGIS KHAN

(1155–1227)

Der Name dieses Mannes steht für die riesigen Horden mongolischer Reiter, die auf ihren kleinen, schnellen Pferden ihre Gegner mit einem vernichtenden Pfeilhagel überschütteten, Länder und Städte eroberten und Angst und Schrecken verbreiteten. Der Erfolg Dschingis Khans beruhe darauf, berichtete ein arabischer Gelehrter, dass er den alten Brauch durchbrochen habe, im Kampf gefangene Gegner für die Aushandlung von Lösegeld bereitzuhalten. Er habe sie alle töten lassen, denn nur die Vernichtung der Feinde gewährleiste dauerhaft Macht.

Doch war dieser Mann mehr als nur ein blutrünstiger Barbar. Er war vielleicht der größte Eroberer der Geschichte und schaffte es gegen alle Widerstände, die Mongolenstämme zu einen und in kürzester Zeit ein Weltreich zu errichten.

Es ist nicht bekannt, wann genau Temudschin, wie er ursprünglich hieß, das Licht der Welt erblickte, es soll zwischen 1155 und 1167 im Burkhan Khaldun, am Oberlauf des Flusses Onon, gewesen sein. Sein Vater *Yesügei* gehörte als Häuptling eines Klans zur Oberschicht einer Gruppe von Stämmen und Sippen, die sich selbst Monghol nannten und mit den Tataren, einer anderen Stammesgruppe, in ständigem Streit lagen. Die Überlieferung will wissen, dass bei der Geburt Temudschins südlich des Baikalsees verschiedene Zeichen auf die markante Rolle hingewiesen hätten, die er eines Tages in der Welt spielen sollte. Ein Adler habe über dem Zelt seiner Eltern seine Kreise gezogen und der kleine Temudschin habe einen rubinroten Klumpen geronnenen Blutes in seinen Händen gehalten. Die Schamanen ergingen sich sofort in Prophezeiungen, dass dieser Knabe ein großer Krieger werden würde.

Die Kindheit Temudschins schien zunächst unbeschwert

123

verlaufen zu sein, denn sein auf Raubzügen sehr erfolgreicher Vater besaß große Macht und schien unangreifbar. Der Junge lernte die wichtigsten Fertigkeiten eines Mongolen wie Reiten, Bogenschießen und Jagen. Das Lesen und Schreiben gehörte nicht zum Ausbildungsprogramm. Als Sohn des Stammesfürsten hatte Temudschin schon sehr früh mitbekommen haben, wie sich der Anführer einer Mongolenhorde zu verhalten hatte. Temudschin entdeckte als Neunjähriger im Lager eines befreundeten Klans ein Mädchen namens *Börte* und er beschloss, sie zu später zu seiner Frau zu machen.

Doch plötzlich schien das Glück Temudschin zu verlassen. Durch den von Tataren verübten Giftmord an seinem Vater zum Halbwaisen geworden, wurde er aufgrund seiner Jugend nicht als dessen Erbe anerkannt. Er hatte sein ganzes Geschick einzusetzen, um seiner Mutter und seinen Geschwistern das Überleben zu ermöglichen. Die Familie war von ihren Dienern und Gefolgsleuten verlassen worden, mehr oder weniger vogelfrei und wurde mehrere Male bei Überfällen ausgeplündert, sodass sie schließlich verarmten. Dann tötete Temudschin im Streit seinen Halbbruder *Bektat*, was die Situation seiner Familie nicht gerade verbesserte. Andere Mongolenführer sahen in dem jungen Fürstensohn eine latente Bedrohung und trachteten ihm nach dem Leben. Deshalb war Temudschin mit seiner Familie oft auf der Flucht. In besonders großer Bedrängnis suchte er den heiligen Berg Burchan Chaldun auf, um sich dort zu verstecken und Zwiesprache mit den Göttern zu halten. Dort fiel er einmal in die Hände von Kriegern vom Stamm der Taijut, die ihn überwältigten und gefangen nahmen. In deren Dorf musste er einige Zeit tief gedemütigt als Sklave seiner Feinde verbringen, konnte jedoch später fliehen.

Mit der Zeit gelang es Temudschin, eine Gruppe junger Gefährten um sich zu scharen. Er erwies sich als geschickter Anführer, der seinen Mitkämpfern viele einträgliche Beutezüge bieten konnte. Mit seiner Bande zog Temudschin schließlich im Sold der Nordchinesen in den Krieg und erzielte Erfolge gegen die inzwischen sehr mächtigen Tataren.

Während der Kämpfe vergrößerte sich die Zahl seiner Anhänger und sein Ruf als fähiger Führer verbreitete sich. Schließlich fasste er den Gedanken, die „Völker, die in Filzzelten lebten", unter seiner Herrschaft zu vereinen. Vielleicht dachte Temudschin dabei an seinen Urgroßvater *Kabul Khan*, der schon einmal die mongolischen Stämme für kurze Zeit vereinigt und militärische Siege gegen die Chinesen errungen hatte.

Zwar schien das Unterfangen, die ständig in Kämpfe verstrickten Klans zu einigen, auf den ersten Blick aussichtslos, doch gelang es Temudschin mit seiner charismatischen Persönlichkeit und einer Mischung aus Diplomatie und Gewalt, immer mehr Stämme unter seine Führung zu bringen. Klanführer, die er nicht gewinnen konnte, ließ er beseitigen.

Im Jahre 1190 hatte er die meisten mongolischen Stämme und Sippen unter seiner Herrschaft vereinigt und er begann damit, die benachbarten Steppenvölker zu unterwerfen. Temudschin forderte von seinen Kriegern absoluten Gehorsam und versprach ihnen dafür viel Beute auf den zahlreichen Kriegszügen, die er noch unternehmen wollte.

Noch hatte Temudschin allerdings einen gefährlichen Gegner: *Gurkhan Dschamucha*, seinen ehemals besten Freund und Blutsbruder, der ihm in der Jugendzeit einige Male hilfreich zur Seite gestanden hatte. Im Laufe der Zeit waren sie zu Feinden geworden. Dschamucha erlitt einige Niederlagen gegen Temudschin und musste fliehen, gab aber den Kampf nicht auf. Immer wieder gelang es ihm, neue Bündnisse gegen den Jugendfreund zu initiieren. Schließlich wurde Dschamucha von seinen eigenen Anhängern an Temudschin ausgeliefert. Der aber reagierte nicht wie erwartet, sondern ließ die Verräter an seinem Blutsbruder und deren Familien töten. Dann bot er Dschamucha erneut seine Freundschaft an, doch dieser zog einen standesgemäßen Tod vor.

1202 besiegte Temudschin das Volk der Merkiten und unternahm anschließend einen blutigen Kriegszug gegen die Tataren, die seinen Vater getötet hatten. Er besiegte alle vier Hauptstämme dieses Volkes und ließ dabei nur kleine

Kinder am Leben. 1204 hatte Temudschin nach weiteren Feldzügen schließlich alle Stämme der Steppe unterworfen und beherrschte diese nun uneingeschränkt.

Im Jahre 1206 berief Temudschin eine Versammlung aller Schamanen und Stammesfürsten ein, bei der er zum Dschingis Khan, zum Großkhan aller Mongolen ernannt wurde. Er erhielt den Titel „ungestümer Herrscher" und als Zeichen seiner Würde eine weiße Standarte mit drei Zacken, die die Kraft der Mongolen symbolisierte.

Durch den Beschluss dieser Versammlung wurde ein neuer Staat gegründet, dessen alleiniger und souveräner Herrscher Dschingis Khan war. Seine Regierung wurde aus den Angehörigen seiner Familie gebildet und er lernte von gebildeten Vertretern anderer Völker, wie man ein Reich verwaltet. Da er auch der einzige Gesetzgeber war, ordnete er an, dass sein Sohn *Ugedai* alle alten und neuen Gesetze als mongolisches Grundgesetz niederschreibe. Damit entstand die Basis für ein geordnetes Staatswesen, in das sich die Stammesfürsten einzufügen hatten.

Dschingis Khan führte die allgemeine Wehrpflicht ein und ernannte seine fähigsten und tapfersten Gefolgsleute zu Armeeführern. Der bisherige Stammesadel wurde entmachtet und durch dem Khan genehme und zuverlässige Leute ersetzt. Diese neue Ordnung gestaltete die Verhältnisse unter den Steppenvölker völlig um. Die neue, gut organisierte und streng disziplinierte Reiterarmee war der Kern der Machtausübung des Khans über die verschiedenen Stämme und die unterworfenen Völker. Erst viele Jahre später hatte der Herrscher genügend Beamte, meist fremder Herkunft, in seinen Diensten, um eine Art von ziviler Verwaltung einzuführen. Es zeichnete den Analphabeten Dschingis Khan aus, dass er großen Wert auf das Schriftwesen legte, das die Grundlage jeder Verwaltung darstellt. Er ordnete deshalb an, eine eigene mongolische Schrift zu entwickeln.

Im Jahr 1207 unterwarf er die Völker der Kirgisen und Oiraten. Dann machte er sich an die Eroberung Chinas. 1209 wurden die Tanguten unterworfen, der Khan hatte nun südlich der Großen Mauer ein Ausgangslager für weitere Eroberungen. Die Besiegten wurden gezwungen, alle ihre Kamele abzuliefern; damit sicherte der Khan den Nachschub für seine Reiterarmee. 1211 drang Dschingis Khan mit über 100.000 Kriegern in das Gebiet der Chin-Dynastie in Nordchina ein. In jungen Jahren selbst Vasall dieser Dynastie, gelang es ihm in einigen großen Schlachten, bei denen er sein großes militärisches Geschick bewies, deren Macht zu brechen. Im Jahre 1215 eroberte er Peking und damit war Nordchina in mongolischer Hand. Reich mit Schätzen beladen, zogen sich Dschingis Khan und seine Mongolen ein Jahr später zurück. An die Gründung eines Großreiches scheint er damals noch nicht gedacht zu haben; ihm war eher daran gelegen, Handel mit den reichen Moslemstaaten im Westen zu treiben. Handelsdelegationen wurden ausgesandt, um wirtschaftliche Beziehungen zu knüpfen.

Als die Mitglieder einer mongolischen Delegation, die in das Land Chorezm geschickt worden war, getötet wurden, war dies für den Khan ein Kriegsgrund. So entstand aus dem Versuch Handelsbeziehungen aufzubauen einer der größten Eroberungskriege der Geschichte. 1218 wurde zunächst das letzte noch unabhängige Territorium der Steppe, das Kara-Khitai-Reich, unterworfen und in die Machtsphäre des Mongolenherrschers eingefügt.

1219 brach das mongolische Heer dann mit etwa 200.000 Kriegern in Richtung Mittelasien auf. 1220 drangen die Truppen des Khan in das Gebiet des heutigen Afghanistan ein. Eine Serie von blutigen Schlachten und Eroberungen folgte. Bereits 1221 wurde der letzte Widerstand der Chorezmier am Indus überwunden. Ein großer Teil der einheimischen Bevölkerung überlebte diesen mongolischen Siegeszug nicht.

Bereits 1220 hatte Dschingis Khan einen Ort am Ufer des Orchon zu seiner Residenz bestimmt, aus der sich die Stadt Karakorum entwickeln sollte. In dieser Gegend hatten bereits die Zentren nun längst untergegangener Reiche gelegen, was dem Khan sicher bewusst war. Aus dieser Neugründung entwickelte sich eine Art von mongolischer Hauptstadt, sie wuchs auch nach dem Tod ihres Gründers weiter und bis heute betrachten die Mongolen die Stadt als ihr nationales Zentrum. Dschingis Khan ließ

Spezialisten aus andern Völkern anwerben oder notfalls auch verschleppen – die Mongolen selbst besaßen im Allgemeinen keine Kenntnisse, die über die Kriegsführung hinausgingen, was sich später sehr zu ihrem Nachteil auswirken sollte.

Karakorum wurde zu einem Ort, an dem sich Angehörige vieler Völker trafen und miteinander lebten. Von ihrer Brutalität im Krieg abgesehen, zeigten die Mongolen große Toleranz gegenüber anderen Kulturen und Religionen, auch wenn sie selbst wenig davon übernahmen. Der Khan selbst erlernte wohl nie das Schreiben, aber er förderte das Schriftwesen und trachtete danach, möglichst viele gebildete Leute in seiner Verwaltung einzusetzen.

Bereits 1220 hatten die Mongolen in Südrussland und im Kaukasus gewütet und 1223 stießen die Horden des Khan bis in die Ukraine vor und schlugen in der Schlacht von Taganrog am Kalkafluss eine russische Armee. In diesen Gebieten sollen die Mongolen extrem grausam vorgegangen sein, heißt es in den alten Chroniken, die allerdings immer wieder zu Übertreibungen neigen.

Nach seiner Rückkehr von diesem großen Eroberungszug setzte Dschingis Khan seine Söhne und verdiente Gefolgsleute als Statthalter in den annektierten Territorien ein. Die Steppenvölker der Mongolen wurden nach und nach zu einem Staatsvolk.

Der Khan ging stets mit dem gleichen Erfolgsrezept vor – viel kriegerischem Geschick, großem Organisationstalent und einer nicht zu geringen Portion Grausamkeit. Nach einem Sieg soll er einmal euphorisch gesagt haben: „Eines Mannes größte Freude ist, seine Feinde zu besiegen, sie vor sich herzutreiben, ihnen ihren Besitz zu rauben, ihre Lieben in Tränen zu sehen, ihre Pferde zu reiten und auf den weißen Bäuchen ihrer Weiber und Töchter zu schlafen." Ein muslimischer Schriftsteller schrieb, dass „an manchen Plätzen nicht einmal Hunde und Katzen den Durchzug der mongolischen Reiter überlebten."

Dazu passt auch der ursprüngliche Plan des Khan für China. Er hatte vor, alle eroberten chinesischen Städte vollkommen zu zerstören, die Bevölkerung vollständig zu vernichten und ganz Nordchina in Weideland für die Tiere

DSCHINGIS KHAN

der Mongolen zu verwandeln. Später besann er sich eines Besseren.

Es gibt nur ein Bild Dschingis Khans, das allerdings nicht aus seiner Zeit stammt. Es findet sich in einer Reihe von Kaiserbildern, die im Historischen Museum von Peking zu sehen sind. Das Bild zeigt einen schon recht alten Mann, mit weißem schütterem Bart. Augenzeugen des Feldzuges gegen Chorezm im Jahre 1222 berichteten, der Khan sei groß und breitschultrig gewesen und habe spärliches graues Haar und katzenartige Augen gehabt.

Dschingis Khan adoptierte gelegentlich einen Jungen aus einem der unterworfenen Stämme, diese lebten mit ihm und wurden wie seine leiblichen Kinder behandelt. So hatte der kluge Khan immer eine Gruppe junger und ihm treu ergebener Männer um sich, auf die er sich bedingungslos verlassen konnte. Eine Leibgarde von 10.000 Kriegern wachte über die Sicherheit des Khans. Er hatte diese Leute selbst ausgesucht, sie waren die Söhne und Brüder seiner höheren Offiziere und ihm untergebener Stammesfürsten. Sie hatten zum einen als Elitetruppe für ihn zu kämpfen, dienten ihm aber zugleich als Geiseln, die den Gehorsam der Fürsten und Heerführer garantierten.

Der Khan hatte bei einer Reichsversammlung im Jahre 1218 mit seinen vier Söhnen über seine Nachfolge gesprochen. Nach einem heftigen Streit einigte man sich, dass der Drittgeborene *Ögedäi*, dem der Vater die besten Charaktereigenschaften zubilligte, sein Erbe antreten solle.

Im Sommer des Jahres 1227 stürzte der Khan so unglücklich vom Pferd, dass er sich nicht mehr erholte. Er hatte sich auf einer Strafexpedition gegen die Tanguten befunden, die gegen alle Vereinbarungen bei seinem Westfeldzug kein Unterstützungskontingent gestellt hatten. Dschingis Khan starb am 25. August, nach einer Reihe von Fieberanfällen im Alter von vermutlich 72 Jahren. Zum Zeitpunkt seines Todes reichte sein Reich von Peking im Osten bis über den Ural hinaus nach Westen. Der Herrschaftsanspruch des Khans war überall dort verkündet worden, wo mongolische Krieger ihre kleinen flinken Pferde hingeführt hatten. Sie hatten für ihren Herrn auf brutalste und grausamste Weise das bis dahin größte Reich der Geschichte errichtet.

129

Über den Tod des großen Dschingis Khan gibt es einige abweichende Berichte. So soll er laut einer alten galizischen Chronik von den Tanguten getötet worden sein. Eine besonders fantasievolle Überlieferung berichtet, er sei von einer Prinzessin der Tanguten, die sich gegen ihre Vergewaltigung gewehrt habe, mit einem versteckten Messer entmannt worden. Ein derartiges Ende würde wohl recht gut zur blutigen Laufbahn des „ungestümen Herrschers" passen, erscheint aber nicht sehr wahrscheinlich.

Das Grab Dschingis Khans konnte bis heute nicht gefunden werden, da es angeblich von tausend Reitern eingeebnet wurde, die später alle getötet worden seien, damit der Ort des Grabes für immer unauffindbar bliebe. Auch hierbei dürfte es sich um eine Legende handeln, die aber den Charakter des großen Reichsgründers und Massenschlächters Dschingis Khan vielleicht nicht unzutreffend wiedergibt.

Die Berichte über die Nachfolgeregelung des Khans sind ebenfalls widersprüchlich. Es scheint so zu sein, dass er für die Teilreiche seiner Söhne keine genauen Grenzen festlegte und von ihnen forderte, gemeinsam zu handeln und sich zu arrangieren. Doch konnte *Ögödei*, der 1229 zum Großkhan erhoben wurde, den Zerfall des riesigen Reiches nur hinauszögern, nicht verhindern.

TIMUR LENG

(1336–1405)

Samarkand gilt heute als die Perle des Orients. Eine Vielzahl von prächtigen Gebäuden und wunderschönen Kunstwerken kündet von jener Zeit, als die Stadt Mittelpunkt eines großen Reiches war. Jener Mann, der für einen Gutteil dieser Schönheit verantwortlich ist, war einer der brutalsten Eroberer der Geschichte – Timur Leng. Dieser Herrscher gilt vielen Historikern als Epigone Dschingis

Khans, manche sehen in ihm jedoch nur den größten Menschenschlächter aller Zeiten. Doch war Timur bin Taraghay Barlas, wie sein vollständiger Name lautete, viel mehr als das. Im Abendland war er besser bekannt unter dem Namen Tamerlan.

Timur entstammte dem turkisierten Stamm der Barlas, einer Mongolengruppe, die in Transoxanien im Gebiet des heutigen Usbekistan siedelte. Der Stamm hatte bereits an den Feldzügen Dschingis Khans teilgenommen und führte seine Abstammung auf ebenso glorreiche wie legendenhafte mongolische Kriegsherren zurück. Timurs Vater beherrschte als Stammesfürst ein beträchtliches Territorium. Hier wurde Timur am 8. April 1336 in Kesh geboren.

Über die Kindheit des künftigen großen Eroberers ist nicht viel bekannt, seine Mutter starb früh und er hatte drei Brüder und zwei Schwestern.

Timur trat als Jugendlicher in die Dienste des Emirs *Kazagas* und diente ihm mehrere Jahre. Nach der Ermordung des Emirs wurde Timur in die inneren Unruhen und Stammeskonflikte in Transoxanien verwickelt und versuchte durch geschicktes Taktieren zwischen dem eingedrungenen Mongolenfürsten *Tughlug* Timur und seinem Onkel *Hadji Barlas*, der gegen die Aggressoren kämpfte, seine eigene Machtbasis zu behaupten. Nach dem ungeklärten Tod seines Onkels unterwarf sich Timur dem Mongolenfürsten und erhielt eine Anstellung bei dessen Sohn und Herrscher Transoxaniens *Ilias Hoja*.

Dort machte er jedoch einen entscheidenden Fehler und lehnte sich gegen seinen neuen Herrn auf. Er musste zu seinem Schwager *Hussain* fliehen und zog mit diesem und geringem Anhang durch die Steppen Asiens. Als sie sich nach Chorezm wenden wollten, wurden sie gestellt und besiegt; Timur geriet in Gefangenschaft, wurde jedoch bald wieder freigelassen. Er sammelte nun eine Truppe aus Glücksrittern und Söldnern um sich, mit denen er in ganz Transoxanien Angst und Schrecken verbreitete.

1363 gelang ihm gemeinsam mit Hussain ein Sieg gegen Ilias Hoja und die Besetzung der Stadt Kesh. Nach einem weiteren militärischen Erfolg vertrieben sie Ilias Hoja. Doch nun wurde nicht Timur zum Herrscher des Landes gewählt, sondern ein gewisser *Kabul Khan*. Der vertriebene Ilias Hoja kehrte mit Verstärkung wieder und schlug die Truppen Transoxaniens vernichtend. Als der Eindringling schließlich umgebracht wurde, zogen sich die Mongolen zurück.

Danach kam es zum Konflikt zwischen Timur und Hussain. Timur gelang es, seinen Schwager zu besiegen und Hussain unterwarf sich, doch Timur ließ ihn umbringen. Ab April 1370 war er der alleinige Herrscher Transoxaniens und nahm den Titel Emir an.

Timur erklärte sich unter Berufung auf den Koran zum Erneuerer des mongolischen Weltreiches. Um diesen Anspruch zu festigen, heiratete er eine Frau aus der Familie Dschingis Khans. Seine Hochachtung vor der mongolischen Tradition leitete oft seine politischen Entscheidungen.

Die von den Nachkommen Dschingis Khans beherrschte „Goldene Horde" sollte Timur während seiner gesamten Herrschaft beschäftigen. Im Jahre 1377 konnte er dem vertriebenen Thronfolger *Toktamisch* zu seinem Erbe verhelfen und ihn zum Herrn der Goldenen Horde machen. Sein Schützling erwies sich später allerdings als undankbar und griff seinen ehemaligen Unterstützer 1387 an. Timur wurde von diesem Angriff überrascht und konnte die Armee des Gegners erst mit Hilfe seines Sohnes *Miran Shah* besiegen. Danach befahl er, dass man die Gefangenen entgegen der üblichen Praxis nicht töten, sondern heimkehren lassen solle. Diese Geste sollte beweisen, dass er kein Feind der Nachkommen Dschingis Khans sei.

Doch Toktamisch sann auf Rache und erschien im Winter 1388/89 erneut mit einem großen Heer an Timurs Grenzen. Die Schlacht bei Chodschent konnte Timur nur mit der Hilfe seines Sohnes *Omar* für sich entscheiden; dieser hatte durch einen Angriff auf die Nachhut Toktamischs helle Panik unter dessen Soldaten ausgelöst.

Um diesen bedrohlichen Gegner auszuschalten, ging Timur nun selbst in die Offensive und führte 1391 einen großen Feldzug durch. Er marschierte durch die Steppe und wollte Toktamisch zu einer Entscheidungsschlacht zwingen. Timur zog drei Monate durch kasachisches Gebiet und erreichte die Region des heutigen Tobolsk. Dann drang er nach Sibirien vor, wo seine Männer durch das Phänomen des Polartages verunsichert wurden. Nach einem viermonatigen Marsch konnte Timurs Sohn Omar den Gegner beim westlich des Urals gelegenen Fluss Kundurtscha endlich stellen. Timur griff mit seiner Hauptarmee einige Stunden später in die bereits laufende Schlacht ein. Diese dauerte drei Tage und endete mit einer Niederlage Toktamischs, der jedoch fliehen konnte.

1395 griff Toktamisch mit Hilfe des Moskauer Fürsten *Wassili* erneut an und attackierte Timur im Nordkaukasus, wo dieser gegen georgische Fürsten kämpfte. Toktamisch wich allerdings nach der erfolglosen Belagerung der Stadt Schirwan vor Timur zurück und dieser konnte ihn erst nach einiger Zeit stellen. Am 15. April kam es nördlich des Flusses Terek zur Schlacht, die sehr blutig verlief. Timur wurde umzingelt und musste selbst kämpfen. Fast seine gesamte Leibwache fiel, Timur aber konnte sich retten. Schließlich wurde Toktamisch besiegt und hatte damit seine Machtstellung endgültig verloren. Er floh nach Litauen, während Timurs Armee die Hauptstadt der Goldenen Horde, Sarai, plünderte und zerstörte.

Der viele Jahre dauernde Kampf gegen Toktamisch und die Goldene Horde hatte Timur Leng daran gehindert, größere Gebiete zu erobern. Nun machte er seinem Ruf, ein Usurpator von apokalyptischer Grausamkeit zu sein, alle Ehre, als er im Jahr 1383 nach der Einnahme der Stadt Isfahan 70.000 Gefangene enthaupten und eine grausige Pyramide aus den Köpfen errichten ließ. Bei der Eroberung Bagdads steigerte er diese Greuel noch: Hier soll eine Pyramide aus 90.000 Schädeln gestanden haben. Als er die christliche Stadt Tikrit nach zweiwöchiger Belagerung eroberte, ordnete er neben der Vernichtung der Stadt die Tötung aller ihrer Bewohner an. Bei einer anderen Gelegenheit ließ Timur 2.000 Menschen lebend einmauern.

Trotz seiner alles übertreffenden Grausamkeit – manche sprechen von Bestialität – ging Timur durchaus selektiv vor. Normalerweise verschonte er Angehörige der herrschenden Schicht und geistliche Würdenträger. Die Aristokraten hatten teilweise Gelegenheit, sich freizukaufen, oder mussten Tribute abliefern. Personen, die ihm nützlich sein konnten, etwa Gelehrte, Theologen und Handwerker, nahm er in seinen Dienst. Auch scheinbar wertlose Güter, zu denen viele kulturelle Errungenschaften gehörten, ließ er unbeschädigt. Timurs Kernreich profitierte von diesen Maßnahmen. Die wichtigsten Städte, Samarkand, Buchara und Kesh, wurden großzügig ausgebaut und verschönert. Es entwickelte sich ein neuer Architekturstil und so wurden diese Orte kulturelle Zentren erster Ordnung. Doch vermag diese Aufbauleistung das monströse Maß an Zerstörung und Massenmord nicht aufzuwiegen, das Timur zu verantworten hat. Bestimmte Gebiete sollten sich von den Feldzügen des grausamen Herrschers niemals erholen.

Abgesehen von den Kerngebieten war Timur nicht willens oder in der Lage, in dem von ihm eroberten Riesenreich eine funktionsfähige Verwaltung aufzubauen. Er setzte zwar Familienangehörige als Fürsten im mittleren Asien und in Persien ein, ließ in manchen Gebieten die bereits bestehenden Herrschaftsstrukturen aber unangetastet, sodass nie ein homogenes staatliche Gebilde entstehen konnte. Die von Timur eingesetzten Statthalter hatten auch kaum eigene Truppen zur Verfügung. Dieser Mangel an Organisation sollte nach Timurs Tod zum Zerfall seines Reiches führen.

Unter Timur wurde die Islamisierung Zentralasiens abgeschlossen. Er selbst beschäftigte sich ebenfalls mit religiösen Fragen, obwohl er weder lesen noch schreiben konnte. Seine Religiosität hinderte Timur jedoch nicht daran, Moslems tausendfach zu massakrieren. Der große Eroberer befleißigte sich einer recht volkstümlichen Frömmigkeit, welche damals unter anderem die Derwischorden verkörperten. Timur ließ sich schließlich zu Füßen eines Derwischs begraben. Er machte keinen großen Unterschied zwischen den konkurrierenden Schiiten und Sunniten und dokumentierte damit die den Mongolen eigene religiöse Liberalität.

1394 drang Timur bis nach Moskau vor. Auch hier wütete er erbarmungslos, doch durch seinen Sieg über die Goldene Horde konnte er die Moskauer Fürsten von deren Druck entlasten.

In den Jahren 1398/99 führte Timur einen großen Feldzug in Indien durch. Als Vorwand dafür soll der Vorwurf gedient haben, die islamischen Sultane verhielten sich zu tolerant gegenüber ihren hinduistischen Untertanen. Der eigentliche Grund war natürlich Timurs Drang nach Eroberung. Auch dieser Feldzug verlief für ihn sehr erfolgreich. Er konnte die Armee des Sultans *Mahmud Tughluq* vernichten und nahm die Hauptstadt Delhi ein, die vollständig zerstört wurde. Die Stadt sollte danach für hundert Jahre ein Ruinenfeld bleiben. Nach diesem Sieg ließ Timur als Zeichen seines Triumphes die großartige Moschee in Samarkand errichten.

1401 eroberte Timur bei der Unterwerfung Vorderasiens unter anderem Damaskus und Bagdad. Das einst so prächtige Bagdad hatte schon unter der alptraumhaften Okkupation durch den Mongolen *Chülegü* im Jahre 1258 sehr gelitten und sich noch nicht restlos davon erholt. Nun türmten sich erneut Schädelpyramiden von vielen tausend Getöteten in der Stadt auf.

Der türkische Sultan *Bajazid* gehört ebenfalls zu den großen Eroberern der Geschichte. Timur betrachtete ihn offenbar als Konkurrenten, zumindest schien er nicht gewillt, den Türken, der nach seinem großen Sieg über ein Kreuzfahrerheer bei Nikopolis im Jahre 1396 den Höhepunkt seiner Macht erreicht und 1398 Konstantinopel erfolglos belagert hatte, neben sich zu dulden.

Im Jahr 1402 versuchte Timur bei einer Versammlung die Emire und Fürsten von der Notwendigkeit eines Feldzuges gegen Bajazid zu überzeugen. Die Einwände, die viele Würdenträger seines Reiches vorbrachten, ließ er nicht gelten und setzte seine Armee gegen den Rivalen in Marsch. Timurs Heer drang rasch in das von Bajazid beanspruchte Gebiet ein und rückte über Kayseri bis nach Ankara vor. Der Osmane, dem es nicht gelungen war, Timur rechtzeitig abzufangen, begab sich mit seinem Heer eiligst auf die Verfolgung des Eindringlings.

Bei Ankara kamen sich die beiden Armeen schließlich so nahe, dass eine Schlacht unvermeidlich war. Auch wenn viele seiner Leute angesichts der Stärke der Türken der Mut verlassen wollte, war Timur voller Zuversicht. Das genaue Datum dieser Schlacht ist nicht überliefert, sie muss aber an einem der letzten Julitage 1402 stattgefunden haben. Die Berichte über den Verlauf der Schlacht sind widersprüchlich. Sicher ist jedenfalls, dass Timur einen großen militärischen Sieg errang. Ein Grund dafür scheint zu sein, dass Bajazids Truppen durch den anstrengenden Marsch völlig erschöpft waren und dass viele der Tataren in seiner Armee desertierten. Außerdem war Timurs Armee zahlenmäßig überlegen.

So hatte ein großer Eroberer den anderen Eroberer besiegt. Die größte Katastrophe für das Reich der Osmanen war aber wohl die Gefangennahme Bajazids. Sein Lebenswerk war mit einem Schlag zerstört und er musste von nun an eine erbärmliche Existenz als Gefangener des grausamen Timur führen. Dieser soll seinen Triumph auch voll ausgekostet und den Feind in vielerlei Hinsicht gedemütigt haben. Es wird berichtet, Timur habe sich des angeketteten Sultans als Sitzgelegenheit bedient. Bajazid ertrug dies unwürdige Leben nicht lange, er starb am 9. März 1403 an einer nicht näher bezeichneten Krankheit, vielleicht hat er Selbstmord begangen. Ein derartiges Schicksal blieb den meisten Eroberern und Machtmenschen der Geschichte erspart.

In Europa und besonders im bedrängten Byzanz war man über den Triumph Timurs über die gefürchteten und verhassten Türken hocherfreut. Man betrachtete den großen Eroberer fast als eine Art Verbündeten und es wurden diplomatische Beziehungen aufgenommen. Timur selbst wollte den Handel mit den Europäern fördern.

Der kleine Rest des ehemals großen byzantinischen Reiches war jedenfalls durch Timurs Sieg vorerst gerettet. Doch die Eroberung von Konstantinopel war damit nur aufgeschoben. Timur wandte sich nach seinem Triumph nach Osten und suchte die Länder am Kaukasus heim.

Timur Leng, der von persischen Schriftstellern als Timur-e Lang (Timur der Gelähmte) bezeichnet wurde, war wohl keine sehr ansprechende Erscheinung. Durch eine Verwachsung an der rechten Kniescheibe nach einer (später vermuteten) Knochentuberkulose, war sein rechtes Bein zumindest teilweise gelähmt. Auch seine rechte Schulter war verwachsen. Ein Pfeilschuss hatte zudem die Beweglichkeit seiner rechten Hand deutlich eingeschränkt. Trotz dieser Behinderungen konnte er sicherlich andere mit seiner machtvollen Persönlichkeit in seinen Bann ziehen. Den Namen Timur Leng verballhornten die Europäer schließlich zu Tamerlan.

Der große Eroberer hatte lange Zeit an das Chinesische Reich eine Art von Tribut entrichtet. In Verkennung der Gefährlichkeit der Lage forderten chinesische Gesandte weitere Tributzahlungen von Timur. Dieser dachte jedoch nicht daran und bereitete einen großen Feldzug gegen Mongolistan und China vor.

Timur starb jedoch am 18. Februar 1405 bei Utrar (heute Kasachstan), bevor er seinen neuen Eroberungsplan verwirklichen konnte. Sein Tod wurde zunächst verheimlicht und man führte den Leichnam in einer Sänfte mit, um die Fortsetzung des Feldzugs nicht zu gefährden. Doch bald brach der Machtkampf um das Erbe des toten Kriegsherrn aus und eine Zeit der Wirren begann. Timurs Nachfahren, die Timuriden, waren jedoch weit weniger kriegerisch veranlagt und mehr an der Kultur interessiert. Unter ihnen zerfiel schließlich das große Reich.

Timur hat am Eingang seines Mausoleums in Samarkand eine von ihm selbst verfasste Inschrift anbringen lassen: „Glücklich, wer die Welt aufgegeben hat, ehe die Welt ihn selbst aufgibt." Noch heute ist Timur der Nationalheld von Usbekistan.

Mehmet II. der Eroberer

(1432–1481)

Der Fall Konstantinopels im Jahre 1453 war eines der bedeutendsten Ereignisse für das christliche Abendland. Es handelte es dabei um weit mehr, als die Eroberung der kümmerlichen Reste des byzantinischen Reiches. Der Sieg Sultan Mehmeds zeigte den Europäern, dass sie erneut mit der Expansion einer islamischen Macht auf ihrem Territorium rechnen mussten, die sich nun in der alten Kaiserstadt Konstantinopel festgesetzt hatte und gegen die man vorerst keine wirksame Verteidigungsstrategie aufbieten konnte.

Mehmed II. Fatih („der Eroberer") wurde am 1. April 1432 in Adrianopel (Edirne) geboren. Sein Vater Sultan *Murad II.* war seinem Sohn sehr zugetan und machte ihn schon im Kindesalter zum Statthalter von Anatolien. Ab 1444 durfte er sich als Mitregent seines Vaters betrachten. Als Murad 1451 starb, wurde Mehmed mit nur 19 Jahren Sultan und Herrscher eines großen, expandierenden Reiches.

Da sein Vater ihm ein nach einer Krisenzeit wieder konsolidiertes Reich hinterlassen hatte, konnte er schon bald in die Offensive gehen. Erstes Ziel seiner Eroberungen war die Stadt Konstantinopel, die schon sein Vater gerne unter seine Kontrolle gebracht hätte. Die Türken waren bereits um 1400 kurz davor gewesen, Konstantinopel einzunehmen, doch wurde die Stadt durch den vernichtenden Sieg *Timur Lengs* über Sultan *Bajazid* indirekt gerettet. Nun schien die Zeit reif dafür, den kleinen, schwachen Rest des einst so großen byzantinischen Imperiums unter osmanische Herrschaft zu bringen.

Mehmed unternahm vor seinem direkten Angriff auf die Stadt Eroberungszüge gegen die wenigen Territorien, die noch zum byzantinischen „Reich" gehörten, und dehnte sein Imperium damit weiter aus, während er seinen Gegner immer mehr von jedem Nachschub abschnitt. Dann errichtete er in der Nähe der Stadt eine Festung, die den Hafen der Byzantiner blockierte. Die Hoffnung für den isolierten Kaiser in Konstantinopel wurde immer geringer. Der Sultan wusste, dass er die gewaltigen Mauern der Stadt überwinden musste, die bisher jedem Angriff erfolgreich widerstanden hatten. Da er sehr fortschrittlich dachte, setzte Mehmed auf innovatives Kriegsgerät. Er fand den geeigneten Mann für dessen Bau, einen abtrünnigen Christen namens *Urban*. Dieser konstruierte unter anderem eine acht Meter lange Kanone, mit der man Steinkugeln von einer Tonne Gewicht weiter als 1,5 Kilometer schießen konnte. Dieses gewaltige Geschütz war im Januar 1453 fertig und benötigte 700 Mann für seine Bedienung.

In letzter Minute beendeten die zerstrittenen Bewohner Konstantinopels ihre internen Streitigkeiten und es scharten sich die griechischen, slawischen und italienischen Christen um *Kaiser Konstantin XI.*, der durchaus ein Charisma besaß. Zur Verteidigung der Stadt standen jedoch nur 10.000 Mann zur Verfügung, fast zu wenig, um die riesigen Mauern der Stadt zu bewachen. Mehmed dürfte über mehr als 100.000 Kämpfer verfügt haben, wobei alleine seine Janitscharen-Truppe 12.000 Soldaten umfasste.

Mehmets großer Trumpf waren besagte Janitscharen, eine Elitetruppe, die man aus zweierlei Quellen rekrutierte. Einerseits durch das Mittel der „Knabenlese", bei der geeignete Jungen aus der christlichen Bevölkerung der unterworfenen Balkanländer ihren Eltern weggenommen und im Sinne des Islam zu fanatischen osmanischen Kriegern erzogen wurden. Andererseits dienten versklavte Kriegsgefangene in dieser Einheit. Die Janitscharen waren einer sehr strengen Disziplin unterworfen und entwickelten einen speziellen Korpsgeist. Eine besonders gründliche Ausbildung und gute Ausstattung mit Waffen machte sie zu den besten Kämpfern der Osmanen und zum Schrecken ihrer Feinde.

Außerdem verfügte der Sultan über eine sehr große Flotte, die die Stadt von der Seeseite aus angriff. Unter Mehmed wurden die Osmanen, die bisher immer nur als Landmacht agiert hatten, zu einer respektablen Seemacht.

Die Belagerung begann am 1. April 1453, wobei der Sultan erst einige Tage später eintraf. Als er zwei vorgelagerte byzantinische Festungen einnahm, ließ Mehmed alle überlebenden Verteidiger pfählen, woraufhin die Byzantiner ihre türkischen Gefangenen umbrachten. Alle wussten nun, dass es kein Pardon geben würde.

Schon bald begann der Dauerbeschuss der Stadtmauern, der sechs Wochen anhalten sollte. Dem Sultan standen dafür sein Riesengeschütz und mehrere kleinere Kanonen, die aber nicht weniger beeindruckend waren, zur Verfügung. Die durch den Beschuss entstandenen Breschen konnten die Verteidiger allerdings immer wieder rasch ausbessern und absichern. Sturmangriffe auf beschädigte Mauerabschnitte endeten immer mit hohen Verlusten der Angreifer. Als eine Flotte bewaffneter italienischer Handelsschiffe nach Konstantinopel durchbrach, schienen die Chancen für die Verteidiger nicht schlecht zu stehen.

Der Sultan ließ über Land Schiffe zum von den Belagerten mit einer eisernen Kette gesperrten Goldenen Horn bringen, wodurch sich der Druck auf die Stadt erhöhte. Mehmet ließ eine Reihe von Tunneln unter die Stadtmauer graben, um sie zum Einsturz zu bringen. Diese Tunnel wurden von den Belagerten immer rechtzeitig geflutet. Bei einem Ausfall der Byzantiner konnten die osmanischen Belagerungstürme in Brand gesetzt werden.

Mehmed war kein Mann, der schnell aufgab, und trieb seine Soldaten weiter an, doch machte sich bei diesen zunehmend Unmut breit. Der Sultan stimmte schließlich zu, einen letzten Großangriff zu unternehmen und bei dessen Fehlschlag die Belagerung abzubrechen. Am 29. Mai stürmten zehntausende Soldaten des Sultans gleichzeitig die Land- und Seemauern der Stadt. Sie hatten riesige Verluste und ihre Niederlage schien absehbar. Dann entdeckten einige Angreifer, dass ein Nebentor, die so genannte Kerkaporta, nicht verschlossen war. Hunderte Angreifer erschienen nun hinter der ersten Verteidigungsmauer. Dann wurde der wichtigste Verbündete des Kaisers, der genuesische General *Longo*, tödlich verwundet, was zur Flucht der Genueser führte. Jetzt stürmten immer mehr Türken durch die Tore, die von innen geöffnet wurden, in die Stadt und *Kaiser Konstantin XI.* fiel mit dem Rest seiner Soldaten in einem heroischen Kampf.

Es folgten Plünderungen und Massenmorde an der Bevölkerung, die Mehmet erst nach einigen Tagen unterband. Viele Byzantiner wurden versklavt, die berühmte Kathedrale Hagia Sophia entweiht und in eine Moschee umgewandelt. Mehmet war am Ziel seiner Wünsche und begann nach einigen Tagen, in denen das blutige Chaos regierte, mit der Neugestaltung der Stadt, die er zu seiner Hauptstadt machte. Er legte sich auch den Titel eines „Kaisers von Rom" zu, denn schließlich betrachtete man Byzanz als

Mehmet sorgte für die verbliebenen Christen in seiner neuen Hauptstadt. Er ließ sie einen neuen Patriarchen wählen und gewährte ihnen Schutz, wozu er ein eigenes Dekret formulierte, das jede Art von Christenverfolgung in seinem Machtbereich verhindern sollte. Die Christen erhielten ein eigenes Stadtviertel, in dem sie besondere Rechte hatten. Hier zeigte sich einmal mehr die religiöse Toleranz des Islam und im Besonderen der Osmanen.

Die Nachricht vom Fall Konstantinopels am 29. Mai 1453 löste überall in der christlichen Welt großes Entsetzen aus. Die Einnahme der Stadt war jedoch nur der Beginn von Mehmeds großen Eroberungszügen, die schließlich große Teile Serbiens und Griechenlands, die Walachei und Trapezunt unter seine Kontrolle brachten.

Trapezunt (heute Trabzon) war das letzte Relikt der byzantinischen Kultur in Kleinasien und wurde von einem "Kaiser" regiert. Der letzte Herrscher Trapezunts, *David Komnenos*, versuchte vergeblich, eine Allianz gegen die Osmanen ins Leben zu rufen und wurde schließlich 1461 Opfer des eroberungswütigen Mehmed. Damit waren die Osmanen endgültig die Herren Kleinasiens.

Der Sultan stieß sogar auf die italienische Halbinsel vor und eroberte 1480 die Stadt Otranto, die sein Nachfolger aber wieder aufgab. Im Verlauf seiner 30 Jahre währenden Regierung soll Mehmed insgesamt 200 Städte in seinen Besitz gebracht haben. Einige seiner Eroberungsversuche scheiterten, wie jener von Belgrad im Jahre 1456. Der Krieg mit Venedig, der von 1463 bis zu seinem Tod dauerte, verlief wechselhaft und der Sultan konnte nicht alle Gebiete, die Venedig auf dem Peloponnes und vielen griechischen und adriatischen Inseln besaß, unter seine Kontrolle bringen.

Mehmed traf bei seinen Eroberungszügen selten auf einen gleichwertigen Gegner. Seine Truppen waren zahlenmäßig meist weit überlegen und die gegen ihn kämpfenden Heerführer hatten zumeist nicht sein Format. Einer der bedeutendsten Widersacher des Sultans war der rumänische Fürst *Vlad III. Dracul*, der von den Türken „Țepeș" (der Pfähler) genannt wurde. Über diesen Fürsten sind viele Mythen und Geschichten in Umlauf, bis hin zu den Vampirsagen des 19. Jahrhunderts. Historisch belegt ist wenig und er wird sich im Ausmaß an Grausamkeit wenig von seinen Zeitgenossen unterschieden haben. Fest steht, dass Vlad III. ein erbitterter Feind der Türken war und ihrem Machtanspruch entgegentrat. Er konnte aufgrund seiner militärischen Begabung durchaus Siege gegen osmanische Truppen erringen. Das Pfählen übernahm er übrigens von den Türken, die dieses Mittel selbst manchmal exzessiv anwandten. Nachdem Vlad zum Herrscher der Walachei geworden war, zahlte er keinen Tribut mehr an die Osmanen und die Ungarn. Die türkischen Gesandten ließ er aufspießen. Er griff sogar das Lager Mehmeds an, um diesen umzubringen. Daher widmete sich der Sultan diesem Unruhestifter ganz besonders und unternahm einen Feldzug mit angeblich 150.000 Soldaten gegen die verhältnismäßig kleine Walachei. Fürst Vlad sah keine andere Möglichkeit, als eine Politik der verbrannten Erde zu praktizieren – bis hin zur Vergiftung von Brunnen – und auf Unterstützung durch die Ungarn zu hoffen. Als Mehmed mit seiner erschöpften und durstigen Armee die Hauptstadt des Fürstentums erreichte, wurde er von einem Wald aus hunderten gepfählten Türken empfangen. Das erschütterte den großen Eroberer und sein Heer so sehr, dass sie den Rückzug antraten.

Doch dieser Etappensieg rettete den grausamen Vlad nicht auf Dauer vor dem Zorn Mehmeds. Dieser unterstützte den jüngeren Bruder des Fürsten, *Radu*, der schließlich mit der Hilfe osmanischer Truppen Vlad III. vertrieb. Der Fürst konnte zwar mit Unterstützung der Ungarn seinen Thron wiedergewinnen, aber schon nach einigen Monaten fiel er durch einen Hinterhalt mit seiner Leibgarde in die Hände der Türken. Die Leibgardisten wurden alle aufgespießt und Vlad „der Pfähler" starb im Dezember des Jahres 1476 durch das Beil des Henkers. Mehmed empfing den in Honig eingelegten Kopf dieses hartnäckigen Gegners sicher mit Erleichterung.

In seiner regen Bautätigkeit wurde Mehmed von kaum einem anderen osmanischen Sultan übertroffen. So ließ er über 300 Moscheen, 57 Islamschulen und 59 Hamams errichten. Sein größtes Projekt war der Bau des Topkapi-Palastes im eroberten Konstantinopel. Diese riesige Palastanlage, die man nur mit der Verbotenen Stadt in Bejing vergleichen kann, versetzt uns noch heute in Erstaunen. Sie sollte ihm als Residenz in seiner neuen Hauptstadt dienen.

Mehmed war eine sehr beeindruckende Persönlichkeit. Sein militärisches Geschick ist unbestritten, wobei seine Aufgeschlossenheit neuartigen Waffen gegenüber auffällt. Der Sultan war bei seinen Kriegszügen immer sehr erfindungsreich, wie bereits erwähnt ließ er bei der Belagerung Konstantinopels seine Galeeren auf Holzrollen über Land zum Goldenen Horn schaffen.

Mehmed hat als erster Herrscher der Osmanen Wert auf den Bau und Unterhalt einer großen Flotte gelegt, was seine Eroberungen erleichterte, teilweise erst ermöglichte. Dass er bei der Vielzahl seiner Kriegszüge und Projekte den osmanischen Staatshaushalt überforderte, belastete allerdings seinen Nachfolger empfindlich.

Mehmed II. starb bei seiner Lieblingsbeschäftigung. Er war gerade dabei, ein neues Heer für einen Eroberungszug zu versammeln, das vermutlich nach Syrien aufbrechen sollte, als er am 3. Mai 1481 plötzlich verstarb. Es wird vermutet, dass er einen Angriff auf das von den Johannitern besetzte Rhodos plante. Dieses Vorhaben sollte aber erst *Süleyman der Prächtige* ausführen. Da der Sultan keine Nachfolgeregelung getroffen hatte, kam es unter seinen Söhnen zu einem heftigen Machtkampf, wobei *Bayezit* seinen Bruder *Cem Sultan* schließlich vergiften ließ. Damit wurde jene unheilvolle Tradition im Osmanischen Reich etabliert, die Machtposition des jeweils neuen Herrschers dadurch zu stärken, dass man alle seine männlichen Verwandten töten ließ.

Heute gilt Mehmed II. als der zweite Gründer des Osmanisches Reiches.

Muhammad Babur Khan

(1483–1530)

Ein großer Kenner der asiatischen Geschichte sagte einmal, er habe sich nie für die Mongolen interessiert, denn sie hätten zur Menschheitsgeschichte nur einen Haufen Schädel beigetragen. Doch wäre eine Geschichte Asiens und von Teilen Europas, die die mongolischen Eroberer nicht berücksichtigte, unvollständig.

Zaher ud-Din Muhammad Babur gründete 1526 das Mogulreich in Indien. Er war mongolischer Herkunft und ging als großer Eroberer in die Geschichte ein, doch hat er nicht allzu viele abgeschlagene Schädel und dafür ein sehr langlebiges Reich hinterlassen.

Babur (der „Biber") wurde am 14. Februar 1483 in Fergana, im heutigen Usbekistan, geboren. Sein Vater, *Omar Scheich*, war ein timuridischer Kleinfürst aus dem Ferganatal und ein direkter Nachkomme des Eroberers *Timur Lenk*. Die Mutter Baburs führte ihre Abstammung in direkter Linie auf *Dschingis Khan* zurück. Der Vater starb bereits 1493, was bedeutete, dass der junge Barbur bereits im zarten Alter von zehn Jahren die Erbschaft des Fürstentums antrat. Als im Jahr darauf auch der Sultan *Ahmad Mirza* starb, kam es unter den timuridischen Fürsten zu Auseinandersetzungen über die Herrschaft von Buchara und Samarkand. Der junge Fürst Babur eroberte dabei im Alter von nur 14 Jahren im Jahre 1497 die Stadt Samarkand, doch konnte er diese nicht auf Dauer halten. Es fehlte dem jungen Barbur an Rückhalt durch Verbündete und seine Gefolgschaft hielt nur so lange zu ihm, wie er Erfolge vorweisen konnte.

Der Nachfahre von Dschingis Khans Enkel, *Mohammed Scheibani*, vereinigte die usbekischen Stämme und eroberte mit ihnen Buchara und Samarkand. Babur konnte danach bei einem Überraschungsangriff die Stadt Samarkand kurzfristig zurückerobern, wurde aber bald darauf in einer Schlacht besiegt. Das Schicksal des jugendlichen Eroberers schien besiegelt, doch gelang es ihm, sich durch eine kluge Verhandlungsführung aus der Affäre zu ziehen.

Babur war nun 18 Jahre alt und schon ein erfahrener Heerführer. Er war kein Analphabet, wie viele seiner mongolischen Vorgänger, sondern verfügte über eine sehr gute Bildung. Durch seine große Intelligenz konnte er Situationen oft schnell erfassen und die richtigen Entscheidungen treffen, was ihm auf seinem weiteren Weg sehr zugutekommen sollte.

Der Kampf um Samarkand beschäftigte Babur weiter, doch zwang ihn der Vormarsch der Usbeken unter der Führung Scheibanis, seine Heimat im Jahre 1504 zu verlassen. Er ging nach Kabul, wo er als Herrscher über die afghanischen Gebiete seines Königreichs residierte. 1506 starb in Herat mit *Husain Baigara* der letzte bedeutende timuridische Fürst, was Mohammed Scheibanis Macht weiter verstärkte. Babur ernannte sich 1507 dennoch selbst zum „Padischah" und fühlte sich damit anderen Herrschern, die nur den Titel „Schah" trugen, übergeordnet. Er unternahm Erkundungszüge über den Chaiber-Pass auf nordindisches Gebiet, wartete ansonsten aber klugerweise die weitere Entwicklung ab und ging erst nach Scheibanis Tod in die Offensive. Mit Hilfe des *Safawiden-Schahs Ismael* konnte er 1511 erneut in Samarkand einziehen. Der neue Verbündete erwies sich eher als Belastung, denn die persischen Truppen begingen schreckliche Massaker an der Bevölkerung, was dazu führte, dass auch Babur immer unbeliebter wurde. Er erlitt schließlich bei der Schlacht von Gadschdiwan, in der Nähe Bucharas, eine Niederlage gegen die noch immer sehr starken Usbeken. Als Bedingung für die Unterstützung durch die Perser hatte Babur sich zum schiitischen Glauben bekennen müssen, doch kehrte er nach einiger Zeit wieder zum sunnitischen Islam zurück.

Babur entschloss sich, seine Eroberungszüge von Samarkand in Richtung Süden umzuleiten. Schon bald war Kabul nicht nur seine neue Hauptstadt, sondern seine Lieblingsstadt geworden, von der aus er immer wieder Kriegszüge gegen feindliche afghanische Stämme unternahm. Die aber waren, wie auch Ereignisse in jüngster Zeit zeigen, schwer zu besiegen und zu unterwerfen. Zudem gab es Auseinandersetzungen mit dem Sultanat Delhi. Der Herrscher dieses Reiches, *Sultan Ibrahim Lodi*, hatte sich bei seinen Untertanen durch sein extrem hartes Regime verhasst gemacht, weshalb einige seiner Würdenträger mit Babur geheimen Kontakt aufnahmen, darunter auch der Statthalter des Pandschab. Ziel war der Sturz des Sultans. Da Babur glaubte, er habe aufgrund seines Vorfahren Timur Leng Ansprüche auf die Territorien des Herrschers von Delhi, war er leicht für die Sache zu gewinnen. So rüstete er seine Truppen nach osmanischem Beispiel auf Feuerwaffen um und von nun an gehörten Arkebusen und Kanonen zum Erscheinungsbild seiner Armee.

Er begann seinen Feldzug zur Eroberung des Sultanats 1519 mit der Unterwerfung von Bergstämmen, die seinen Einfall in das Pandschab blockierten. Danach unternahm er Streifzüge durch den Norden Indiens, wobei es zu Auseinandersetzungen mit Afghanenstämmen kam, die hier eingewandert waren. Babur konnte schließlich ein Bündnis mit dem Statthalter des Pandschab *Daulat Khan* schließen, das gegen den Sultan von Delhi gerichtet war. Der Khan erwies sich jedoch als unzuverlässiger Bündnispartner und ließ sich nicht zu einem gemeinsamen Vorgehen bewegen. 1522 fiel Kandahar in die Hände des Eroberers und sein weiteres Vordringen schien unaufhaltbar.

Als die Usbeken Druck auf seine Heimat ausübten, musste Babur seine Indienpläne zunächst zurückstellen. Erst im Jahre 1525 war er in der Lage, die Invasion des Subkontinents fortzusetzen. Sein alter Bündnispartner Daulat Khan versuchte ihn aufzuhalten, doch war dieser ein ebenso schlechter Heerführer wie unzuverlässiger Bündnispartner. Seine Armee löste sich auf, bevor es zur Schlacht kam und Babur, der seinen Machtbereich inzwischen weit in das Pandschab hinein ausgedehnt hatte, konnte sich auf die direkte Auseinandersetzung mit Sultan Ibrahim von Delhi vorbereiten.

Bei Panipat wartete Babur seit dem 12. April 1526 mit nur 10.000 Mann auf das Heer des Sultans, der über 100.000 Kämpfer verfügte. Der Eroberer setzte auf eine sehr ausgeklügelte Schlachtaufstellung, die es ihm erlaubte, seine Feuerwaffen und seine erstklassige Kavallerie gut einzusetzen. Der Sultan soll 1.000 Kriegselefanten in die Schlacht geführt haben, was seine ohnehin erdrückende Übermacht noch vergrößerte. Babur bewahrte kühlen Kopf und verließ sich darauf, dass sein Gegner über keinerlei Feuerwaffen verfügte. Folgerichtig hatte er seine Artillerie, die persischer Herkunft war, und seine Arkebusiere im Zentrum postiert und deren Stellung durch 700 aneinandergekettete Wagen verstärkt. Er ließ außerdem hölzerne Barrikaden und Gräben errichten. Dazwischen ließ er Lücken für den Einsatz seiner berittenen Bogenschützen. Der Umstand, dass sich Sultan Ibrahim mit dem Anmarsch seiner großen Armee viel Zeit ließ, gab Babur die Möglichkeit, alle diese Vorbereitungen zu treffen. Seine Reiter machten gelegentlich Vorstöße, um die anmarschierenden Truppen des Sultans zu verwirren.

Als Ibrahim am 20. April schließlich seine Front vor ihm aufbaute, machte Babur in der Nacht einen Überraschungsangriff, der aber keinen Erfolg hatte. Dadurch wähnte sich der Sultan schon als Sieger und begann am nächsten Tag die Schlacht. Als seine schwerfällige Armee den rechten Flügel Baburs angriff, blieb sie bald bei den Barrikaden stecken. Die Schützen des Mongolen schossen pausenlos in das Durcheinander vor ihren Linien und die Reiter Baburs griffen die Elefanten Ibrahims an und überschütteten sie mit einem Pfeilhagel, was zur panischen Flucht der Tiere führte. Babur setzte danach seine Reiterei von den Flanken her zu einem Umfassungsmanöver ein und schnitt dem Gegner den Rückzug ab. Die Armee Ibrahims konnte weder vor noch zurück und die Schlacht entwickelte sich zu einem entsetzlichen Gemetzel. Am Ende waren der Sultan und tausende seiner Männer gefallen und das Reich von Delhi war besiegt.

Nach der Schlacht konnte Babur in kurzer Zeit die Städte Delhi und Agra erobern und hatte nun Stützpunkte, von denen aus er seine Macht in Nordindien weiter ausbauen konnte. Er rief sich zum Kaiser von Hindustan aus, was den offiziellen Beginn des Mogulreiches darstellt.

Doch damit waren die Auseinandersetzungen noch nicht zu Ende, denn mit dem Rajputenherrscher *Rana Sanga* von Mewar war noch ein mächtiger Gegner vorhanden, der mit anderen Fürsten eine Konföderation gebildet hatte. Da seine Soldaten bereits kampfmüde waren, musste Babur sie mit großzügigen Geldgeschenken, die aus dem Schatz des besiegten Sultans stammten, locken, um sie an sich zu binden. Im März 1527 besiegte der Eroberer auch *Rana Sanga* bei Khanua in einer Schlacht, bei der ein noch größerer zahlenmäßiger Unterschied herrschte: Die 15.000 Soldaten Baburs trafen auf über 200.000 Gegner, doch konnte Babur den Kampf nach dem gleichen Muster wie bei Panipat durch den klugen Einsatz der Feuerwaffen und der starken Reiterei für sich entscheiden.

Auch danach gab es noch Kämpfe, so konnte Babur beispielsweise im Jahr 1528 die bedeutende Festung Chandiri einnehmen. Er musste immer wieder Revolten niederwerfen, tat aber durch entsprechende Geschenke einiges, um sich beliebt zu machen. Der Mogulkaiser bemühte sich in seinen letzten Jahren sehr um die Konsolidierung seiner Herrschaft in Indien, wobei er recht erfolgreich war. Babur zeigte sich gegenüber seinen neuen Untertanen nun als milder und versöhnlicher Herrscher. Seine Verwaltung baute auf den Grundlagen der Vorgänger-Dynastie auf und hatte selbst für heutige Verhältnisse einige „moderne" Züge.

In dieser Zeit schrieb Babur seine Autobiografie, womit er eine Ausnahme unter den große Eroberern in der Geschichte darstellt. Dieses „Baburnama" genannte Buch ist in Tschagataisch verfasst und gilt als ein bedeutendes Werk. Babur stellte in chronologischer Ordnung sehr genau die Ereignisse seines Lebens dar und beschrieb sehr umfassend die einzelnen Akteure. Nur über einige ihm wenig angenehme Episoden bewahrte er Stillschweigen, wie jene vom Juli 1501, als er nach einer militärischen Niederlage sein Leben durch demütigende Verhandlungen retten musste. Der Mogulherrscher schrieb noch weitere Werke, die schon dadurch in Erstaunen versetzen, dass sie so gar nicht zu unserem Bild von einem mongolischen Eroberer passen wollen. In seinem Buch „Mubayyan" werden islamische Rechtsfragen dichterisch-didaktisch behandelt. Außerdem sind ein Traktat über das Versmaß und die Lyriksammlung „Divan" von ihm erhalten. Der gebildete Eroberer mit den dichterischen Ambitionen vererbte diese

Neigung an einige seiner Nachfolger und so zeigt die gesamte Dynastie, im Vergleich zu ihrem Urahn Dschingis Khan, ein erstaunlich hohes intellektuelles Niveau. Indien gelangte in der Frühzeit der Mogulen zu großer kultureller Blüte, wobei vor allem der persische Einfluss von großer Bedeutung war.

Babur starb 1530 in Agra, wo er zunächst auch begraben wurde. Später wurden seine sterblichen Überreste in die Stadt überführt, die er am meisten geliebt hatte – nach Kabul. Dort befindet sich sein Mausoleum, das mit einer sehr schönen Gartenanlage umgeben ist.

Das Herrscheramt, das mit dem Titel Mogul, Großmogul oder Mogulkaiser verbunden war, trat nun Baburs Sohn *Humayun* an, der den Anforderungen, die das Riesenreich, das sich zwischen dem Hindukusch und Bihar erstreckte, an ihn stellte, nicht gewachsen war; bereits binnen weniger Jahre schien es vor dem Zerfall zu stehen und es kam zu einem Machtkampf zwischen Humayun und seinen Brüdern. Angriffe von außen und militärische Niederlagen untergruben die Position des unfähigen Herrschers. Humayun musste schließlich nach Persien fliehen und konnte erst 1545 seine Macht in Teilen des Reiches mit persischer Hilfe zurückgewinnen. In Delhi hatte sich kurzfristig eine andere Dynastie unter *Sher Shah* etabliert, die sich aber nur wenige Jahre halten konnte. Humayun kehrte nach Delhi zurück, starb aber kurze Zeit später. Sein Sohn *Akbar* hatte offenbar die Stärke und Energie Baburs geerbt und konnte durch große militärische Siege die Macht und das Ansehen der Dynastie vollkommen wiederherstellen und das Reich sogar noch beträchtlich vergrößern. Damit war trotz immer wiederkehrender Krisen eine gute Basis für den weiteren Bestand des Mogulreiches geschaffen. Sein Verfall begann erst Mitte des 18. Jahrhunderts und führte es schließlich ab 1803 in die völlige Abhängigkeit von den Briten, die den letzten, marionettenhaften Großmogul *Bahadur Shah II.* 1858 absetzten. Danach geriet das Territorium, als Teil von Britisch-Indien, vollends unter fremde Herrschaft. *Königin Victoria* nahm 1876 mit Bezug auf das Mogulreich den Titel einer Kaiserin von Indien an.

Francisco Pizarro

(1478–1541)

In der Kathedrale der peruanischen Hauptstadt Lima kann man noch heute die mumifizierte Leiche jenes Mannes besichtigen, der mehr noch als Cortés das Bild des blut- und goldgierigen Konquistadors prägte und wesentlich dazu beitrug, das uns jene koloniale Epoche heute in ausschließlich düsterem Licht erscheint. Andererseits ist die Unterwerfung eines Reiches mit etwa sechs Millionen Einwohnern durch eine zusammengewürfelte Truppe von etwa 180 Abenteurern historisch gesehen auch eine einmalige Leistung.

Francisco Pizarro stammte, genauso wie *Cortés*, aus der spanischen Estremadura, einer rauen Gegend, die einen harten Menschenschlag hervorgebracht hat. Er wurde höchstwahrscheinlich 1478 in Trujillo geboren, einer kleinen Stadt, die heute noch durch ihren herben Charme besticht. Pizarros Vater *Gonzalo* war Schweinehirte und zeugte mit vier Frauen insgesamt neun Kinder. Wie die meisten seiner Geschwister war Pizarro unehelicher Herkunft; von seinen drei Brüdern entstammte nur der älteste, *Hernán*, einer legitimen Verbindung. Über Gonzalos Söhne, die später alle nach Amerika gingen, hieß es: „Alle Pizarros waren tapfer, ausdauernd, schweigsam und unnachgiebig wie Stahl, mit dem Hang zum Fernen, Unbekannten." Auch ein gewisser Hang zur Grausamkeit war ihnen eigen, wie die späteren Ereignisse nur allzu deutlich zeigen sollten.

Pizarro besuchte nie eine Schule und blieb sein ganzes Leben lang Analphabet, der nicht einmal seinen Namen schreiben konnte. Auch seine Brüder hatten kaum Bildung vorzuweisen. Der junge Francisco war einige Zeit als Schweinehirte tätig und soll bei einem Müller gearbeitet haben.

Als er etwa 20 Jahre alt war, lief Pizarro davon und bewarb sich für den Kriegsdienst in der Armee König Ferdinands. Es gilt als sicher, dass er am spanisch-französischen Krieg teilnahm und unter dem legendären Gran Capitan *de Cordoba* in Unteritalien diente. Er erlebte die Niederlage bei Seminara und lernte bei seinem Befehlshaber sicherlich einiges über taktisch kluge Kriegsführung. Nach der Eroberung Neapels wurden viele Soldaten entlassen, unter denen auch Pizarro gewesen sein dürfte. Wie viele junge Männer, die nichts zu verlieren hatten, folgte er dem Ruf der Neuen Welt.

Von 1502 bis 1509 lebte Pizarro auf der Insel Hispaniola, wo sich zur gleichen Zeit auch Cortés aufhielt. Er beteiligte sich an der Unterwerfung der Arawaken, eines Eingeborenenvolkes, und soll als Goldsucher und Priester unterwegs gewesen sein – die Religion der Nächstenliebe wurde in den spanischen Kolonien in der Regel auf wenig liebevolle Weise verbreitet und so war Pizarro wohl der richtige Mann dafür. Im November 1509 nahm er an einer Expedition von *Alonso de Ojeda* teil, die katastrophal verlief. Die Teilnehmer mussten sich mit Kannibalen herumschlagen, erlitten einige Niederlagen und hatten ständig Versorgungsprobleme, die sie nur durch Überfälle auf Indianerdörfer etwas lindern konnten. Nach einem halben Jahr hatten etwa 80 Prozent der Expeditionsteilnehmer ihre Abenteuerlust mit dem Leben bezahlt. Pizarro überlebte und war sogar zum Hauptmann befördert worden. 1513 wurde er Mitglied einer Expedition von *Vasco Nunez de Balboa*, die unter hohen Verlusten den Isthmus von Panama durchquerte und den Pazifik erreichte. In der Gesellschaft Balboas erfuhr Pizarro durch einen Indianerhäuptling erstmals von der Existenz eines sagenhaften Goldlandes.

Im Jahre 1519 übersiedelte Pizarro nach Panama-Stadt, wo der Analphabet erstaunlicherweise als Bürgermeister und Richter amtierte und zum Großgrundbesitzer aufstieg. Die Berichte über die Eroberung des Azteken-Reiches durch Cortés stachelten seinen Ehrgeiz weiter an. So schloss Pizarro 1524 einen Vertrag mit *Diego de Almagro* und *Hernán de Luque*, worin er sich verpflichtete, das mythische Goldland Eldorado zu finden.

Pizarros Expeditionen in den Jahren 1524 und 1525 waren nicht von Erfolg gekrönt, als er 1526 mit seinen Schiffen an die Küste Perus gelangte, konnte er jedoch mehrere Händler der Inka gefangen nehmen und erfuhr so von dem großen Reichtum dieses Volkes.

Als er die zum Inka-Reich gehörende Hafenstadt Tumbes 1527 erreichte, wurde er dort freundlich empfangen. Wieder hörte er Berichte, dass im Landesinneren ein Übermaß an Gold, Silber und Edelsteinen zu finden sei – die Eingeborenen erzählten ihm genau das, was der beutegierige Spanier hören wollte. Doch verzichtete Pizarro vorerst auf eine Invasion des Inka-Reiches, da er dafür nicht genügend Leute zur Verfügung hatte. Die Eroberung dieses „Goldlandes" aber war beschlossene Sache.

Pizarro reiste mit Einheimischen, die als Übersetzer dienen sollten, etwas Gold und den für die Spanier sehr exotischen Lamas zurück nach Panama und von dort schließlich weiter nach Spanien.

Der Spanienaufenthalt Pizarros gestaltete sich zunächst nicht sehr erfreulich, da er bei seiner Ankunft in Sevilla verhaftet wurde. Allerdings konnte er seine Lage dadurch verbessern, dass er darauf hinwies, die Krone werde es bitter bereuen, wenn ihr durch seine Gefangenschaft die Schätze Perus entgingen. Offenbar schenkte man ihm Glauben, denn er wurde entlassen und begab sich nach Toledo, wo der König residierte.

Kaiser *Karl V.*, zugleich spanischer König Karl I., zeigte sich von Pizarro und seinen Plänen beeindruckt, ernannte ihn zum Generalkapitän von Peru und erteilte ihm die Genehmigung zu einem Feldzug. Vorausgesetzt wurde aber, dass Pizarro die Expedition selbst finanzierte. Das Gouverneursamt des Konquistadors erstreckte sich über alle Gebiete, die 600 Meilen südlich von Panama lagen.

Vor seiner erneuten Reise nach Amerika besuchte Pizarro seinen Geburtsort Trujillo und heuerte dort einige verwegene Burschen an, darunter auch seinen Halbbruder Hernán. Daraufhin kehrte er nach Amerika zurück und bereitete das große Abenteuer so gründlich wie möglich vor.

Pizarro brach im Januar 1531 mit drei Schiffen, 180 Mann und 37 Pferden auf, um ein großes Reich zu erobern. Er hatte also viel weniger Leute zur Verfügung als Cortés 12 Jahre zuvor in Mexiko und sollte dennoch einen vergleichbaren Erfolg erringen, der durch verschiedene Umstände begünstigt wurde.

Die Inkaführer wussten schon seit einigen Jahren von der Existenz „Schwimmender Festungen", mit bärtigen, weißen Männern an Bord, die gefährliche Waffen besaßen. Das sorgte natürlich für eine gewisse Beunruhigung. Zudem waren als Vorbote der Invasion dieser Fremdlinge bereits die Pocken als tödliche Krankheit über das Volk der Inka gekommen, das keine entsprechenden Abwehrkräfte besaß.

Wie viele Angehörige seines Volkes starb 1525 auch der Inkaherrscher *Huayna Capac* an dieser Seuche. Da auch sein potenzieller Erbe der Krankheit erlag, entstand Unsicherheit in Bezug auf die Thronfolge. Schließlich wurde in Cuzco und Quito, den beiden Hauptstädten, jeweils einer der verbliebenen Söhne des Verstorbenen zum Herrscher bestimmt. Doch verhielt sich *Atahualpa* loyal gegenüber seinem Bruder *Huascar* und anerkannte dessen Oberherrschaft. Er hatte selbst viele Anhänger und blieb auf Distanz, dennoch trachtete Huascar danach, sich des Mitregenten zu entledigen, da er ihn als Unsicherheitsfaktor betrachte. Es kam zu einem blutigen Bürgerkrieg in dem durch die Seuche bereits geschwächten Land. Nach mehreren siegreichen Schlachten konnte Atahualpa seinen Bruder besiegen und gefangen nehmen.

Nun betrat Pizarro mit seiner „Armee" die Bühne. Er hatte seine Truppe mit allem ausgerüstet, was die Zeit an moderner Bewaffnung hergab: Kanonen, Hakenbüchsen und Armbrüste. Als größter Trumpf der Spanier sollten sich aber die 67 Reiter erweisen, die der Truppe angehörten. Pizarro landete erneut in Tumbes, das durch den Bürgerkrieg und die Seuche bereits stark in Mitleidenschaft gezogen war.

Die Spanier blieben fünf Monate lang eher untätig, wenn man davon absieht, dass sie die Umgebung ausplünderten. Als Pizarro erfuhr, dass sich Atahualpa nur 14 Tagesmärsche entfernt in der Stadt Cajamarca aufhalte, erteilte er seinen Leuten den Befehl zum Aufbruch.

Der Inkaherrscher wurde rasch informiert, dass sich die Fremden in seine Richtung bewegten, und sandte Boten zu ihnen, um ihre Pläne zu erfahren. Pizarro gab sich freundlich und versicherte sie seiner friedlichen Absichten. Am 15. November 1531 erreichten die Spanier schließlich die Stadt Cajamarca. Das erste Treffen zwischen Atahualpa und Pizarro verlief relativ friedlich, doch war der Inka sehr verärgert, dass die Spanier seine Vorratshäuser geplündert hatten. Als der Inkaherrscher unbewaffnet einen Gegenbesuch im Lager der Spanier machte, geriet er in eine Falle. Ein spanischer Priester hielt ihm eine Bibel unter die Nase, die dieser ihm aus der Hand schlug. Die Spanier sahen darin das Zeichen zum Angriff. Pizarros Männer machten in einem fürchterlichen Gemetzel das Gefolge Atahualpas nieder, er selbst wurde gefangen genommen. Insgesamt wurden 6.000 Inkasoldaten getötet, aber kein einziger Spanier kam ums Leben. Die Überraschung und die waffentechnische Überlegenheit der Spanier hatten sich bezahlt gemacht. Es wurde auch behauptet, die Inkakrieger hätten so gut wie keine Gegenwehr geleistet, da ihnen niemand das Kommando zum Kämpfen gegeben habe.

Der gefangene Inkaherrscher lernte sehr rasch Spanisch und es wurde ihm bald klar, was die Eindringlinge am meisten begehrten – Gold. Er bot ihnen also an, für seine Freilassung den Raum, in dem er eingesperrt war, innerhalb von zwei Monaten mit Gold zu füllen. Eine andere Hütte wollte er zweimal mit Silber auffüllen. Diese Edelmetalle besaßen für die Inka keinen so hohen Stellenwert wie für die Spanier. Pizarro war von dem Angebot begeistert – das Gefängnis des Inkaherrschers maß immerhin etwa 35 Quadratmeter.

Atahualpa erfüllte sein Versprechen und gab den Befehl, genügend Edelmetall herbeizuschaffen. Das nutze ihm aber genauso wenig wie die von ihm initiierte Ermordung seines Bruders Huascar. Die Gier der Spanier wurde durch die riesigen Mengen an Gold und Silber nur noch vermehrt. Pizarro behandelte Atahualpa, wie es seiner Meinung nach einer hochgestellten Persönlichkeit zukam, und gestattete ihm sogar einen eigenen Hofstaat. Doch wurde der Inka nicht freigelassen. Pizarro, der den Tod seines Gefangenen längst beschlossen hatte, veranstaltete einen Prozess gegen ihn. Man klagte den Inka des versuchten „Aufstands" gegen die Spanier, der Ermordung seines Bruders und der Blutschande mit seiner Schwester an. Das Urteil lautete erwartungsgemäß auf Tod und der Inkaherrscher wurde am 29. August 1533 nach spanischer Art mit der Garotte hingerichtet und danach verbrannt. Dieses Ereignis wirkte sich verheerend auf die Moral des Inkavolkes aus. Viele sollen daraufhin Selbstmord begangen haben.

Aufgrund von Meinungsverschiedenheiten mit dem inzwischen aufgetauchten Diego de Almagro marschierte Pizarro am 15. November mit seiner Truppe in die Stadt Cuzco ein, nachdem er unterwegs allen indianischen Widerstand gebrochen hatte. Die Stadt wurde geplündert und niedergebrannt. Pizarro entschloss sich nun, einen neuen Inkaherrscher als Marionette einzusetzen, um sich der Mitarbeit des Adels zu versichern. Er inthronisierte *Manco Capac*, der sich allerdings später nicht allzu willfährig verhalten sollte.

1535 gründete Pizarro nahe der Küste die Stadt Ciudad de los Reyes, welche später in Lima umbenannt wurde. Die Nachrichten von dem großen Reichtum, den man im Land der Inka erwerben konnte, zogen laufend neue Abenteurer an und die Zahl der Spanier stieg stetig. Pizarro schien sich seiner Herrschaft sicher.

1536 versuchte Manco Capac sein Land zurückzuerobern. Er hatte dafür etwa 100.000 Krieger zur Verfügung, doch die Spanier konnten nicht geschlagen werden. Die Inka-Armee belagerte die Stadt Cuzco fast ein Jahr lang und wurde schließlich mit Hilfe der eintreffenden spanischen Verstärkung besiegt. Die überlebenden Inkakrieger gingen mit ihrem Herrscher in den Urwald und errichteten dort Vilcabamba, ihre letzte Hauptstadt und Festung. Sie konnten sich unter Führung Manco Capacs und drei seiner Söhne 35 Jahre lang halten und unternahmen von dort aus immer wieder Feldzüge gegen die Spanier. Als diese 1572 eine große Offensive gegen die Inkastadt unternahmen, ergriffen die Indianer die Flucht, doch konnten die Verfolger schließlich den letzten Inkaherrscher *Tupac Amaru* gefangen nehmen. Man machte ihm den Prozess und köpfte ihn. Pizarro selbst hatte längst das Zeitliche gesegnet.

Unter der Herrschaft des Konquistadors ging die Bevölkerungszahl der Indianer durch Kämpfe, Zwangsarbeit und die vielen eingeschleppten Krankheiten rapide zurück. Man schätzt, dass sich ihre Zahl in den fünf Jahrzehnten nach Ankunft der Spanier von sieben Millionen auf 500.000 reduzierte. Dafür kamen immer mehr Weiße ins Land, die meisten aus Gier nach Gold.

So konnte es nicht ausbleiben, dass sich die Eroberer um die Verteilung der Beute zu streiten begannen. 1537 empörte sich Pizarros alter Kampfgefährte und Konkurrent Diego de Almagro, was in eine militärische Auseinandersetzung mündete. Pizarro hatte Almagro zuvor die südlichen wüstenhaften Landesteile des eroberten Gebietes im heutigen Chile als Herrschaftsbereich zugewiesen. Da seine Leute fast verdursteten und er zudem keiner Gold fand, war Almagro zurückgekommen und hatte die Stadt Cuzco als Domäne gefordert, was ihm Pizarro abgeschlagen hatte.

Der Krieg zwischen den beiden skrupellosen Konquistadoren erreichte ihren Höhepunkt in der Schlacht von Las Salinas, die Almagro verlor. Er selbst geriet in Pizarros Gefangenschaft und wurde am 8. Juli 1538 hingerichtet. Um alle Schuld von sich zu weisen, ließ Pizarro die Verurteilung und Hinrichtung allerdings während seiner Abwesenheit durch seinen Bruder Hernán durchführen. Dennoch bildeten sich zwei einander feindlich gesonnene Lager unter den Spaniern und die Anhänger Almagros, die „Chilenen" genannt wurden, sannen auf Rache. Am 26. Juni 1541 stürmte Almagros Sohn mit einigen seiner Freunde das palastartige Haus Pizarros. Hier ereilte ihn sein Schicksal. Er wurde im Kampf mit dem jungen Almagro und dessen Mitstreiter nach heftiger Gegenwehr schwer verwundet. Als Pizarro sterbend einen Priester verlangte, zerschmetterte ihm einer seiner Gegner mit einem Krug den Kopf. Der Sterbende soll angeblich noch mit blutigen Fingern ein Kreuz auf den Boden gezeichnet und es geküsst haben. Dann blieb er reglos inmitten seiner Diener und einiger enger Freunde, die man ebenfalls getötet hatte, in seinem Blut liegen.

Die spanische Regierung gründete nach dem Tod Pizarros das Vizekönigreich Neu-Kastilien, das später als

Vizekönigreich Peru bekannt wurde, und setzte einen Vizekönig ein. 1546 stürzte *Gonzalo Pizarro*, Franciscos jüngerer Bruder und Statthalter von Quito, den Vizekönig und nahm seinen Platz ein. Er erlitt 1548 jedoch eine militärische Niederlage und wurde am 10. April in Cuzco hingerichtet. Der jüngste Brüder *Juan* war bereits Jahre zuvor im Kampf gefallen. Allzu viel Glück hat die Eroberung und Vernichtung eines der größten Indianerreiche Amerikas den Pizarros nicht gebracht.

An der Fassade des spanischen Königspalastes befinden sich vier Statuen, die an die Eroberung Amerikas erinnern: Hier stehen Pizarro und Atahualpa, Cortés und *Moctezuma* nebeneinander. So wurden die Mörder und ihre Opfer gemeinsam verewigt.

Hernán Cortés

(1485–1547)

Hernán Cortés hat keinen guten Leumund im heutigen Mexiko, das ohne ihn vielleicht gar nicht in dieser Form existieren würde. Man ist stolz darauf, dass es im ganzen Land kein einziges Denkmal von ihm gibt. Er war der vielleicht größte aller spanischen Konquistadoren, die allerdings eines gemeinsam hatten: Sie waren erstklassige Kämpfer, waghalsig bis tollkühn, tapfer und tatkräftig, dabei sehr brutal und erschreckend grausam.

Hernán Cortés wurde 1485 in der Stadt Medellin in der Estremadura geboren. Seine Familie gehörte dem niederen Adel an und war nicht sehr wohlhabend, dafür aber sehr stolz und kampferprobt. Der junge Cortés erhielt eine ausreichende Schulbildung und studierte an der Universität von Salamanca Rechtswissenschaft. Er beherrschte Latein und konnte sich schriftlich sehr gut ausdrücken. Er schrieb später lange Berichte über seine Eroberungszüge und sogar Gedichte. Das unterscheidet ihn stark von seinem späteren „Nachahmer" *Pizarro*, der Analphabet war.

Doch wird auch berichtet, dass der junge Cortés bereits in sehr jungen Jahren ein gefürchteter Raufbold und Duellant gewesen sei, der schon im Alter von 16 Jahren in Liebesaffären verwickelt war, die ihn immer wieder in Bedrängnis brachten.

Nach seinem Studium, das er nicht beendete, führte Cortés ein unstetes Leben, ging zum Militär und reiste mit dem Schiff 1504 nach Westindien, wo er für den mit ihm verwandten Statthalter von Hispaniola tätig war. Cortés galt allgemein als sehr tüchtig, provozierte aber durch seinen aufsässigen Charakter immer wieder Auseinandersetzungen. 1511 ging er mit dem Statthalter *Don Diego Velazquez* als dessen Sekretär nach Kuba und beteiligte sich an der Unterwerfung der indianischen Bevölkerung. Neben seiner Tätigkeit für den Statthalter bewirtschaftete Cortés Plantagen und Goldgruben, wo er versklavte Indianer arbeiten ließ, was ihm ein stattliches Vermögen einbrachte. Er bewies also seine „Fähigkeiten" auf verschiedensten Gebieten. Immer wieder in Liebeshändel verstrickt, wurde Cortés schließlich gezwungen, *Catalina Xuarez* zu heiraten, die zum Gefolge des Gouverneurs gehörte. Später verstieß er seine Gattin und ging immer wieder neue Affären ein. In Kuba hieß es, man könne ihm nicht trauen, denn er sei ein Estremadurer – also „verschlagen, hochmütig, ehrgeizig, willensstark und liebestoll".

Statthalter Velazquez wollte seinen Herrschaftsbereich erweitern und sandte einige Expeditionen aus, um die noch weitgehend unbekannte Küste Mittelamerikas zu erkunden und gegebenenfalls in Besitz zu nehmen. Dadurch erfuhr er vom angeblichen Goldreichtum des Landes. Es wurde eine weitere Expedition unter dem Kommando von Cortés ausgerüstet, doch hatte dieser sich inzwischen Feinde gemacht, die den Statthalter vor seinem großen Ehrgeiz warnten. Velazquez zog daraufhin den Auftrag zurück, doch Cortés war bereits unterwegs und ließ sich nicht mehr aufhalten.

Der künftige große Eroberer wurde als gut aussehend und wohlproportioniert beschrieben, mit schwarzem Haupthaar und Bart. Sein Gesichtsausdruck soll meist ernst gewesen sein, er konnte aber auch eine freundliche

Am 18. Februar 1519 lief Cortés' Flotte in Havanna mit dem Ziel aus, Mexiko zu erobern – ein im Grunde groteskes Unternehmen, wenn man bedenkt, dass er Eroberer beabsichtigte, mit 670 Mann, 11 Schiffen, 14 Kanonen und 16 Pferden ein riesiges Reich mit vielen Millionen Bewohnern zu unterwerfen.

Durch einen glücklichen Zufall konnte Cortés auf der Insel Cozumel einen Spanier befreien, der acht Jahre lang bei den Eingeborenen als Sklave verbracht hatte und daher die Maya-Sprache beherrschte. Die kleine Flotte lief nach der Umschiffung Yucatans in einen Fluss namens Tabasco ein und brachte eine dort gelegene Stadt unter ihre Kontrolle. Die Indianer unterwarfen sich und stellten 20 Sklavinnen, wovon eine, *Marina* genannt, Cortés' Geliebte wurde. Sie diente ihm auch als Dolmetscherin und hatte später großen Einfluss auf alle seine Entscheidungen.

Cortés fuhr weiter die Küste in nördlicher Richtung entlang. Er landete am 21. April 1519 bei San Juan de Ulua, wo er von wohlwollenden Eingeborenen empfangen wurde. Der Herrscher der Azteken, *Moctezuma*, sprach sich gegen einen Besuch von Cortés in seiner Hauptstadt Tenochtitlan aus. Doch diesen packte angesichts der wertvollen Geschenke, die ihm der Aztekenherrscher geschickt hatte, erst recht die Habgier. Um seine Besitzrechte zu sichern, gründete Cortés eine neue Kolonie im Namen des spanischen Königs und übersandte diesem eine entsprechende Mitteilung, zusammen mit den Geschenken Moctezumas. Um seinen Männern seine Entschlossenheit zu zeigen, ließ Cortés die Schiffe verbrennen; nun gab es kein Zurück mehr. Am 16. August brach der Konquistador mit seiner kleinen spanischen Streitmacht und einigen hundert indianischen Kriegern, die sich ihm angeschlossen hatten, auf, um ins Zentrum des Azteken-Reiches vorzudringen.

Auf seinem Marsch stieß er auf die Tlaxcalteken, einen Indianerstamm, der zwar den Azteken feindlich gesonnen war, aber trotzdem Cortés' Streitmacht attackierte. Es kam zu mehreren verlustreichen Gefechten, bei denen die

Spanier jedoch immer Sieger blieben. Daraufhin verbündeten sich die Tlaxcalteken mit Cortés und gaben ihm 2.000 Mann auf seinen Kriegszug gegen die Azteken mit. Als er auf die Indianerstadt Cholula stieß, die von den Azteken unterworfen worden war, griff Cortés diese an und richtete ein schreckliches Massaker unter der Bevölkerung an.

Am 8. November 1519 erreichten die Spanier die Hauptstadt des Azteken-Reiches Tenochtitlan und wurden dort von Moctezuma empfangen. Die Spanier erhielten einen Palast zum Aufenthaltsort, den sie militärisch besetzten. Cortés lockte Moctezuma in den Palast und nahm ihn dort gefangen. Von nun an hatte der Aztekenherrscher seine Befehle zu befolgen. Moctezuma musste der Entsendung von Spaniern in die Provinzen zustimmen, wo diese nach Schätzen suchen sollten. Der gedemütigte Azteke war schließlich auch gezwungen, die Oberhoheit des spanischen Königs anerkennen.

Die Situation verschärfte sich, als Krieger Moctezumas den Befehlshaber von Vera Cruz angriffen, mehrere Männer verwundeten und einem gefangenen Spanier den Kopf abschnitten. Cortés ließ die aufrührerischen Anführer der Azteken daraufhin öffentlich verbrennen.

Statthalter Velazquez hatte unterdessen eine beachtliche Streitmacht von 18 Schiffen mit 1.200 Mann unter *Panfilo de Narvaez* ausgesandt, um Cortés und seine Anhänger gefangen zu nehmen und den Eroberungszug zu beenden. Doch Cortés nahm den Kampf auf und marschierte, nach Zurücklassung einer kleineren Truppe in Tenochtitlan, Narvaez entgegen. Er konnte seinen Gegner in der Nacht überraschen und nahm den Großteil seiner Leute gefangen. Die meisten davon traten sogleich in die Dienste von Cortés. Während dieses Kampfes hatten indianische Krieger den Tross von Narvaez angegriffen und 550 Gefangene gemacht, die von ihnen geopfert und verspeist wurden.

Als Cortés mit nunmehr 1.200 Mann nach Tenochtitlan zurückkehrte, wurde dort bereits gekämpft, weil einer von Cortés' Unterführern ein Blutbad unter den Azteken angerichtet hatte. Diese wählten einen neuen Herrscher namens *Cuitlauac* und griffen den Palast der Spanier an. Dabei kam Moctezuma ums Leben. Aufgrund der großen Überlegenheit der Indianer wurde die Stellung für die Spanier unhaltbar und so wagte Cortés einen Ausbruch. Er entkam mit seiner Truppe nach heftigem Kampf und konnte sich schließlich bis nach Tlaxcala durchschlagen. Allerdings überlebten nur 425 Spanier und 24 Pferde das Gemetzel. Cortés selbst wurde verwundet und verlor einen Zeigefinger. Die Spanier nannten diese Nacht wegen ihrer hohen Verluste „Noche triste", die traurige Nacht.

Einem anderen Führer wäre dieser rettende Durchbruch vielleicht nicht gelungen, doch Cortés schonte sich selbst niemals und kämpfte immer in der vordersten Linie. Er zeigte stets großen Mut und seine Tapferkeit war allen ein Vorbild. Dabei behielt er stets den Überblick und gab die taktisch richtigen Befehle. Cortés hätte aufgrund dieser Eigenschaften wohl auch auf ganz anderen Kriegsschauplätzen Erfolge erzielt.

Die Spanier erhielten durch den Zuzug von beutegierigen Neuankömmlingen weitere Verstärkung und gingen bald in die Gegenoffensive. In einem Feldzug um den Texcoco-See schlug Cortés die meisten Verbündeten der Azteken. Andere indianische Stämme schlossen sich den Spaniern sogar an, da sie diese im Vergleich zu den Azteken als das geringere Übel ansahen. Doch darin hatten sie sich getäuscht.

Cortés begann nun mit der Belagerung von Tenochtitlan. Da er 13 kleinere Schiffe hatte bauen und von den Indianern an den See von Texcoco hatte tragen lassen, konnte Cortés die Stadt vom Land und vom Wasser her einschließen und vom Nachschub abschneiden. Die Azteken waren auch unter Lebensgefahr nicht mehr in der Lage, genug Vorräte nach Tenochtitlan zu schaffen.

Die Belagerung dauerte viele Monate, bis Hunger und Krankheiten die Eingeschlossenen zur Aufgabe zwangen. Die große Stadt, die die Spanier einst in Erstaunen und Bewunderung versetzt hatte, wurde fast völlig zerstört. Man schätzt die Zahl der Opfer der Belagerung auf Seiten der Azteken auf zwischen 100.000 bis 240.000, während die Spanier nicht mehr als 80 Mann verloren hatten. Insgesamt kostete die Eroberung Mexikos die Spanier nicht mehr als etwa 1.000 Mann. Die Verluste der indianischen Bevölkerung sind schwer zu schätzen, werden aber wohl mehrere Millionen betragen haben, wenn man die vielen Opfer in Rechnung stellt, die allein eingeschleppte Krankheiten wie die Grippe forderten.

Im April 1521 konnte auch der letzte Aztekenherrscher *Cuauhtemoc* gefangen genommen werden. Cortés begann mit dem Wiederaufbau der Stadt, die ab 1535 Ciudad de Mexico hieß und bis heute nicht an die Pracht der einstigen Hauptstadt der Azteken heranreicht.

Der einstige Renegat Cortés wurde im Oktober 1522 vom spanischen König zum Gouverneur, Generalkapitän und Obersten Richter von Neuspanien ernannt und erlebte somit einen einmaligen gesellschaftlichen Aufstieg. Doch statt sich mit der Verwaltung seiner Eroberungen zu bescheiden, bereitete er weitere vor.

1523 sandte Cortés *Christobal de Olid* aus, um Honduras zu erobern. Doch dieser verbündete sich mit Cortés altem Feind Velazquez, dem Statthalter von Kuba. Cortés schickte eine weitere Expedition unter *Francisco de Las Casas* hinterher, um den Abtrünnigen gefangen zu nehmen. Als längere Zeit keine Nachricht kam, machte er sich selbst mit einer größeren Truppe auf den Weg, wobei er den inhaftierten Aztekenherrscher Cuauhtemoc mitnahm und unterwegs unter der Anschuldigung einer Verschwörung hinrichten ließ.

Dieser Feldzug erwies sich als sehr verlustreich und strapaziös. Es kam immer wieder zu heftigen Kämpfen mit Indianern. Während Cortés' Abwesenheit von Tenochtitlan kam das Gerücht auf, er sei nicht mehr am Leben. Seine zahlreichen Gegner begannen daraufhin seinen Besitz unter sich aufzuteilen. Als Cortés zurückkehrte, fand er sich entmachtet, man hatte ihn am spanischen Hof angeschwärzt, entlastende Dokumente unterschlagen und trieb ihn nun immer mehr in die Enge.

Cortés entschloss sich im Jahre 1528, nach Spanien zu fahren und seine Sache selbst vor seinem königlichen Herrn zu vertreten. Er trat prunkvoll auf, bemühte sich, alle Vorwürfe zu entkräften und verwies auf seine Verdienste. Kaiser *Karl V.* ernannte ihn zum Marquis des Tales von Oaxaca, womit er in den Hochadel aufstieg. Doch trotz dieser Auszeichnung wurde Cortés nicht wieder zum Gouverneur von Neuspanien ernannt.

Als er 1530 nach Mexiko zurückkehrte, hatte der Konquistador keine zivile Gewalt mehr inne. Diese lag nun bei einer eigenen Behörde, der Audiencia de Nueva Espana. Außerdem wurde ein Vizekönig für Neuspanien eingesetzt, der schon bald mit Cortés in ständigem Konflikt stehen sollte. Der Eroberer Mexikos durfte aber seine Eroberungszüge fortführen, musste zunächst jedoch die anarchischen Zustände, die während seiner Abwesenheit entstanden waren, beseitigen. Danach richtete er sein Augenmerk auf die Erforschung und Inbesitznahme der Westküste Neuspaniens, wobei er auch die Halbinsel Baja California entdeckte.

Als er 1541 nach Spanien zurückkehrte, wurde Cortés mit wenig Begeisterung empfangen und niemand interessierte sich für seine Forderungen. *Voltaire* berichtete 200 Jahre später: „Als Cortés eines Tages keine Audienz beim Kaiser erhielt, bahnte er sich einen Weg durch die Menge, die um die Kutsche des Herrschers herumstand, stieg auf das Trittbrett und als Karl V. fragte, wer dieser Mann sei, antwortete er: Jener, der Euch mehr Reiche gegeben hat als Städte Eure Eltern."

Der König „gestattete" dem alten Haudegen, sich mit seinen beiden Söhnen auf eigene Kosten der Flotte des Admirals *Andrea Doria* anzuschließen, die nach Algier zum Kampf gegen die Osmanen ausgeschickt wurde. Doch das Vorhaben stand unter keinem guten Stern, die Flotte erlitt eine Niederlage und Cortés wäre selbst fast bei einem Sturm ertrunken.

Es folgten düstere Jahre für den großen Eroberer. Er hatte viel Geld verbraucht, um seine Unternehmungen zu finanzieren, doch seine Ansprüche wurden vom Staat ignoriert, immer wieder wurde er vertröstet. Cortés führte zahlreiche Prozesse, von denen keiner den gewünschten Erfolg brachte. Die spanische Aristokratie betrachtete ihn als Emporkömmling und nahm seinen Adelstitel nicht allzu ernst. Zerknirscht entschloss Cortés sich zu einer Rückkehr nach Neuspanien. Doch in Sevilla erkrankte er und starb am 2. Dezember 1547 auf seinem Landgut Castilleja de la Cuesta. Cortés verteilte seinen Besitz unter all seinen Kindern, also auch an jene, die ihm von Indianerinnen geboren worden waren. Sein Lieblingssohn dürfte *Don Martin* gewesen sein, ein Mischling, den er mit seiner indianischen Geliebten Marina gezeugt hatte. Dieser erbte auch seinen Titel. Man brachte die Gebeine von Cortés nach Mexiko, wo sie aber nach mehreren Umbettungen 1823 endgültig verschwanden. In der Kirche des Jesus Nazareus in Mexiko-Stadt befindet sich eine kleine unscheinbare Bronzeplatte, sie trägt das Wappen des Eroberers und die Inschrift „Hernán Cortés, 1485–1547."

Sein Mitkämpfer *Bernal Diaz del Castillo* beschrieb den großen Konquistador so: „Er war ein Mann, der vorausdachte und nichts vergaß, was sein Gewissen entlasten konnte. Deshalb verfügte er als guter Christ auch die Gründung eines Hospitals in Mexiko und eines Frauenklosters in Coyohuacan, wo er auch begraben werden wollte ... Zu seinem Wappenschild gehörte eine Kette mit den Köpfen der sieben von ihm bezwungenen Könige."

Der große Dichter *Heinrich Heine* schrieb über Cortés folgendes kleines Gedicht:

„Nur ein Räuberhauptmann war er,
Der ins Buch des Ruhmes einschrieb,
Mit der eigenen frechen Faust,
Seinen frechen Namen Cortez."

Im heutigen Mexiko ist man auf Cortés nicht gut zu sprechen, obwohl es noch immer viele Straßen und Plätze gibt, die nach ihm benannt sind. Man verweist heute viel mehr auf das aztekische Erbe, wobei man die Grausamkeit dieses Volkes vergisst, welche die Unterdrückung anderer Völker, hunderttausende Menschenopfer und Kannibalismus mit einschloss.

SÜLEYMAN I. DER PRÄCHTIGE

(1494–1566)

Eines der größten und markantesten Bauwerke Istanbuls ist die berühmte Süleymaniye-Moschee. Sie wurde vom wahrscheinlich bedeutendsten Sultan der türkischen Geschichte errichtet. Kein anderer türkischer Herrscher hat größere Eroberungen vollbracht. Er unternahm 13 große Feldzüge, von denen ihn zehn nach Europa und drei nach Asien führten. Auch auf See führte er erfolgreich Krieg und machte das Osmanische Reich zu einer Weltmacht.

Süleyman wurde am 6. November 1494 als Sohn Sultan *Selims I.* und dessen Frau *Hafsa* in Trabzon geboren. Er erhielt schon sehr früh hohe Ämter, 1509 wurde er zum Statthalter von Kaffa und 1513 zu dem von Magnesia ernannt. Der junge Prinz schien zu großen Hoffnungen Anlass zu geben und war daher der erklärte Liebling seines Vaters.

Als Selim am 21. September 1520 überraschend starb, war Süleyman nicht unvorbereitet auf die Würde eines Sultans, die er nun erbte. Die überlieferten Berichte beschreiben ihn als jungen Mann in bester geistiger und körperlicher Verfassung. Da er keinen Bruder mehr hatte, der ihm die Macht hätte streitig machen können, musste er niemanden beseitigen lassen – sein Vater Selim hatte bereits alle seine anderen Söhne im Kindesalter umbringen lassen, um seinem Lieblingssohn die Thronfolge zu sichern.

Ein Beobachter beschrieb den jungen Sultan folgendermaßen: „Er ist nicht älter als 25 Jahre, groß und sehnig, er hat einen langen Hals und ein mageres, sehr bleiches Gesicht. Er hat nur den Anflug eines Schnurrbartes und bemerkenswert angenehme Umgangsformen. Man sagt von ihm, dass er ein weiser Herrscher ist, sehr den Wissenschaften ergeben, und Menschen aller Art erhoffen von seiner Regierungszeit viel Gutes." Der Sultan sollte seinen Untertanen viele bedeutende Reformen und eine allgemeine Rechtssicherheit bringen, aber auch eine Vielzahl von Eroberungskriegen unternehmen, die viele Opfer forderten und große Verwüstungen anrichteten.

Süleyman hatte das Geschick, fähige Persönlichkeiten um sich zu scharen, wie etwa *Ibrahim Pascha*, der griechischer Abstammung war und als besonders guter Diplomat und sehr kunstinteressierter Mann galt. Der Sultan besetzte die wichtigsten Positionen mit Leuten vom Schlage Ibrahims und gestattete ihnen auch eine gewisse Eigenständigkeit. Dieses System bewährte sich und machte Süleyman allgemein beliebt.

Wie es der Brauch wollte, hatte der Sultan mehrere Gattinnen, wobei seine vierte Frau *Roxelane* alle anderen überragte, da sie großen Einfluss auf Süleyman besaß und sehr machtbesessen war. Ihr Rat war nicht immer der beste und sie schreckte auch vor dem Mord an der zweiten Frau des Sultans und deren Sohn nicht zurück. Außerdem erreichte sie bei Süleyman die Hinrichtung zweier Großwesire, die sich ihre Feindschaft zugezogen hatten. Der große Ruhm des Sultans gründet sich auf seine Außenpolitik, die in erster Linie eine Kriegs- und Eroberungspolitik war. Unter ihm sollte das Osmanische Reich eine bis dahin nie gekannte Ausdehnung erreichen. Hatte sein Vater Selim durch die Eroberung Ägyptens bereits für eine Vergrößerung des Imperiums gesorgt und durch seine Anerkennung als „Diener der beiden heiligen Stätten" Mekka und Medina großes Prestige in der islamischen Welt erlangt, so sollte Süleyman ihn noch bei weitem übertreffen.

Nachdem er bereits kurze Zeit nach seinem Machtantritt erfolgreich Krieg gegen Ungarn geführt hatte, wandte sich der Sultan der Insel Rhodos zu, auf der die Johanniter einen gefährlichen Stachel im osmanischen Fleisch bildeten. Dieser Orden, der auf die Kreuzzüge zurückging, hatte die Ausbreitung der Osmanen schon seit Jahrhunderten bekämpft. Nachdem Süleymans Truppen auf Rhodos gelandet waren, kam es zu einer sechs Monate dauernden Belagerung, die sehr verlustreich war. Am 25. Dezember 1522 ergaben sich die Johanniter endlich, gegen die Zusicherung eines freien Abzuges. Einige Jahre später ließ sich der Orden auf der Insel Malta nieder, wo er den Kampf, vor allem zur See, wieder aufnahm. 1565 wurden die Johanniter auch dort von Süleyman belagert – diesmal erfolglos.

Nach der Okkupation von Rhodos wandte sich der Sultan seinem nächsten Expansionsprojekt zu – der Eroberung Ungarns. Etwa 150 Jahre lang hatten die Ungarn mit Erfolg gegen die Türken gekämpft und ihren Vormarsch nach Europa aufgehalten. Dabei war das verhältnismäßig kleine Ungarn gegen das große Osmanische Reich militärisch gesehen ein Zwerg. Die provokante Politik des jungen ungarischen *Königs Ludwig II.* lieferte Süleyman einen formellen Kriegsgrund: Ludwig hatte, in Verkennung der Machtverhältnisse, in den rumänischen Fürstentümern interveniert und ein Friedensangebot des Sultans ausgeschlagen. Doch dürfte der Sultan die Eroberung Ungarn bereits länger geplant haben.

Süleymans Truppen hatten schon 1521 Belgrad und in der Folge weitere Orte erobert, die die wichtigsten Stützpunkte im südlichen Verteidigungsring der Ungarn darstellten. Damit war der Zugang ins ungarische Kerngebiet möglich. Im April 1526 stellte der Sultan eine große Armee auf, die wie üblich aus Teilen des stehenden Heeres und Kontingenten aus den Provinzen bestand, hinzu kam noch eine größere Menge Irregulärer sowie Hilfstruppen. Nach einem Marsch von vier Monaten dürften etwa 70.000 Mann zur großen Schlacht mit den Ungarn zur Verfügung gestanden haben. Da ihn seine Verbündeten im Stich gelassen hatten, konnte der ungarische König dagegen maximal 30.000 Krieger in den Kampf schicken. Die Ungarn stellten sich am 29. August 1526 bei Mohacs in der Donauebene zum Gefecht und griffen die anrückenden türkischen Truppen an, die sich vorerst nicht voll entfalten konnten. Nach anfänglichen Erfolgen der ungarischen Kavallerie gegen die rumelischen Truppen des Sultans begann diese mit der Plünderung des feindlichen Lagers. Süleyman konnte jetzt seine Janitscharen ins Gefecht bringen, die den Ungarn durch ihr Feuer schwere Verluste zufügten. Nach und nach begann sich die große Überlegenheit des osmanischen Heers auszuwirken und die Ungarn gerieten in Panik. Sie wurden von den Türken in die Sümpfe getrieben und kamen fast alle zu Tode. Insgesamt wurden angeblich 12.000

Ungarn enthauptet; Massenköpfungen waren bei türkischen Eroberungszügen keine Seltenheit. Anschließend ließ Süleyman Mohacs niederbrennen und alle Bewohner der Umgebung töten. Seine Armee marschierte weiter und erreichte am 10. September die Städte Pest und Ofen, die sich kampflos ergaben. Nach einer großen Menschenjagd führten die Osmanen bei ihrem Abzug über 100.000 Ungarn als Sklaven mit.

Diese katastrophale Niederlage gegen die Türken war für die Ungarn die schlimmste seit dem Kampf gegen die Mongolen 1241. Die Auswirkungen waren dieses Mal aber noch gravierender. Der König, die meisten Magnaten und Bischöfe, mindestens 500 Adelige und 24.000 Mann waren gefallen. Ungarn wurde aufgeteilt, die Habsburger bekamen den Nordwesten des Landes unter ihre Kontrolle, während der größte Teil unter die Oberherrschaft der Osmanen fiel. Der herannahende Konflikt zwischen den Habsburgern und den Türken sollte sich fast zwei Jahrhunderte lang vorwiegend auf ungarischem Territorium abspielen.

1529 marschierte Sultan Süleyman, nachdem er zuvor einen Aufstand in Kleinasien niedergeworfen hatte, mit einer riesigen Armee nach Wien. Dieser Feldzug versetzte das gesamte Abendland in Angst und Schrecken. Am 8. September 1529 eroberte der Sultan die Stadt Ofen und erreichte am 27. September die Hauptstadt der Habsburger. Diese Erste Wiener Türkenbelagerung entwickelte sich aber nicht im Sinne Süleymans, denn die Stadt wurde sehr gut verteidigt und das osmanische Heer erlitt schwerste Verluste. Von seinen 120.000 Soldaten soll der Sultan 40.000 verloren haben. Besonders der Umstand, dass er kaum schwere Geschütze bei sich hatte, machte diesen Eroberungsversuch zunichte. Am 14. Oktober gab Süleyman die Belagerung auf und beeilte sich, vor Wintereinbruch wieder sicheres Gebiet zu erreichen. Doch dieser Misserfolg hielt den Sultan nicht von weiteren Eroberungsplänen ab. Als Süleyman im Jahre 1532 erneut an den Grenzen Österreichs stand, schloss *Kaiser Karl V.* mit den protestantischen Reichsfürsten den Nürnberger Religionsfrieden, um mehr Truppen gegen die Osmanen aufbieten zu können. Als der

Sultan davon hörte, brach er seinen Feldzug ab. Im Juni 1533 wurde ein Friedensvertrag geschlossen, an den man sich aber nicht sehr lange hielt. Der osmanische Herrscher brauchte freie Hand für ein weiteres Kriegsabenteuer.

Ab Herbst 1533 führte Süleyman Krieg mit den Safawiden in Persien, wobei er zunächst eine Armee unter seinem *Großwesir Ibrahim* in den Kampf schickte. Im Juli 1534 wurde die persische Hauptstadt Täbris eingenommen, nachdem zuvor die Festungen Ardschisch, Ahlat und Van erobert worden waren.

Am 4. Dezember 1534 fiel Bagdad in osmanische Hand. Von dort aus wurde nun das eroberte Land verwaltet. Bis 1536 war ganz Mesopotamien unter der Herrschaft Süleymans. Ab 1535 ließ der Sultan die Stadt Jerusalem mit neuen mächtigen Mauern befestigen. Dadurch erhielt die Altstadt ihre heute noch bestehende Struktur. Unter dem osmanischen Herrscher gewann das lange Zeit provinzielle Jerusalem an Bedeutung.

1537 unternahm der Sultan einen weiteren Feldzug gegen die habsburgischen Territorien, wobei er an der Grenze zum heutigen Slowenien einen Sieg über das Heer des Kaisers errang, der 1538 in einen erneuten Friedensvertrag mündete, der sehr zu Ungunsten der Habsburger ausfiel, aber ohnehin nicht viel wert war, da er schon bald gebrochen wurde. 1541 eroberten die Osmanen erneut die Stadt Buda, die für 145 Jahre in ihrem Besitz blieb, und etablierten sich dauerhaft in großen Teilen Ungarns und Kroatiens. Die Kämpfe nahmen kein Ende: 1544 erfolgten heftige Angriffe des Sultans auf das seinen Gegnern verbliebene kroatische Gebiet und die Stadt Agram (Zagreb). Doch sollte es dem Osmanenherrscher nicht gelingen, noch einmal vor die Tore Wiens zu gelangen. Im Jahre 1547 schloss Süleyman einen auf fünf Jahre befristeten Waffenstillstand mit dem Reich der Habsburger, die ihm dafür jährlich einen Tribut von 50.000 Dukaten zu zahlen hatten. Diese Gelegenheit nutzte der Sultan für einen neuen Krieg gegen Persien, der zwei Jahre dauerte.

Nach Ablauf des Waffenstillstandes mit den Habsburgern unternahm 1551 der Sultan erneut einen Feldzug in Ungarn, der wieder in einen sehr langwierigen Krieg mündete. Süleyman hatte das Ziel einer Eroberung Wiens, das er den „goldenen Apfel" nannte, offenbar noch nicht aufgegeben. Dass er dazu nicht in der Lage war, stellt sicherlich den größten Misserfolg seiner Karriere dar. Erst 1562 kam es nach Verhandlungen zu einem Friedensabkommen mit den Habsburgern, das länger Bestand hatte.

Auf See verfügte der Sultan über einen sehr fähigen Flottenkommandeur, *Khair ad-Din Barbarossa*, der die Kampfkraft der osmanischen Flotte verbesserte und viele Eroberungen durchsetzte. Er griff unter anderem die Küsten Italiens an, machte große Beute und entführte viele Menschen als Sklaven. Danach nahm er Tunis ein, verlor es jedoch wieder an Kaiser Karl V. Barbarossa plünderte die Balearen, eroberte viele griechische Inseln und verursachte großen Schaden in den Gebieten der spanischen Krone. Dank dieses Mannes konnte der Sultan seine Dominanz auch im Mittelmeer ausbauen. Die Seeherrschaft der Osmanen wurde erst 1571 mit der Seeschlacht von Lepanto gebrochen.

Auch als Bauherr erwies sich Süleyman als äußert rege. Er ließ durch seine besten Architekten, unter denen der geniale *Sinan* herausragte, einige großartige Moscheen errichten, wie die eingangs erwähnte Süleymaniye, die Prinzenmoschee und die Rüstem-Pasha-Moschee. Durch groß angelegte Bauten stellte er die Wasserversorgung seiner Hauptstadt sicher. Der Sultan betätigte sich auch als Gesetzgeber und ließ einen nach ihm benannten Codex verfassen. Staatsdiener wurden unter seiner Herrschaft diszipliniert und überwacht, um eine geordnete Verwaltung zu gewährleisten.

Süleyman hatte großes Interesse an Kunst, Literatur und Wissenschaften und war selbst Verfasser von Gedichten. Der Sultan war offenbar eine jener universellen Persönlichkeiten, die auf allen Gebieten außergewöhnliche Fähigkeiten besitzen. Es gelang ihm, den großen Feldherrn und Eroberer, den großen Staatmann, weisen Gesetzgeber und feinsinnigen Kunstliebhaber in sich zu vereinen. So gründlich wie seine Feldzüge organisierte er auch sein Staatswesen.

Süleyman setzte bei der Ausrüstung seiner regulären

Truppen vornehmlich auf Feuerwaffen, er stockte die Zahl der Kanonen auf und war auch in der Lage, diese damals neuartigen Waffen optimal einzusetzen. So ist Mohacs die erste Schlacht der Geschichte, bei der die Artillerie Sperrfeuer schoss. Außerdem wurde dieses Gefecht im Wesentlichen dadurch entschieden, dass die Elitetruppen des Sultans mit ihren Gewehren ein wirkungsvolles Dauerfeuer gegen die starke ungarische Kavallerie abgaben. Dies zeigt, dass diese osmanischen Soldaten sehr gut ausgebildet waren.

Süleymans Feldzüge waren grausam, erreichten aber nicht das Ausmaß an Gräueln, das unter asiatischen Eroberern wie etwa den Mongolen üblich war. Im persönlichen Umgang scheint der Herrscher einen gewinnenden Eindruck gemacht zu haben, er galt als gerecht und allen Dingen gegenüber sehr aufgeschlossen. Negativ ist sicherlich der große Einfluss seiner Frau Roxelane zu sehen; ihr gegenüber war Süleyman viel zu nachsichtig. So konnte sie ein dominantes Regime im Harem führen. Man unterstellte dem Sultan sogar, dieser Frau völlig hörig gewesen zu sein, und kreidete ihm an, ihren Untaten, die in der Ermordung einiger seiner Söhne gipfelten, keinen Einhalt geboten zu haben.

Als er bereits über 70 Jahre alt war, brach der Sultan 1566 zu seinem letzten Feldzug auf, der ihn wieder nach Ungarn führte. Hier starb er während der Belagerung der Stadt Szigetvar am 5. September 1566. Er hatte 46 Jahre regiert – die längste Regierungszeit in der Geschichte der Osmanen. Sein Nachfolger *Selim II.* erreichte nicht annähernd das Format seines Vaters.

Man kann heute noch die Türbe (den Schrein) Süleymans besichtigen, sie befindet sich im Friedhofsbereich der Süleymaniye-Moschee, die vom größten türkischen Architekten *Sinan* erbaut wurde.

IWAN IV. DER SCHRECKLICHE

(1530–1584)

In einem Film des genialen russischen Regisseurs *Eisenstein* aus dem Jahre 1944 tritt uns dieser Zar als eine Mischung aus dem sowjetischen Diktator *Stalin* und einem historischen Zerrbild des wirklichen Iwan entgegen. Der Regisseur hatte Angst vor dem Diktator und wusste, dass dieser Iwan den Schrecklichen als sein Vorbild betrachtete. Der Film war also ein Kompromiss, der den Betrachter auch heute noch in seinen Bann zieht und Eisenstein das vorläufige Überleben ermöglichte. Denn blutrünstige Despoten waren sie beide: Iwan IV. und Stalin. Beide stärkten die Stellung Russlands in der Welt unter anderem dadurch, dass sie große Gebiete eroberten.

Iwan wurde am 25. August 1530 in Kolomenskoje geboren. Er verlor im Alter von nur drei Jahren seinen Vater, *Wassili III.* Seine Mutter *Helena Glinskaia* übernahm daraufhin die Regentschaft für ihren Sohn, starb aber selbst im Jahre 1538. Sie wurde vermutlich vergiftet, was einiges über die Verhältnisse am damaligen russischen Hof aussagt. Es entwickelte sich daraufhin ein heftiger Machtkampf der führenden Bojarengeschlechter um die Herrschaft, wobei man den jungen Zaren als Mittel zum Zweck betrachtete. Die beiden führenden Häuser *Schuiski* und *Belski* behandelten den jungen Iwan entsprechend und betrachteten seine Existenz als notwendiges Übel. Als Iwan 13 Jahre alt war, schlug er zurück und ließ den machtgierigen Bojaren *Andrei Schuiski* festnehmen und grausam töten.

Der junge Zar entwickelte nun nach und nach ein eigenes Machtbewusstsein und durchschaute die Machenschaften der führenden Adelsgeschlechter. Am 16. Januar 1547 ließ er sich, mit 16 Jahren, durch den Metropoliten von Moskau zum Zaren krönen und heiratete kurz darauf *Anastasia Romanowna Sacharjina*, die Tochter eines Bojaren. Bei der Krönungszeremonie wurde auf die Tradition der byzantinischen Kaiserkrönung zurückgriffen, um den Anspruch Iwans auf das Erbe Ostroms zu dokumentierten. Der Zar saß auf einem Elfenbeinthron, der aus Byzanz stammte und als Hochzeitsgeschenk nach Moskau gekommen war. Doch trotz allen Pomps war die Macht des jungen Zaren keine sehr gefestigte, denn viele der großen Bojaren agierten in ihren Territorien als eigenständige Landesherren.

Iwan setzte nun alles daran, die Macht dieser Adelshäuser zu brechen und damit seine eigene zu stärken. Dafür schuf er die Truppe der Opritschniki, eine Eliteeinheit, die nur auf sein Kommando hörte. Nach und nach wurden viele Bojaren teilenteignet und ihre ertragreichen Gebiete gegen eher minderwertiges Land an den Grenzen getauscht. Viele wurden gänzlich enteignet und in die Klöster verbannt.

Die Persönlichkeit des jungen Zaren war sehr vielschichtig. Er war sowohl intelligent, fromm und gebildet, als auch gerissen, schlau und sehr rachsüchtig. Seine Umgebung fürchtete sich vor ihm, was er auch weidlich ausnutzte, um seine Vorstellungen durchzusetzen.

Iwan zog seine Fäden vom Moskauer Kreml aus. 1549 ernannte er sich selbst zum „Gossudar" (Selbstherrscher, Autokrat) von ganz Russland. Er führte gewaltige Reformprogramme durch, wobei ihm eine Gruppe ausgewählter Berater zur Seite stand. So wurden die russischen Gesetze geändert und das Heer vollständig umstrukturiert. Die feudalen Stände waren nun in einem eigenen Parlament repräsentiert und es gab eine lokale Selbstverwaltung bäuerlicher Gemeinden, deren Vertreter vor Gericht recht selbstständig agieren konnten. Der Zar verfügte jetzt über eine eigene Garde, die Strelitzen. Durch diese Reformen wurde der Staat stärker zentralisiert und erheblich stabilisiert sowie die militärische Schlagkraft des Landes erhöht. 1555 wurde zudem eine russisch-englische Handelsgesellschaft gegründet.

Um die Macht seines Reiches zu vergrößern, setzte Iwan in erster Linie auf eine Expansionspolitik. Er begann Eroberungsfeldzüge gegen die Tataren-Khanate Kasan und Astrachan, die 1552 bzw. 1558 Teil des russischen Machtbereiches wurden.

Die Stadt Kasan, die heute das Zentrum des Islam in Russland bildet, war die Hauptstadt eines tatarischen Khanats, von dem immer eine große Gefahr für das russische Gebiet ausging. Die Erinnerungen an die jahrhundertelange faktische Oberherrschaft der asiatischen Horden über das russische Volk, an die vielen Raubzüge, Plünderungen und Massaker lasteten als kollektives Trauma auf dem Land des Zaren.

Bei einem Feldzug im Jahre 1438 hatte der erste Herrscher von Kasan den Großfürsten *Wassili II.* aus Moskau vertrieben. Die Feindseligkeiten der folgenden Jahrzehnte gipfelten darin, dass der Herrscher Russlands nach einer verlorenen Schlacht vom Tatarenkhan gefangen genommen wurde. Besonders *Iwan III.* hatte einen langwierigen Krieg gegen Kasan geführt, jedoch ohne Erfolg. Die Stadt der Tataren und ihr Territorium blieben ein ständiger Gefahrenherd für Russland.

Iwan der Schreckliche beschloss nun, dieses Problem endgültig zu lösen. Er führte ein riesiges Heer – angeblich 150.000 Mann – zunächst nach Tula, das von den Krimtataren bedrängt wurde. Nach seinem Sieg über den Gegner marschierte der Zar nach Kasan, dessen Belagerung er am 30. August 1552 begann. Iwan setzte auf damals sehr moderne Belagerungsmethoden. Neben seiner vorzüglichen Artillerie von 150 Kanonen hatte er Minen und mobile Türme zur Verfügung. Nachdem die Mauern der Stadt durch den Beschuss schwer beschädigt waren, gab der Zar am 2. Oktober den Befehl zum Großangriff. Die Stadt fiel und es folgte ein schreckliches Massaker, bei dem der Großteil der Bevölkerung getötet wurde. Iwan ließ die Befestigungen der Stadt schleifen und Kasan in seinem Sinne neu gestalten. Andere Völker wie die Baschkiren akzeptierten nach dieser Demonstration der Stärke die Oberhoheit des Zaren.

Das Gebiet von Astrachan, wo sich auch die ehemalige Hauptstadt der gefürchteten „Goldenen Horde" befunden hatte, fiel später durch Eroberung in Iwans Hände, nachdem sich der Einsatz eines Vasallenfürsten nicht bewährt hatte.

Durch die Inbesitznahme Kasans und Astrachans sowie

weitere Eroberungen wurde nicht nur die tatarische Gefahr gebannt. Die unterworfenen Gebiete bildeten einen Puffer gegen die Bedrohung durch aggressive Steppenvölker. Dadurch ergab sich für das russische Reich die Möglichkeit, über den Ural hinaus nach Sibirien vorzudringen, ein Unternehmen, das Russland bis ins 19. Jahrhundert beschäftigen sollte und durch Binnenkolonisation Kolonien in fernen Ländern unnötig machte.

Auch wenn der Zar als Zeichen seines Sieges einige große Kirchen im orientalischen Stil bauen ließ, worunter die Basilius-Kathedrale auf dem Roten Platz in Moskau die berühmteste ist, so war sein Reich nun kein rein christliches mehr. Große Gebiete mit islamischer Bevölkerung wurden dem Russischen Reich einverleibt, die stets einen gewissen Konfliktherd bildeten, der bis heute besteht.

Der Zar war im Gegensatz zu vielen seiner Vorgänger interessiert an einem Kontakt mit dem Westen. Eine Gelegenheit dazu ergab sich, als im Jahre 1553 eine englische Expedition unter Richard Chancellor in Moskau auftauchte, die den Zugang zum Zarenreich über die weit nördlich gelegene Mündung der Dwina entdeckt hatte, nachdem sie an der Suche nach einer Nordostpassage in Richtung China gescheitert war. Iwan war über diesen Besuch erfreut und es entwickelten sich regelmäßige Handelskontakte zu England, die über den Hafen Archangelsk am Weißen Meer liefen. Dabei mussten aber alle Waren von Moskau mehr als 1.200 Kilometer in den Norden gebracht und die Importe über die gleiche weite Strecke zurücktransportiert werden. Zwar war der nördliche Seeweg wegen des Eises und der Stürme sehr gefährlich, doch konnte damit der den Russen versperrte Weg über die Ostsee, der von der Hanse, Schweden und Polen kontrolliert wurde, umgangen werden.

Mit dieser sehr umständlichen Lösung war Iwan IV. aber nicht zufrieden, denn er wusste, wie wichtig ein direkter Zugang zur Ostsee für das isolierte Russland war. So griff er einen Ostseehafen in Livland an, was 1558 zum Krieg mit Polen-Litauen und Schweden führte, der 25 Jahre dauerte, die Wirtschaft Russlands in den Ruin trieb und letztlich nicht zu gewinnen war. Die Konzentration auf den Konflikt im Westen führte auch dazu, dass der Zar kaum an die Verteidigung seiner Südgrenzen dachte. Die Krimtataren griffen russisches Gebiet an und verwüsteten es, 1571 konnten sie sogar bis Moskau vordringen und brannten die Stadt nieder. Obwohl Iwan dem Russischen Reich auch nach jahrzehntelangem Krieg keinen Zugang zur Ostsee hatte verschaffen können, hielt er bis an sein Lebensende an diesem Plan fest. Verwirklichen sollte diese Idee erst *Peter der Große*. Während der Kämpfe hatte der Zar seine Residenz nach Alexandrow verlegt. Die Eroberung und Brandschatzung Moskaus durch die Tataren hatte sein Ansehen dauerhaft beschädigt, auch wenn die Tatarengefahr jetzt weitgehend gebannt schien.

Iwan ließ sich nicht beirren und wandte seinen Blick nach Osten: Jenseits des Urals, in Sibirien, sollte es kostbare Schätze geben, war ihm berichtet worden. Iwan gab den Befehl zu einer Sibirienexpedition, die unter Leitung der Adelsfamilie *Stroganow* stand. Der Kosakenführer *Jermak Timofejewitsch* zog mit seiner Truppe zum Tatarenkhanat Sibir. 1582 kam es in der Nähe des späteren Tobolsk zu einer großen Entscheidungsschlacht mit den Tataren. Jermak siegte, machte reiche Beute und schickte sie nach Moskau. Iwan der Schreckliche nannte sich von nun an auch „Zar von Sibirien". Die Expansion des russischen Reiches nach Osten war von nun an nicht mehr aufzuhalten.

In Russland jagte unter Iwans Herrschaft allerdings ein Schrecken den anderen. Seine Spezialtruppe, die Opritschniki, nahm viele der Gräuel vorweg, die Jahrhunderte später die Diktatur Stalins prägen sollten. Diese Truppe – eine Mischung aus Leibwache, politischer Polizei, Anklägern, Folterknechten und Henkern – wurde nur durch die Institutionen des stalinistischen Terrors übertroffen. Der Zar deckte jede ihrer Untaten und ließ selbst grausamste Hinrichtungen vornehmen, bei denen Menschen unter anderem bei lebendigem Leib zerstückelt wurden. Einer der Höhepunkte dieser Grausamkeiten war eine Massenhinrichtung in Moskau, bei der etwa 200 Menschen auf die schlimmsten nur denkbaren Arten getötet wurden. Manchmal vollzog der Zar die Hinrichtung persönlich und er ersann selbst immer neue Foltermethoden. Besonders grausam war Iwans Vorgehen in Nowgorod, wo er alle Bürger

Iwan IV. der Schreckliche

höheren Standes öffentlich verbrennen oder ertränken ließ. Danach begannen die Russen, ihren Zaren „Grosny" zu nennen, was eigentlich „der Strenge" bedeutet, aber meist mit „der Schreckliche" übersetzt wird. Später wurden Iwans Sündenregister erfundene Grausamkeiten hinzugefügt, wie etwa jene, dass er 1.000 Jungfrauen vergewaltigt und die daraus entstandenen Kinder ermordet habe.

Iwan der Schreckliche wurde auch in der Familie seinem Namen gerecht. Seine heftigen Stimmungsschwankungen zwischen Depression und Gewaltausbrüchen machten seinen Angehörigen das Leben schwer. Er war achtmal verheiratet und zeugte eine größere Anzahl von Kindern. Seine siebte Frau ließ er ertränken, als er in der Hochzeitsnacht feststellte, dass sie keine Jungfrau mehr war. Eine andere Gemahlin soll er selbst vergiftet haben. Die übrigen Ehefrauen kamen mit Verbannung davon. Eine besonders schreckliche Szene spielte sich im November 1581 ab, als der Zar wegen eines geringfügigen Anlasses so sehr in Wut geriet, dass er seinen Sohn *Iwan* mit einem eisernen Stab erschlug.

Während seiner letzten Lebensjahre verschlechterte sich die psychische Verfassung Iwans IV. zunehmend. Er suchte Hilfe bei Zauberern und Hexen und verfiel in immer schlimmere Zustände. Angeblich ließ er mehrere Wahrsager, die ihm nicht das Gewünschte vorhersagten, auf dem Scheiterhaufen verbrennen. Einige hatten ihm sein Todesdatum vorausgesagt, das er aber zu überleben glaubte.

Iwan starb am 18. März 1584 am Schachbrett, bei seinem Lieblingsspiel. Es gibt viele widersprüchliche Berichte über die Umstände seines Todes. Am wahrscheinlichsten dürfte aber sein, dass man ihm Gift verabreicht hatte. Als der Zar während des Spiels einen Schwächeanfall erlitt, soll er von *Boris Godunow* und einigen Mitverschwörern erwürgt worden sein. Als man 1963 Iwans sterbliche Überreste untersuchte, fand man große Mengen von Quecksilber in den Gebeinen.

Iwan wurde, wie die meisten Mitglieder seiner Familie, in der Erzengel-Michael-Kathedrale in Moskau beigesetzt. Seine Nachfolge trat sein geisteskranker Sohn *Fjodor* an, der jedoch nur eine Marionette in der Hand einer Adels-

177

clique war. Iwan IV. hatte schon zu Lebzeiten einen äußerst schlechten Ruf in ganz Europa, der ihm auch erhalten blieb, während ihm das eigene Volk bis heute mit gemischten Gefühlen gegenübersteht, denn schließlich hat er durch seine Eroberungen in Sibirien Russland erst zu einer Großmacht gemacht. Viele Probleme, die das Land heute plagen, wurzeln bereits in der Expansionspolitik dieses Zaren.

Shogun Tokugawa Ieyasu

(1543–1616)

Die vielleicht interessanteste Persönlichkeit der japanischen Geschichte ist Tokugawa Ieyasu, der das innerlich völlig zerstrittene Land mit seiner militärischen Begabung, kluger und vorausschauender Politik und einer gehörigen Portion unerbittlicher Härte unter sich vereinigte. Dafür musste er im Laufe vieler Jahre ein Territorium nach dem anderen erobern und unterwerfen. Die von ihm installierte Herrschaft seiner Familie bescherte Japan über 250 Jahre lang Frieden und innere Stabilität, die allerdings mit Unterdrückung, Stagnation und Abschottung nach außen einhergingen.

Tokugawa Ieyasu wurde am 31. Januar 1543 auf der Burg Okazaki geboren. Er war der Abkömmling eines bedeutenden Adelsgeschlechts, das zur Zeit seiner Kindheit und Jugend in die kriegerischen Auseinandersetzungen in Japan verstrickt war. In dieser „Zeit der Streitenden Reiche" waren die zentralen Autoritäten des Landes, der Tenno und der Shogun, weitgehend machtlos, während die regionalen Machthaber, die so genannten Daimyos (Kriegsherren), in ständigen Kämpfen um die Ausdehnung ihrer Territorien wetteiferten. Die Familie des kleinen Tokugawa Ieysu wurde von zwei mächtigeren Clans bedrängt, die sie ausschalten oder zumindest zu Vasallen machen wollten.

Der Junge wurde bereits 1548, im Alter von fünf Jahren, als Geisel in die Gewalt des Geschlechts der *Oda* gegeben, die ihn ein Jahr später im Tausch gegen andere Geiseln an das Geschlecht der *Imagawa* weiterreichten. Diese versuchten, den Gefangenen zu einem treuen Vasallen zu erziehen. Sie gaben ihm einen neuen Namen und nannten ihn Motoyasu, das Namenszeichen „moto" sollte auf seine Unterordnung unter *Yoshimoto*, den Herrscher des Hauses Imagawa hindeuten.

Im Jahre 1556 wurde Motoyasu in sein Elternhaus zurückgeschickt, wo der 13-Jährige die Rolle seines früh verstorbenen Vaters als Familienoberhaupt übernehmen musste. Doch schon bald war er gezwungen, mit seinen Herren, den Imagawa, in den Krieg zu ziehen. Im Jahre 1560 nahm der nun 17-Jährige am Angriff auf die Stadt Kyoto teil. Dieses Unternehmen misslang und kostete Yoshimoto das Leben. Motoyasu nutzte die Gelegenheit und verbündete sich mit dem aufstrebenden Kriegsherrn *Oda Nobunaga*. Nachdem er seine Familie aus der Gewalt der Imagawa befreit hatte, trat er offen auf die Seite seines neuen Herrn. Er erlebte in der Folge einen bedeutenden Aufstieg und Zuwachs an Prestige, was er damit dokumentierte, dass er sich ab 1566 Tokugawa Ieyasu nannte.

Er stieg selbst in den Rang eines bedeutenden Kriegsherrn auf und konnte 1570 das Territorium der Imagawa unter seine Kontrolle bringen. 1572 stieß Tokugawa mit einem anderen Kriegsherrn, *Takeda Shingen*, zusammen und erlitt eine Niederlage, die ihn fast das Leben kostete. Als sein Gegner ein Jahr später starb, konnte er seine Expansionspläne weiterverfolgen. Wie unerbittlich er sein konnte, zeigte Tokugawa im Jahre 1579, als er erfuhr, dass seine Hauptfrau und sein ältester Sohn mit dem Gegner konspirierten. Er ließ daraufhin seine Frau hinrichten und trieb seinen Sohn in den Selbstmord.

Als sein wichtigster Verbündeter und Lehensherr Oda Nobunaga 1582 nach einer Revolte ebenfalls Selbstmord beginn, änderte sich für Tokugawa die Situation grundlegend. Einer der Heerführer des toten Kriegsherrn, *Toyotomi Hideyoshi*, setzte sich an dessen Stelle und war nun ein gefährlicher Konkurrent Tokugawas. Doch konnte dieser Hideyoshi im Jahre 1584 militärisch bezwingen und sich damit von dessen Oberherrschaft befreien. Als nun gleichrangige Fürsten gingen die vormaligen Gegner schließlich ein Bündnis ein und drangen gemeinsam 1590 nach Osten vor, wo sie nach einer sechs Monate dauernden Belagerung die wichtige Festung Odawara einnahmen. Damit konnten sie in das Kernland der Ostprovinzen Japans vordringen. Die beiden siegreichen Heerführer einigten sich schließlich, ihre Ländereien untereinander zu tauschen und so ihre Interessensgebiete voneinander abzugrenzen. Tokugawa erwählte ein kleines Fischerdorf namens Edo zu seiner neuen Hauptstadt, baute sie großzügig aus und förderte die Ansiedlung neuer Bewohner und die wirtschaftliche Entwicklung. Die Stadt wuchs sehr schnell und gewann zusehends an Bedeutung. Im Jahre 1868 wurde sie zum Sitz des Tenno und hieß nun Tokyo (Ost-Hauptstadt).

Der Tod von Hideyoshi im Jahre 1598 war ein Glücksfall für Tokugawa, denn damit war er seinen mächtigsten Konkurrenten losgeworden. Gemeinsam mit vier anderen Würdenträgern war Tokugawa die Sorge um Hideyoshis minderjährigen Sohn *Toyotomi* anvertraut worden, doch hatte man damit den Bock zum Gärtner gemacht. Tokugawa handelte nur im eigenen Interesse und versuchte, möglichst viel von Hideyoshis Besitz in seine Hand zu bekommen. Das führte zu einem Konflikt mit den anderen Beschützern Toyotomis und es bildeten sich zwei Lager. Das so genannte westliche Lager wurde von *Ishida Mitsunari* angeführt, das östliche von Tokugawa. Diese Auseinandersetzung führte im Jahre 1860 zur Schlacht von Sekigahara, dem bis dahin größten Gefecht der japanischen Geschichte. Nach seinem Sieg war Tokugawa der militärisch mächtigste Mann Japans.

Um seine Macht zu dokumentieren, erzwang Tokugawa im Jahre 1603 vom Tenno, der eigentlich nur noch eine Marionette war, seine Ernennung zum Shogun, zum obersten militärischen Führer des Landes. Von nun an sollten bis 1868 nur noch Nachkommen Tokugawas in Japan als Shogune herrschen, eine Epoche, die man später die Edo-Zeit nannte. Daneben gab es natürlich noch das kaiserliche Amt des Tenno, das aber nur noch symbolischen Charakter hatte.

Da Tokugawa sich Sorgen um seine Nachfolge machte, baute er vor und bereitete seinen Sohn *Hidetada* auf die Machtübernahme vor. Dieser erhielt schon 1605 den Shogun-Titel, wobei der alte Tokugawa im Hintergrund weiterhin die Fäden zog. Ziel seiner Aktivitäten war die Vernichtung aller potenziellen Gegner, die seiner Herrschaft gefährlich werden konnten. Da er die Christen hasste, die sich nicht nur in den europäischen Niederlassungen immer wieder in die japanische Politik eingemischt hatten, befahl er die gnadenlose Vernichtung dieser Religionsgemeinschaft in Japan. Wer nicht ausgewiesen wurde, wurde brutal hingerichtet. Bis auf kleine Reste, die im Verborgenen weiterexistierten, war damit das Christentums in Japan ausgerottet. Genauso unbarmherzig ging er gegen die überlebenden Mitglieder des Hideyoshi-Clans vor, die mit der Eroberung der Burg von Osaka im Jahre 1615 endgültig beseitigt wurden. Jene, die nicht gefallen waren oder Selbstmord begangen hatten, wurden hingerichtet.

In seiner Außenpolitik war Tokugawa anfangs unentschlossen; im Jahre 1613 sandte er eine hochrangige Delegation nach Mexiko und nach Europa, wo sie auch dem Papst einen Besuch abstattete, 1615 jedoch entschied er sich für die totale Abschottung Japans nach außen. Nicht alle diplomatischen Beziehungen wurden sofort abgebrochen, mit Spanien stand man zum Beispiel noch bis 1624 in Kontakt. Danach wurde Japan zu einem für Europäer unzugänglichen Land. Die einzige Ausnahme blieb eine niederländische Handelsniederlassung in der Bucht von Nagasaki, die jedoch streng überwacht wurde. Das Land geriet dadurch zunehmend in einen Entwicklungsrückstand, insbesondere gegenüber dem Westen.

Eine der sinnvollsten Maßnahmen der Tokugawa war die Einführung eines festen Wohnsitzes für die Daimyos, die sich eine gewisse Zeit des Jahres in Edo aufhalten mussten, wo man sie gut unter Kontrolle halten konnte. Die Tokugawa-Shogune zementierten damit ihre Macht, andererseits kam durch diese und andere neue Gesetze, die alle Lebensbereiche der Untertanen umfassten, jede Art von gesellschaftlichem Wandel und Fortschritt für lange Zeit zum Stillstand.

Tokugawa Ieysau starb am 1. Juni 1616 auf seinem Alterssitz, der Burg Sumpu, in der er als Kind Geisel gewesen war. Kurz vor seinem Ableben ließ er einen Kult entwickeln, demzufolge der Gott Tosho Daigongen für alle Zeiten über das Wohl der Tokugawa und des gesamten Landes wachte. Dieser Kult sollte für das Regime sinnstiftend werden. Tokugawas Nachfolger ließen für seine Urne einen Schrein bauen, dem später im ganzen Land weitere Schreine folgten, worin man den Reichsgründer fast wie einen Gott verehrte.

Die Edo-Zeit, die Epoche unter der Herrschaft des diktatorischen Tokugawa-Regimes von 1603 bis 1868, war eine Periode weitgehenden Friedens in der sonst recht kriegerischen japanischen Geschichte. Von Seiten der Herrscher bestand kein Interesse, aggressive Neigungen zu fördern; stattdessen unterstützte man den Neo-Konfuzianismus, dessen Maxime gut zu den Grundsätzen des Regimes zu passen schien: Ruhe und Ordnung.

Die relative Ruhe der Tokugawa-Herrschaft wurde schließlich 1853 durch das Eindringen amerikanischer Kriegsschiffe in den Hafen von Edo unterbrochen, die kraft ihrer waffentechnischen Überlegenheit eine Öffnung Japans gegenüber dem Westen erzwangen. Das führte in der Folge zu einem Umbruch in Japan, der 1868 in der so genannten Meiji-Restauration mündete, durch die der Tenno wieder an die Macht kam und der letzte Tokugawa-Shogun gestürzt wurde. Damit waren die Weichen zu einer raschen und grundlegenden Modernisierung des Landes gestellt, die zum Japan von heute führte. Der Aufstieg und die Herrschaft Tokugawas sind noch heute der beliebteste Gegenstand der japanischen Geschichtsschreibung.

PRINZ EUGEN VON SAVOYEN

(1663–1736)

König *Ludwig XIV.* von Frankreich war alles andere als entzückt, als ihn der schmächtige „kleine Abbé" forsch um das Kommando eines Bataillons ersuchte. Schroff wies er ihn ab. Einige Jahre später hat der König diese Entscheidung wohl mehr als bereut. Prinz Eugen siegte in einer Vielzahl von Schlachten für Ludwigs erbitterten Gegner, den habsburgischen Kaiser und erweiterte dessen Machtbereich durch die Eroberung großer Gebiete weit nach Osten. Er machte damit Österreich zu einer Großmacht und schuf die Grundlagen für ein Reich, das bis 1918 Bestand hatte.

Eugen Franz von Savoyen-Carignan wurde am 18. Oktober 1663 in Paris als fünfter Sohn des Generals und Gouverneurs *Eugen Moritz von Savoyen-Carignan* und dessen Gattin *Olympia Mancini* geboren. Wie sein Großonkel Kardinal *Mazarin* sollte Eugen die geistliche Laufbahn einschlagen. Er kam daher schon als Kind in den Besitz von zwei Abteien, weshalb man ihn am königlichen Hof auch „den kleinen Abbé" nannte. Niemand scheint Rücksicht darauf genommen zu haben, dass der junge eine Vorliebe für die Armee hatte und eine militärische Karriere anstrebte. Durch den frühen Tod seines Vaters und die Verbannung seiner illustren Mutter, die eine Geliebte des Königs gewesen war und noch dazu im Verdacht stand, ihren Mann vergiftet zu haben, standen Eugens Chancen auf Selbstverwirklichung am französischen Hof alles andere als gut. Er war in einer Außenseiterposition und der König mochte ihn nicht.

1683 floh Eugen aus Frankreich, denn er wollte sich gleich seinem älteren Bruder *Ludwig Julius* in den Dienst des Kaisers *Leopold I.* begeben. Der Bruder war inzwischen im Kampf gegen die auf Wien vorrückenden Türken verwundet worden und wenig später gestorben. Eugen ging nach Passau, wo sich der vor den Türken geflohene Kaiser aufhielt. Der war von dem kleinen, nicht sehr hübschen jungen Aristokraten aus Frankreich beeindruckt und gab ihm ein Offizierspatent.

Der frisch ernannte Oberstleutnant Eugen zog bald mit dem bunt zusammengewürfelten Ersatzheer gegen die riesige türkische Armee, die Wien belagerte. Er kam gerade noch rechtzeitig, um den Fall der Stadt zu verhindern. In der Schlacht um Wien kämpfte Eugen an der Seite seines Cousins, des Markgrafen *Ludwig Wilhelm von Baden*, der später als „der *Türkenlouis*" in die Geschichte einging. Der junge Offizier aus Frankreich erlebte vor Wien seine Feuertaufe und scheint großen Gefallen am Krieg gefunden zu haben.

Es folgte eine Gegenoffensive der kaiserlichen Truppen und Eugen zeigte sich stets furchtlos und unerschrocken. Er bewährte sich rasch und wurde bereits Ende 1683 zum Oberst eines Dragonerregiments ernannt. Die andauernden Kämpfe gegen die Osmanen gaben ihm immer wieder Gelegenheit, sein militärisches Talent unter Beweis zu stellen. Am 16. Oktober 1685 wurde Eugen Generalfeldwachtmeister, am 31. Januar 1688 Feldmarschall-Leutnant, 1690 General der Kavallerie und am 25. Mai 1693 schließlich Feldmarschall. Er war damals noch keine 30 Jahre alt. Beim Angriff auf die Stadt Belgrad war Eugen 1688 schwer verwundet worden; 19 Jahre später sollte er die Stadt mit einer genialen Strategie einnehmen.

Eugen sah sich zwischen seinen Kriegseinsätzen in dem endgültig von der Türkengefahr befreiten Wien nach einer geeigneten Residenz um und kaufte 1694 ein nobles Haus in der Wiener Himmelpfortgasse, das er zu einem beeindruckenden Palais umbauen ließ, das heute das österreichische Finanzministerium beherbergt. Er begann bereits damals, Bücher und Kunstwerke zu sammeln, um seine Residenz damit auszuschmücken.

1696 hatte der Prinz den Oberbefehl über die kaiserliche Armee in Italien inne. Danach wurde er zunächst zum Stellvertreter des kaiserlichen Kommandanten der Armee in Ungarn ernannt. Als Prinz Eugen am 5. Juli 1697 den Oberbefehl der habsburgischen Streitkräfte in Ungarn übernahm, fand er diese in einem sehr schlechten Zustand vor. Es gelang ihm, die meisten Probleme in den Griff zu bekommen und die getrennt operierenden Verbände zusammenzuziehen. Nur wenige Tage nach der Übernahme seines Kommandos begann Eugen einen Gewaltmarsch zur Festung Peterwardein, dem heranrückenden osmanischen Hauptheer entgegen. Bei der Festung traf er auf die türkische Streitmacht, die ihm zahlenmäßig dreifach überlegen war. Während des ganzen Monats August unternahmen die beiden Armeen taktische Manöver, die Osmanen vermieden aber eine offene Feldschlacht, zu der Eugen bereit war. Schließlich zogen die Türken nach Norden, um die Festung Szegedin anzugreifen. Das kaiserliche Heer unter Feldmarschall Eugen folgte der türkischen Armee und unterhielt ständig Feindberührung. Dabei konnte ein hochrangiger osmanischer Würdenträger gefangen genommen werden, der aussagte, der Sultan plane, den Fluss Theiß bei Zenta zu überqueren. Eugen entschloss sich, den Osmanen hier eine Schlacht zu liefern.

Er rückte viel schneller heran, als der Sultan und seine Ratgeber es erwartet hatten. Zum Teil wurde dies erreicht, indem die Kavalleristen jeweils einen Infanteristen mit aufs Pferd nahmen. Während die türkische Armee noch auf Pontonbrücken den Fluss überquerte und auf ihren befestigten Brückenkopf vertraute, ging die kaiserliche Armee aus der Bewegung heraus zum Angriff über. Eugen ließ einige nördlich der Brücken im Fluss befindliche Sandbänke besetzen, um die Armee des Sultans auch von dort unter Beschuss zu nehmen. Dann befahl Prinz Eugen den Sturmangriff, wobei er sich selbst, an der Spitze eines Dragonerregiments, in die Schlacht warf. Die Schanzen des Brückenkopfs wurden überwunden und die türkischen Kämpfer in den Fluss getrieben; dann wurden die Brücken beschossen. Eugen kannte keine Gnade und es wurden nur wenige Gefangene gemacht. Der totale Sieg der Kaiserlichen kostete den Sultan, der mit dem Rest seiner Truppen floh, 25.000 Mann, die komplette Artillerie und die gesamte Verpflegung. Die Armee Eugens hatte lediglich den Tod von 401 Mann und 28 Offizieren zu beklagen. Eine schlimmere Niederlage hatte die osmanische Armee in Europa bisher niemals erlebt. Prinz Eugen war durch diesen Sieg in den Olymp der großen Feldherren der Geschichte aufgestiegen. Der Sieg von Zenta am 11. September 1697 und die weiteren militärischen Erfolge Eugens führten zum Frieden von Karlowitz im Jahre 1699, der Österreich sehr große Gebietsgewinne brachte und es in den Rang einer Großmacht erhob.

Der große Heerführer machte in dieser Zeit die Bekanntschaft des Diplomaten *Johann Wenzel Wratislaw von Mitrowitz*, der sein engster Freund und Berater wurde. Von Kaiser *Leopold I.* wurde er für seine Verdienste mit großen Grundbesitz belohnt. Eugen kümmerte sich sehr intensiv um seine Ländereien und suchte immer nach Verbesserungen für Verwaltung und Produktion. Als sich der von Eugen erwartete spanische Erbfolgekrieg ankündigte, bedeutete dies für ihn, dass er als fähigster General des Reiches erneut seinem Kaiser zu dienen hatte.

Der spanische Erbfolgekrieg brachte dem Prinzen Eugen vorerst den Oberbefehl auf dem italienischen Kriegsschauplatz, wo er 1701 siegreich die Schlachten von Carpi und Chiari schlug, 1702 den erfolgreichen Handstreich bei Cremona unternahm und die Schlacht bei Luzzara gewann.

Am 27. Juni 1703 wurde der erfolgreiche Feldherr Präsident des kaiserlichen Hofkriegsrates, des höchsten militärischen Gremiums des Habsburger-Reiches. Er sollte diese Funktion bis zu seinem Tode innehaben. Der weitere Verlauf des Krieges brachte Eugens Zusammenwirken mit dem kongenialen britischen Duke of *Marlborough*, mit dem gemeinsam er einige große Siege errang: Höchstädt 1704, Oudenaarde 1708 und Malplaquet 1709. Daneben erfocht der Prinz alleine den glänzenden Sieg in Turin im Jahre 1706.

Die durch den gemeinsamen Kampf entstandene Freundschaft zwischen Marlborough und dem kaiserlichen Feldherrn war sehr intensiv und ertragreich, da die beiden einander als gleichwertige Heerführer achteten und viele gemeinsame Interessen verfolgten. Beide hatten jedoch Schwierigkeiten, ihre Vorstellungen gegen einen von Intrigen beherrschten Hof durchzusetzen.

Bereits 1707 war Eugen vom Reichstag in Regensburg zum Reichsfeldmarschall gewählt worden. Was eher einen Ehrentitel darstellte, denn das Heilige Römische Reich war, durch die Eigeninteressen der einzelnen Fürsten, schon zu sehr gespalten, um noch als einheitlicher Machtfaktor auftreten zu können. Ab 21. Februar des Jahres 1707 hatte der vielseitige Feldherr auch das Amt des Generalgouverneurs von Mailand inne, das er bis 1715 behalten sollte.

1712 sandte Kaiser *Karl VI.* den Prinzen zur englischen Königin *Anna*, wo er alles daransetzen sollte, dass Großbritannien in der Allianz gegen Frankreich verbliebe. Er konnte zwar mit der Regentin und wichtigen Persönlichkeiten ihrer Regierung sprechen, erreichte aber nichts, da die Entscheidung des englischen Hofes schon gefallen war. So konnten die Habsburger, trotz aller militärischen Anstrengungen, keinen endgültigen Sieg über *Ludwig XIV.* erringen und man musste sich im Friedensvertrag auf einen Kompromiss einigen, der Österreich allerdings sehr große Gebietszuwächse brachte.

Prinz Eugen sah sich am Wiener Hof *Karls VI.* immer wieder heftigen Intrigen und Machtkämpfen ausgesetzt. Hier zeigte er sich sensibler und angreifbarer, als er das auf dem Schlachtfeld war. Nachdem er zum Statthalter der spanischen Niederlande ernannt worden war, eine Funktion, die er zwischen 1716 und 1724 innehatte, war er weiter Missgunst und Verleumdungen ausgesetzt. Es scheint, als habe ihn der Kampf gegen seine Feinde am kaiserlichen Hof mehr Substanz gekostet als alle seine militärischen Einsätze.

Im erneuten Krieg gegen das Osmanische Reich, 1716 bis 1718, konnte Eugen wieder sein militärisches Genie unter Beweis stellen. Der Sieg von Peterwardein am 5. August 1716 war nicht einfach zu erringen, da das türkische Heer, unter dem Kommando des Großwesirs, der kaiserlichen Armee unter Eugen zahlenmäßig weit überlegen war. Die Österreicher griffen aus verschanzten Stellungen heraus an, Prinz Eugen konnte einen heftigen Gegenangriff auf sein Zentrum zum Stillstand bringen und den Gegner durch Flankenmanöver einkesseln. Nachdem die eingeschlossenen Osmanen aufgerieben worden waren, griff der kaiserliche Feldherr das Lager des Gegners an. Auch hier war er siegreich, der Großwesir fiel, die Reste seiner Armee flohen nach Belgrad und die Österreicher konnten die ganze türkische Zeltstadt als Beute in Besitz nehmen. Der Papst ließ zu Ehren des Siegers alle Glocken Roms läuten und sandte dem Prinzen einen geweihten Hut und Degen. Danach konnte Eugen noch die wichtige Festung Temesvar einnehmen.

Die wohl bekannteste Schlacht Eugens ist der Kampf um Belgrad im August 1717, in dem der Prinz einmal mehr zeigte, wie sehr er als Feldherr die Überraschung liebte. Er rückte, anders als erwartet, mittels einer Pontonbrücke über die Donau gegen die Stadt vor. Die Belagerung Belgrads begann. Eugen wusste, dass ein osmanisches Entsatzheer im Anmarsch war und legte Schanzen im Rücken seiner Truppen an. Diese wurden später „Eugenische Linien" genannt. Das türkische Heer mit etwa 150.000 Mann belagerte nun seinerseits die österreichischen Belagerer, der von Eugen erwartete Angriff des Gegners blieb jedoch aus. Durch kleinere Scharmützel und Krankheiten verzeichneten Eugens Truppen aber zunehmend Verluste und so musste er handeln. Als am 14. August das Pulvermagazin der Festung in die Luft flog, wobei etwa 3.000 osmanische Verteidiger ums Leben kamen, ergriff Prinz Eugen die Gelegenheit und befahl den Angriff auf die türkische Entsatzarmee. Der Angriff erfolgte noch im Dunkel der Nacht, was damals unüblich war und den Gegner überraschte. Eugen kämpfte selbst an der Spitze seiner Kavallerie. Nachdem sie einen türkischen Gegenangriff zurückgeschlagen hatten, erstürmten die Österreicher die feindlichen Schanzen. Um 10 Uhr vormittags war die Schlacht gewonnen. Nach der Niederlage des Entsatzheeres kapitulierte die Besatzung von Belgrad. Vieles an diesem Gefecht erinnert an die Belagerung Alesias durch *Caesar*. Beide Strategen waren in der Lage, eine Zweifrontenschlacht gegen einen zahlenmäßig weit überlegenen Gegner siegreich zu Ende zu führen.

Im „Lied vom Prinzen Eugen" („Prinz Eugen, der edle Ritter") wurde dieser große Erfolg verewigt. Im Frieden von Passarowitz 1718 konnte Österreich weitere Gebietsgewinne auf Kosten der Osmanen erzielen und erreichte seine größte Ausdehnung und Macht; Prinz Eugen war auf dem Höhepunkt seines Ruhmes. Das Ansehen des großen Feldherrn beim Volk war enorm und übertragte den Ruhm seines kaiserlichen Auftraggebers. Die Soldaten, die er nicht von oben herab als anonyme Masse behandelte, sondern im persönlichen Kontakt zu motivieren suchte, trugen seinen Ruhm durch ihre Begeisterung ins Volk. Man rechnete ihm hoch an, dass er die Truppe immer vorne führte und sich niemals in die Etappe zurückzog. Er gab sich sozial und kannte auch viele seiner einfachen Soldaten und Unteroffiziere beim Namen, genau wie alle seine Gärtner und Bediensteten, für die er immer ein offenes Ohr hatte.

Aber auch große, geniale Heerführer kommen in die Jahre und der Polnische Erbfolgekrieg ab 1733 zeigte einen anderen Prinzen Eugen. Er war alt und müde, seine körperlichen und geistigen Fähigkeiten hatten nachgelassen. Das Schlimmste war, dass er ängstlich geworden war, was seine strategischen Fähigkeiten hemmte. Er wollte nichts riskieren und seinem Ruf der Unbesiegbarkeit nicht im Alter durch eine Niederlage Schaden zufügen. Wohl deshalb ließ er es zu, dass die Franzosen vor seinen Augen die Stadt Philippsburg einnahmen. So hat Eugen auf seine alten Tage zwar keine Niederlage erlitten, aber auch den Krieg nicht für das Kaiserhaus entscheiden können.

Dass Prinz Eugen einer der größten Bauherrn, Kunstmäzene und Sammler der europäischen Geschichte war und der österreichische Staat bis heute von diesen Neigungen profitiert, soll hier in dieser militärischen Biografie nur am Rande erwähnt werden. Jeder, der das in Wien gelegene, für den Prinzen Eugen errichtete Schloss Belvedere besucht, wird erkennen, dass dieser Mann viel mehr war, als ein großer Feldherr und Eroberer. Wenn man die Bücherschätze des Prinzen im Prunksaal der Österreichischen Nationalbibliothek bestaunt, wird man sich nicht der Erkenntnis entziehen können, dass der Prinz auch ein großes geistiges Potential hatte, das ihn dazu befähigte, mit Geistgrößen seiner Zeit wie Leibniz, Montesquieu und Voltaire im Gedankenaustausch zu stehen. Ähnliches können nur wenige große Eroberer von sich behaupten.

Der „edle Ritter" starb am 21. April 1736 an einer Lun-

189

genentzündung in Wien. Da er wegen seiner Abneigung gegen das weibliche Geschlecht keinen Nachkommen hatte, hinterließ er sein riesiges Erbe seiner Nichte, die kein Interesse daran hatte und fast alles versteigern ließ. Seine Schlösser bekam das habsburgische Kaiserhaus, welches diese noch vergrößerte und erweiterte. Der Prinz ruht in einer Kapelle im Wiener Stephansdom, während sein Herz in der Grabeskirche des Hauses Savoyen beigesetzt wurde. Heute noch findet man den Prinzen in vielen Statuen und Büsten verewigt, wobei sein Reiterstandbild auf dem Wiener Heldenplatz wohl das bekannteste ist. Später wurden einige Schiffe der k. u. k. Marine, der italienischen Marine und der deutschen Kriegsmarine nach dem genialen Feldherrn benannt, darunter der berühmte Schlachtkreuzer Prinz Eugen, der als eines der wenigen deutschen Großkampfschiffe den Zweiten Weltkrieg überstand.

ROBERT CLIVE

(1725–1774)

Am 22. November 1774 beging ein Mann Selbstmord, dem Großbritannien einen großen Teil seines Empires verdankte. Robert Clive war der erste der so genannten „Soldier-politicals", die die Eroberung und Konsolidierung von Indien, der bedeutendsten Kolonie Englands, in die Wege leiteten. Sein Name ist heute kaum noch bekannt, doch war er jener Mann, der England zur herrschenden Macht in Indien erhob.

Robert Clive wurde am 29. September 1725 auf dem Familiengut Styche in der Grafschaft Shropshire geboren. Seine Eltern waren von niederem Adel und nicht besonders wohlhabend, ihr Landgut brachte nur 500 Pfund im Jahr ein. Dennoch war die Familie sehr stolz auf ihren jahrhundertealten Adel und auf ihre Vorfahren, die bedeutende Ämter, wie jenes des Schatzkanzlers von Irland, innegehabt hatten.

Robert war der älteste Sohn und hatte fünf Schwestern und einen Bruder. Er galt als sehr schwieriger Junge und wurde zum Schrecken seiner Lehrer. Deshalb schickte man ihn von einer Schule zur anderen. Der Unterricht war ihm gleichgültig, dagegen stürzte er sich gerne mit anderen Jungen in wilde Abenteuer, wobei er immer der Anführer sein wollte. Dennoch kann er nicht völlig ungebildet gewesen sein, denn er schrieb später in einem guten und sicheren Stil ohne orthografische Fehler.

Die Eltern des aufsässigen Jungen dürften froh gewesen sein, als er mit 18 Jahren eine Anstellung im zivilen Dienst der East India Company erhielt und von dieser als Sekretär und Schreiber nach Madras, einem der wichtigsten Stützpunkte der Briten in Indien, geschickt wurde. Die Reise dauerte sehr lange, da sein Schiff für neun Monate in Brasilien Station machte, wo Clive Portugiesisch lernte. Sein Sprachtalent sollte ihm später noch von großem Nutzen sein.

In den ersten zwei Jahren war der junge Clive nicht allzu begeistert von seinem Indienaufenthalt. Das Klima setzte ihm zu und er litt unter starkem Heimweh, wozu noch das strenge Regime kam, dem er unterworfen war und das ihm viele Einschränkungen auferlegte. Außerdem hatte er immer wieder Auseinandersetzungen mit seinen Kollegen, die einmal sogar mit einem Duell endeten. Nun kamen die starken Depressionen zum Vorschein, an denen er sein ganzes Leben lang litt. Schon damals versuchte Clive, seinem Leben ein Ende zu setzen. Zweimal versagte die Pistole, die er sich an den Kopf hielt. Er weigerte sich, mit anderen über seine Probleme zu sprechen. Das Einzige, was ihm wirklich Freude bereitete, waren seine Besuche in der Bibliothek des Gouverneurs, wo er eifrig studierte, um seine ungenügende Schulbildung auszugleichen.

Der Österreichische Erbfolgekrieg hatte seine Auswirkungen auf die europäischen Kolonien in Indien. 1744 kam es zum Ersten Karnataka-Krieg zwischen England und Frankreich. Im Jahre 1746, als Clive gerade 21 Jahre alt war, musste sich Madras dem französischen Admiral *La Bourdonnais* ergeben. Danach wurde die Stadt von feindlichen Truppen unter dem französischen Statthalter in Indien, *Dupleix*, besetzt. Es gelang Clive, sich gemeinsam mit einigen anderen zum 20 Kilometer weiter südlich gelegenen Fort St. David durchzuschlagen. Er fasste den folgenschweren Entschluss, seine Tätigkeit als Schreiber mit jener des Soldaten zu vertauschen und trat als Fähnrich in den Militärdienst ein.

In Indien herrschten zu jener Zeit chaotische Verhältnisse, da nach dem Tod des letzten starken Großmoguls *Aurangzeb* im Jahre 1707 das Mogulreich in einer Art Agonie lag und immer weiter zerfiel. Einzelne Potentaten versuchten, ihre Territorien auf Kosten anderer zu vergrößern, und die Europäer, darunter besonders die Briten und die Franzosen, nutzten die Situation aus, um sich immer mehr in Indien festzusetzen. Die Situation gab geborenen Abenteurern, die auch noch routiniert organisieren konnten, eine gute Gelegenheit, sich in Szene zu setzen. Von ihnen war Clive der bedeutendste.

In den weiteren Auseinandersetzungen zwischen den Europäern und indischen Machthabern in oft wechselnden Koalitionen konnte Clive sich profilieren und erlebte einen militärischen Aufstieg. So nahm er 1751 die Stadt Arcot im Rang eines Hauptmanns mit einer relativ kleinen Truppe von 200 Europäern und 300 Indern ein und konnte sie lange Zeit gegen einen weit überlegenen Gegner verteidigen und diesen schließlich sogar besiegen. Diese mutige Tat machte Clive mit einem Schlag berühmt. Nach weiteren britischen Siegen war damit die Herrschaft der Franzosen in Südindien beendet.

Clive verließ im selben Jahr wie sein französischer Hauptgegner Dupleix Indien, doch war er nicht abberufen worden, sondern hatte den Plan, mit seinem in Indien erworbenen Ruhm und Vermögen in seiner Heimat als Politiker Karriere zu machen. Der 29-Jährige glaubte fest an eine große Zukunft und anfangs schien es so, als solle sich sein Traum erfüllen. Er errang einen Sitz im Parlament, den er aufgrund einer Wahlanfechtung jedoch sehr rasch wieder verlor. Da er fast sein gesamtes Vermögen im Wahlkampf verbraucht hatte, fasste er den Entschluss, nach Indien zurückzukehren. Dazu beschaffte er sich ein Offizierspatent und schiffte sich als Oberstleutnant nach

Indien ein. Er hatte zwar keine Truppe bei sich, wurde aber trotzdem mit Begeisterung aufgenommen, da der neue Herrscher von Bengalen zu dieser Zeit die britischen Faktoreien angriff. Zunächst übernahm Clive 1756 das Kommando über Fort Saint David, doch es warteten bereits größere Aufgaben auf ihn. Der Nawab von Bengalen, *Siraj-ud-Dawlah*, eroberte im Juni 1756 Kalkutta, da er sich von den Briten provoziert fühlte. Neue Festungen mit Kanonen waren ohne seine Erlaubnis errichtet worden und außerdem hatten die Briten wirtschaftlich die Hindus begünstigt.

Im Januar des darauf folgenden Jahres eroberte Clive Kalkutta zurück, worauf der Nawab zum Friedensschluss bereit war, der einen Monat später besiegelt wurde. Doch bedeutete dies für Clive nur eine kurze Atempause, denn durch den Ausbruch des Siebenjährigen Krieges stand England schon wieder im Kampf mit Frankreich. Clive nahm die Stadt Chandernagore ein, welche die wichtigste Niederlassung der Franzosen in Indien war. Wenig später war auch der Friedensvertrag mit dem Nawab Makulatur und Clive brach auf, um seinem Gegner eine Schlacht zu liefern, und marschierte damit dem Höhepunkt seiner Karriere als Heerführer entgegen.

Clives Armee war klein und bestand nur aus 800 Europäern und 2.200 Indern, während der Nawab etwa 50.000 Mann und 53 schwere Kanonen aufbot. Clive berief am 21. Juni einen Kriegsrat ein, um über das Risiko einer Schlacht bei einem derartigen Ungleichgewicht der Armeen zu beraten. Einige Offiziere, darunter vor allem Major *Eyre Coote*, sprachen sich für eine Schlacht aus und als bekannt wurde, dass ein Teil der gegnerischen Armee gegen Bestechungsgeld die Seiten wechseln würde, marschierte man weiter und überschritt am 22. Juni 1757 den Fluss. Am nächsten Tag stellten sich die Truppen des Nawab zum Kampf. Clive besetzte sein Zentrum mit den europäischen Soldaten und die Flügel mit den indischen Abteilungen. Er hatte nur wenige kleinere Geschütze zur Verfügung, die er jedoch geschickt aufteilte.

Schließlich griff der Engländer mit seiner überschaubaren Armee die dicht gedrängten Truppen des Nawab an, wobei sie sich nur auf einen kleinen Abschnitt der feindlichen Front konzentrieren konnten. Clives Angriff scheiterte verlustreich und er wich in die Deckung eines Wäldchens zurück. Dabei feuerten seine Geschütze weiterhin in die Truppenmassen des Nawab und erzielten eine recht große Wirkung. Clive verschob einen weiteren Angriff auf die Zeit nach Einbruch der Dunkelheit, da er sich dann mehr Chancen ausrechnete. Ein plötzlich einsetzender heftiger Monsunregen veränderte die Situation jedoch grundlegend. Die Soldaten des Nawab hatten keine Vorkehrungen getroffen, um ihr Pulver vor Nässe zu schützen, und so konnten sie nun kaum noch schießen, während die Briten weiterhin ein heftiges Feuer unterhielten. Als die zahlenmäßig sehr starke Kavallerie des indischen Herrschers massiert angriff, wurde sie durch Clives Beschuss unter großen Verlusten zurückgeschlagen.

Wie erwartet wechselten die Truppen des indischen Fürsten *Mir Jafar*, der von den Briten Geld und bestimmte Zusicherungen erhalten hatte, die Seiten und das Schicksal des Nawab war besiegelt. Sein bengalisches Heer löste sich auf, viele Kämpfer warfen einfach die Waffen weg und ergaben sich, während andere gegen die eigenen Leute kämpften. Clives Sieg war perfekt und er konnte von sich behaupten, eine der Schlachten mit dem größten zahlenmäßigen Ungleichgewicht zwischen den Parteien gewonnen zu haben.

Mir Jafar erhielt als Lohn für seine Treulosigkeit den Thron Bengalens, wobei er kaum mehr als eine britische Marionette war, und ließ seinen Vorgänger sicherheitshalber ermorden. Der Sieg von Plassey wird als der Beginn der britischen Herrschaft über Indien betrachtet. Der indische Politiker *Nehru* schrieb zwei Jahrhunderte später, dass die Briten Indien durch „Verrat und Falschheit" erworben hätten, deren „bitterer Nachgeschmack" ihnen während der gesamten Kolonialzeit anhaftete.

Die Asiaten hatten durch die Schlacht erneut die Überlegenheit der Europäer demonstriert bekommen, die diese noch weiter ausbauen sollten. Mit der Kontrolle über Bengalen, das das reichste Land Indiens und Knotenpunkt vieler Handelswege war, hatten die Briten ihre Herrschaft auf eine stabile ökonomische Basis gestellt. Clive ließ die erbeuteten Schätze nach England schaffen, wo man darüber mehr als entzückt war. Manche Autoren meinen, dass die britische Herrschaft über große Teile Indiens und insbesondere über Bengalen die Industrielle Revolution in Europa erst richtig in Gang gebracht habe.

Clive sonnte sich in seinem Erfolg, ohne jedoch seine Depressionen, die ihn wie eine dunkle Wolke verfolgten, jemals loszuwerden. Er wurde zum Gouverneur der Ostindiengesellschaft in Bengalen ernannt, zum „Baron Clive von Plassey" erhoben und konnte mit Hilfe seines Beuteanteils große Ländereien in Irland erwerben, wobei er Teile dieses Grundbesitzes „Plassey" nannte.

Am Hof des Großmoguls nahm man die geänderten Verhältnisse rasch zur Kenntnis und versuchte, sich mit den Briten zu arrangieren. So erhielt Clive das Angebot, die Verwaltung und das Steuerwesen von Bengalen zu übernehmen. Dieser war jedoch der Ansicht, dass die britische Krone selbst diese Aufgaben übernehmen solle, um damit den Grundstein für ein britisches Imperium zu legen. Doch in London ließ man sich Zeit mit der Entscheidung und so kehrte Clive 1760 nach England zurück, wo er bei seiner Ankunft begeistert begrüßt wurde.

Man feierte den Kriegshelden Indiens, der sich von den Geschenken und Bestechungsgeldern, die er erhalten hatte, einen Sitz im Parlament kaufte. 1764 erteilte ihm der König den Ritterschlag. Clive war zum Nationalhelden aufgestiegen, doch sollte es ihn nicht lange in England halten.

Währenddessen traten in Indien einige wichtige Ereignisse ein, die ganz in Clives Sinne waren. So erlitten die Franzosen unter ihrem völlig unfähigen neuen Kommandeur *Lally*, dessen Arroganz sogar seinen eigenen Leuten auf die Nerven ging, schwere Niederlagen gegen die Briten. Lally erhielt seine Quittung, er wurde hingerichtet, wodurch die britische Position in Indien weiter gestärkt wurde. Außerdem erwies es sich als günstig für Clives Pläne, dass die sehr starken Marathen mit dem Afghanen *Ahmad Shah* um die Vorherrschaft in Indien Krieg führten, ohne dabei die Europäer in ihre Rechnung einzubeziehen. Als die Marathen 1761 schließlich besiegt und die Afghanen wieder abgezogen waren, konnten die Briten in das entstandene Machtvakuum stoßen.

Als der Wesir des Mogulreiches, *Shuja-du-Daula*, gegen die Briten vorging, die in Bengalen eine unerträglich rücksichtslose Herrschaft ausübten, kam es bei Baksar zu einer Schlacht, die wie eine Kopie des Gefechtes von Plassey wirkte. Wieder konnte ein zahlenmäßig weitaus schwächeres gemischtes britisch-indisches Heer, das diesmal von *Hector Munro* geführt wurde, ein weitaus größeres indisches besiegen. Ein Jahr nach der Schlacht von Baksar kehrte Clive mit dem Titel eines Gouverneurs und Oberbefehlshabers von Bengalen nach Indien zurück und ließ sich im Namen der Ostindienkompanie von der Mogulregierung feierlich die Herrschaft über Bengalen übertragen. Damit machte sich der Großmogul selbst zu einer Art Pensionär der Briten.

Clive gab sich alle Mühe, die Kompanie den neuen Anforderungen anzupassen, wobei er aber auf Widerstand stieß und sogar eine Meuterei seiner eigenen Offiziere erleben musste. Er bekämpfte die Korruption, da die persönliche Bereicherung aus seiner Sicht die Ausbeutung Bengalens durch die Krone empfindlich störte. Clive konnte sich zwar nicht in allen Bereichen durchsetzen, doch als er Indien für immer verließ, hatte er eine gute administrative Basis für die weitere Herrschaft der Briten in Indien und deren Erweiterung geschaffen.

Nachdem sich sein Befinden immer mehr verschlechtert hatte, kehrte Clive 1767 nach England zurück. Er hatte sich inzwischen so viele Gegner sowohl in England als auch in Indien geschaffen, die allerlei Vorwürfe gegen ihn vorbrachten, dass das Parlament ein Amtsanklageverfahren gegen ihn einleitete. Obwohl er nach langen Jahren endlich vollkommen freigesprochen wurde, fühlte sich Clive gedemütigt und gekränkt.

Der große Indien-Eroberer wurde seines Lebens nicht mehr froh und bekämpfte seine Depressionen mit dem Konsum von immer mehr Opium, was seine psychischen Probleme nur noch vergrößerte. Am 22. Dezember 1774 setzte er seinem Leben ein Ende.

Clives Lieblingshaustier, eine Riesenschildkröte mit

dem Namen „Adwaita", überlebte ihren Herrn um 232 Jahre und starb am 23. März 2006 im Zoo von Kalkutta. Es gibt einige Denkmäler Clives in Großbritannien, in Indien aber offensichtlich nicht. Im Jahre 1935 wurde ein Film über Clives Eroberungszüge gedreht, in dem einer seiner direkten Nachfahren mitspielte. Der Schauspieler war vorher durch die perfekte Darstellung des Dr. Frankenstein aufgefallen.

Friedrich der Große

(1712–1786)

Der verkleidete junge König gab sich sehr vergnügt auf dem Fest. Er schien den Karneval sehr zu genießen. Es war der Abend des 12. Dezember 1740 und im sonst eher düsteren Berliner Schloss herrschte eine ausgelassene Stimmung und allgemeine Fröhlichkeit. Was die meisten der Eingeladenen nicht wussten, war, dass der feiernde König einen Krieg beschlossen hatte, in den er am Morgen des folgenden Tages ziehen wollte. Er beabsichtigte, eine ansehnliche Kriegsbeute heimzubringen – Schlesien. Friedrich II. von Preußen suchte das „Rendezvous mit dem Ruhm" und er begegnete dem Schicksal. Dieser preußische König war nicht nur ein großer Feldherr, sondern auch ein großer Herrscher. Dabei wäre er in jungen Jahren auf Anordnung seines königlichen Vaters um ein Haar als Deserteur hingerichtet worden. Überhaupt ist das Verhältnis des jungen Friedrich zu seinem Vater einer der bekanntesten Generationenkonflikte der deutschen Geschichte.

Friedrich wurde am 24. Januar 1712 als Sohn des Kronprinzen und späteren Königs *Friedrich Wilhelm I.* und dessen Gattin *Sophie Dorothea* in Berlin geboren. Das Paar hatte insgesamt 14 Kinder, von denen aber nicht alle das Erwachsenenalter erreichten. Friedrich erhielt als Kronprinz eine sehr strenge, autoritäre und stark religiös geprägte Erziehung. König Friedrich Wilhelm war eine tyrannische Natur, deren Wirken für sein Land insgesamt sehr positiv gesehen wurde, aber der Schrecken seiner Familie war. Die Erziehung des jungen Prinzen sollte ihn seinem Vater möglichst ähnlich machen, weshalb er dessen Tugenden, wie Sparsamkeit, Gottesfurcht und soldatische Gesinnung, zu übernehmen hatte.

Der junge Friedrich war jedoch aus einem gänzlich anderen Holz geschnitzt als sein Vater. Stark unter dem Einfluss seiner Mutter stehend, entwickelte er musische Neigungen, war sehr feinsinnig und lehnte die militärische Sphäre ab, die sein Vater, der „Soldatenkönig", vertrat. Der König, der Widerspruch niemals duldete, reagierte seiner brutalen Natur entsprechend und sein Sohn musste strengste körperliche und seelische Torturen ertragen. Prügelorgien, bei denen einige beherzte Höflinge dem Kronprinzen wohl einige Male das Leben retteten, standen auf der Tagesordnung. So war Friedrich gezwungen, ein Doppelleben zu führen. In dem jungen Leutnant *Hans Hermann von Katte* fand Friedrich einen engen Freund, mit dem er die Neigungen für die Dichtkunst und das Flötenspiel teilte.

Als er den Terror seines Vaters nicht mehr aushielt, entwickelte der Kronprinz gemeinsam mit Katte einen Fluchtplan. Der Plan wurde verraten und die Freunde in der Nacht vom 4. auf den 5. August 1730 verhaftet. Der König ließ Strenge walten und Katte zum Tode verurteilen. Als er über seinen Sohn die gleiche Strafe verhängen wollte, intervenierten der Kaiser und anderer Herrscherhäuser und retten so Friedrich das Leben. Doch sein engster Freund und Vertrauter Katte wurde am 6. November 1730 vor seinen Augen hingerichtet.

Nach diesem Strafgericht ließ Friedrich Wilhelm seinen Sohn in der Kriegs- und Domänenkammer in Küstrin dienen und ihn ein Regiment in Ruppin übernehmen. Der Prinz schien sich im Sinne seines Vaters zu entwickeln und als er *Elisabeth Christine von Braunschweig* heiratete, schien der Konflikt zwischen Friedrich und dem König beigelegt. Doch hatte der Kronprinz lediglich gelernt, sich besser zu verstellen, während er auf den Tod seines übergewichtigen, kränkelnden Vaters wartete. Der gestattete Friedrich 1736, mit seiner ungeliebten Gattin Schloss Rheinsberg als seine Residenz zu beziehen, wo er, in genügender Entfernung zu seinem königlichen Vater, einen „Musenhof" gründete, an welchem Philosophie, Dichtung und Geschichte im Vordergrund standen. Er versammelte interessante und geistreiche Menschen um sich und stand in Kontakt mit dem Philosophen *Voltaire*, mit dem er über den Geist der Aufklärung debattierte. Die ganze Welt erwartete, dass aus dem musischen und feinsinnigen Kronprinzen eines Tages ein liberaler und aufklärerisch gesonnener König werden würde.

Als Friedrich nach dem Tod Friedrich Wilhelms I. am 31. Mai 1740 dessen Nachfolge antrat, schien er diese Erwartungen zunächst zu rechtfertigen: Er schaffte die Folter ab, lockerte die Leibeigenschaft, gab sich sehr tolerant gegenüber den verschiedenen religiösen Konfessionen in seinem Reich und hob die Zensur weitgehend auf. Doch ein halbes Jahr nach seiner Thronbesteigung kam ein anderer, kriegerischer Friedrich zum Vorschein, der nach der Erweiterung seines Territoriums strebte. Der „Soldatenkönig" Friedrich Wilhelm I. hatte seinem Sohn eine der besten Armeen Europas hinterlassen, die im Verhältnis zur preußischen Bevölkerung zugleich die zahlenmäßig größte war. Während sein Vater von dieser Armee, die den Großteil des Staatshaushaltes verschlang, nur sehr zurückhaltend Gebrauch gemacht hatte, kannte Friedrich II. diese Skrupel nicht.

Eine günstige Gelegenheit für einen Einsatz seiner prächtigen Armee ergab sich durch den Tod Kaiser *Karls VI.*, der den Österreichischen Erbfolgekrieg auslöste. Viele europäische Mächte versuchten, möglichst große Teile der kaiserlichen Erbmasse unter ihre Kontrolle zu bringen. Friedrich II. marschierte in die kaum verteidigte österreichische Provinz Schlesien ein und ließ sich in Breslau als Herrscher huldigen. Als die Österreicher ihm schließlich eine Armee entgegensandten, verhielt sich der junge König in seiner ersten Schlacht bei Mollwitz am 10. April 1741 ganz unheldenhaft, als er im Bewusstsein seiner sicheren Niederlage vom Schlachtfeld floh. Auf der Flucht wäre er beinahe von der österreichischen Kavallerie gefangen genommen worden. Der König war sehr erstaunt, als er später erfuhr, dass seine Truppen die Schlacht doch noch gewonnen hatten. Er hatte seine Lektion gelernt und scheute von nun an die Gefahren des Schlachtfeldes nicht, sondern hielt sich immer im Zentrum des Geschehens auf.

In einem neuen Waffengang gegen den völlig unfähigen Herzog *Karl von Lothringen* am 17. Mai 1742 hatte sich Friedrich II. schließlich unter Kontrolle und konnte erneut einen Sieg erringen. Als ihm ein Vertrag mit der von allen Seiten bedrängten österreichischen Herrscherin *Maria Theresia* schließlich den Besitz Schlesiens garantierte, schien Friedrichs Eroberung vorerst gesichert. Damit hatte er sein Territorium immerhin um mehr als ein Drittel vergrößert.

Doch ließ sich der preußische König im Jahr 1744 durch die Siege Österreichs an verschiedenen Fronten erneut in den Österreichischen Erbfolgekrieg hineinziehen und marschierte in Böhmen ein. Hier erlebte er durch die geschickten Manöver des österreichischen Generals *Traun* ein militärisches Desaster und musste sich zurückziehen. Danach konnte er die ihn verfolgenden Österreicher unter Karl von Lothringen in der Schlacht von Hohenfriedberg einmal mehr besiegen. Da er auch in der Schlacht von Soor erfolgreich blieb, kam es erneut zum Frieden mit den Österreichern, der zu Weihnachten 1745 in Dresden geschlossen wurde. Damit konnte sich Friedrich II. endgültig aus dem weiter andauernden Österreichischen Erbfolgekrieg zurückziehen und die eroberten Gebiete behalten.

Es folgten elf Friedensjahre, in denen der preußische König seinen Staat weiter reformierte, die Verwaltung verbesserte und neue Dörfer anlegen ließ. Daneben trachtete er danach, die Schlagkraft seiner Armee weiter zu verbessern, da er auf lange Sicht mit einem erneuten Krieg mit Österreich rechnen musste. In dieser Zeit ließ er sein Lustschloss Sanssouci bei Potsdam erbauen, das noch heute die Besucher beeindruckt. Er lud seinen langjährigen Brieffreund Voltaire zu sich ein, doch traten bald Spannungen auf, die schließlich zum Bruch zwischen den beiden schwierigen Charakteren führten.

Als es dem österreichischen Kanzler *Kaunitz* 1756 gelang, ein großes Bündnis von Österreich, Frankreich, Russland, Schweden und Sachsen gegen Preußen zu schmieden, kam es wieder zur militärischen Auseinandersetzung. Der nun folgende Siebenjährige Krieg brachte den preußischen

Staat an den Rand des Untergangs und war gleichzeitig der Höhepunkt in der militärischen Karriere Friedrichs II. Nachdem er in die Offensive gegangen und das militärisch schwache Sachsen ausgeschaltet hatte, gelangen dem König einige Siege gegen die Österreicher, die schließlich zur Belagerung Prags führten. Als eine weitere österreichische Armee unter General *Daun* gegen die Preußen aufmarschierte, kam es zur Schlacht bei Kolin am 18. Juni 1757, in der Friedrich seine erste militärische Niederlage erlitt. In seiner Siegeszuversicht hatte der preußische König allzu viele taktische Fehler begangen und seinen Nimbus der Unbesiegbarkeit verloren. Doch in den Schlachten bei Rossbach und Leuthen konnte Friedrich wieder bedeutende Siege erringen. Im Jahr 1758 folgte auf seinen Sieg bei Zorndorf am 25. August die Niederlage bei Hochkirch am 14. Oktober, die er erneut gegen den Österreicher Daun hinnehmen musste.

Die vernichtende Niederlage der Preußen bei Kunersdorf am 12. August 1759 wurde von Friedrichs Gegnern jedoch kaum ausgenutzt, andernfalls wäre es um den König geschehen gewesen. Nach dieser Schlacht war Friedrich II. längere Zeit nicht mehr in der Lage, eine Armee zu führen, und musste auf das militärische Geschick seines jüngeren Bruders, des Prinzen *Heinrich* vertrauen, mit dem ihn ein eher problematisches Konkurrenzverhältnis verband. In den Siegen bei Liegnitz und Torgau im Jahre 1760 konnte sich Friedrich wieder etwas Luft verschaffen, doch geriet er durch die große Überlegenheit seiner Gegner in der folgenden Zeit immer mehr in eine aussichtslose Lage. Als er schließlich bereits eingekreist und besiegt schien, starb Zarin *Elisabeth von Russland*, womit einer seiner Hauptgegner aus dem Krieg ausschied. Da auch Österreich inzwischen hohe Verluste erlitten hatte und kriegsmüde war, kam es am 15. Februar 1763 zum Frieden von Hubertusburg. Der preußische König und sein Land hatten den langen Krieg gegen übermächtige Gegner wider Erwarten überlebt.

Nach seiner Rückkehr aus dem Siebenjährigen Krieg schien Friedrich II. vorzeitig gealtert, verbraucht und zynisch geworden zu sein. Dies war, neben dem Verlust hunderttausender Soldaten und großer Verwüstungen in

201

vielen Teilen seines Landes, der Preis, den er dafür zahlen musste, dass Preußen Schlesien halten konnte und als Großmacht anerkannt wurde. Friedrich wandte sich wieder dem inneren Ausbau seines Landes zu, wobei er sich um die Einführung der Kartoffel als neues Nahrungsmittel verdient machte und neue Straßen und Kanäle anlegen ließ. Bei der Teilung des schwachen Königreiches Polen konnte er sich 1772 große Gebiete für sein Reich sichern. Friedrich II. nannte sich von nun an „König von Preußen", anstelle des alten Titels „König in Preußen", der seinem Großvater Friedrich I. vom Kaiser zugestanden worden war.

Obwohl er selbst sein Territorium durch einen Raubkrieg vergrößert hatte, wachte er darüber, dass andere Mächte nicht expandierten. Als der habsburgische Kaiser *Joseph II.* Bayern unter seine Kontrolle bringen wollte, löste das Eingreifen des preußischen Königs den so genannten „Kartoffelkrieg" von 1778/1779 aus. In dieser Auseinandersetzung kam es zu keiner großen Schlacht, sondern nur zur gegenseitigen Blockade und kleineren militärischen Manövern, doch Friedrich erreichte trotz einer für ihn unerwartet schwachen militärischen Leistung weitgehend sein Ziel. Österreich erhielt nur das relativ kleine Innviertel und musste auf den Besitz Bayerns verzichten. Ohne die Intervention Friedrichs des Großen wäre Bayern wohl heute noch ein Teil Österreichs und die Geschichte Europas wäre möglicherweise ganz anders verlaufen. Um die Habsburg-Dynastie weiterhin in ihre Schranken weisen zu können, initiierte Friedrich der Große den protestantisch dominierten Deutschen Fürstenbund, der bereits den Zerfall des Heiligen Römischen Reiches ankündigte.

Einer der größten Verehrer des preußischen Königs war seltsamerweise Kaiser Joseph II., der Sohn Maria Theresias, die immer eine erbitterte Gegnerin des „bösen Mannes in Berlin" gewesen war. Der Kaiser imitierte in vielen Bereichen den Stil Friedrichs II. und war sehr ergriffen, als er sein Idol persönlich treffen durfte. Der große Preuße war aber viel gerissener als sein österreichischer Verehrer, der gleichzeitig einer seiner Hauptgegner war, und trug fast stets den Sieg davon. Auf den Tod Maria Theresias im Jahre 1780 reagierte Friedrich bestürzt, hatte er doch große Hochachtung vor seiner bedeutenden Gegnerin. In den Zeiten der so genannten „Kabinettskriege" konnte man noch gegeneinander Krieg führen, ohne einander zu hassen.

Mit zunehmendem Alter wurde es einsamer um den König, da die meisten seiner Freunde vor ihm starben. Friedrich II. wurde immer mürrischer und unleidlicher. Dennoch arbeitete er unablässig weiter an seinen zivilen Projekten und ganz besonders an der weiteren Verbesserung der militärischen Schlagkraft Preußens. Friedrich verfasste einige literarische Werke, wie den „Antimachiavell", in dem er schon als Kronprinz über das Ethos eines aufgeklärten Herrschers philosophiert hatte, an das er sich später als König kaum hielt. Er schrieb auch historische und vor allem militärgeschichtliche Werke, die auch heute noch durchaus lesenswert sind. Da er sehr vielseitig war und am kulturellen Leben großen Anteil nahm, verfasste er außerdem Gedichte und Theaterstücke. Zudem komponierte er und war während seines gesamten Lebens ein begeisterter Flötenspieler. Die bevorzugte Sprache des Königs war das Französische, sein Deutsch war sehr mangelhaft und kam nicht über das Niveau eines Kutschers (wie er selbst meinte) hinaus. Deshalb kann es nicht verwundern, dass Friedrich von der deutschen Literatur seiner Zeit nichts hielt und sich kaum für sie interessierte. Spätere Verehrer Friedrichs des Großen sollte das aber nicht davon abhalten, ihn zum Größten aller Deutschen zu stilisieren. In der Friedrich-Verehrung tat sich ganz besonders der Nationalsozialismus hervor, weshalb der preußische König nach dem Zweiten Weltkrieg lange Zeit als historische Unperson galt.

Friedrich der Große, der nie auf seine Gesundheit geachtet und von Körperhygiene nichts gehalten hatte, verwahrloste in seinen letzten Jahren zunehmend und litt unter verschiedenen Krankheiten, gegen welche die Ärzte seiner Zeit machtlos waren. Er starb am 17. August 1786 in seinem Lieblingsschloss Sanssouci in einem Sessel sitzend. Seine Lakaien zeigten danach einigen Neugierigen gegen Geld den Leichnam des toten Königs. Friedrichs Wunsch, neben seinen Hunden auf der Terrasse von Sanssouci begraben zu werden, wurde von seinem Nachfolger Friedrich Wilhelm II. nicht erfüllt, er ließ ihn in der Potsdamer Garnisonkirche bestatten. Erst nach der deutschen Wiedervereinigung, am 17. August 1991, wurden seine sterblichen Überreste an den von ihm vorgesehenen Ort überführt. Die Beisetzung geriet zu einer Art Staatsbegräbnis, das sich der König seinerzeit ausdrücklich verbeten hatte.

Friedrich der Große errang zwölf militärische Siege, fast alle davon gegen einen zahlenmäßig überlegenen Gegner. Doch eines erreichte er nie – die vollständige Vernichtung der feindlichen Armee. Stets war diese nach kurzer Zeit wieder kampfbereit. Friedrichs Trumpf war sicherlich die meisterhafte Beherrschung der schiefen Schlachtordnung, auch wenn er trotz dieser taktischen Finesse zwei Niederlagen erlitt. Der große preußische König setzte auf den intensiven Drill seiner Soldaten. Die damals übliche Bestrafung durch harte körperliche Züchtigung schien ihm durchaus gerechtfertigt, um die Disziplin aufrechtzuerhalten. Friedrich der Große hat keine kriegstechnischen Neuerungen initiiert oder eingeführt, sondern lediglich das Vorhandene effektiv eingesetzt. Ohne das große Aufbauwerk seines Vaters hätte er wohl nicht die militärischen Möglichkeiten gehabt, seine Expansionspolitik zu betreiben.

Gelegentlich beging Friedrich gravierende militärische Fehler. So zum Beispiel, als er seine Armee bei Hochkirch direkt unter den Kanonen seines Gegners Daun lagern ließ. Dabei soll er gesagt haben: „Wenn uns die Österreicher hier in Ruhe lassen, verdienen sie, gehängt zu werden." Daun reagierte wie immer recht spät und schlug erst nach vier Tagen zu, allerdings mit einem verheerenden Ergebnis für die preußische Armee. Auch auf dem Sektor der Belagerung zeigte der preußische König keine überragende Begabung, von vier Belagerungen im Siebenjährigen Krieg konnte er nur eine erfolgreich beenden. König Friedrich II. von Preußen war eines der größten Genies der Kriegsgeschichte, doch nicht unfehlbar.

Napoleon Bonaparte

(1769–1821)

In der Verbannung auf St. Helena hatte Napoleon große Sorge um seinen Nachruhm. Er schrieb: „Die Historiker mögen noch so viel unterschlagen und verstümmeln, es wird ihnen doch schwer fallen, mich ganz verschwinden zu machen." Wie wir wissen, war genau das Gegenteil der Fall. Es gibt angeblich 80.000 Publikationen, die sich mit Napoleon beschäftigen. „Napoleon war ein Naturereignis. Ihn einen großen Schlächter schmähen, heißt nichts anderes, als ein Erdbeben groben Unfug schelten oder ein Gewitter öffentliche Ruhestörung" (*Christian Morgenstern*). Wobei man nicht vergessen sollte, dass dieses „Naturereignis" etwa vier Millionen Menschen das Leben gekostet hat.

Als Napoleon am 15. August 1769 in Ajaccio auf Korsika als Sohn des Advokaten *Carlo Buonaparte* geboren wurde, ahnte sicher niemand, dass dieser Knabe eines Tages als der vielleicht größte Kriegsherr aller Zeiten gelten sollte. Sein Vater gehörte dem niedrigen Adel an und war ein erklärter Feind der Franzosen, die Korsika besetzt hielten. In Napoleons Geburtsjahr war der Widerstand der Korsen gegen den Besatzer in der blutigen Schlacht bei Pontenuovo endgültig gescheitert.

Napoleon war ein schwieriges, widerspenstiges Kind mit einer Neigung zum Jähzorn, zeigte jedoch auch eine große Anhänglichkeit gegenüber seiner Mutter *Letizia Buonaparte*, die großen Wert auf den Zusammenhalt der Familie legte. Nachdem Carlo Buonaparte die Fronten gewechselt und sich bei den Franzosen beliebt gemacht hatte, erhielten er und seine Familie gewisse Privilegien. Wozu auch ein Stipendium für Napoleon gehörte, das es ihm ermöglichte, in einer königlichen Militärschule unterzukommen. Zuvor musste er, wie sein Bruder *Joseph*, der Priester werden wollte, in einer Schule in Autun die französische

Sprache erlernen. Danach kam er an die Militärschule in Brienne, in der vornehmlich die Söhne des Adels die Kriegskunst erlernten. Anfangs war der „exotische" Junge mit dem fremden Namen und dem italienischen Akzent sicher ein Außenseiter unter seinen Kameraden, doch er verstand es, sich durchzusetzen. Der junge Napoleon war von hoher Intelligenz und verfügte über einen ausgesprochenen Ehrgeiz, was auch seinen Lehrern auffiel. Als er nach viereinhalb Jahren die Schule verließ, befürworteten sie seine Aufnahme in die Kriegsschule von Paris, welche die renommierteste dieser Art war, als Offiziersaspirant. Obwohl ihn die Angehörigen des französischen Hochadels den gesellschaftlichen Abstand deutlich spüren ließen, studierte Napoleon mit Begeisterung und konnte vorzeitig sein Examen ablegen. Mit nur 16 Jahren kam er als Secondeleutnant zu einem Artillerieregiment in Valence. Hier erlernte er sein Handwerk von der praktischen Seite, wobei sich rasch erwies, dass er sehr gut mit den einfachen Soldaten umgehen konnte. Diese Eigenschaft sollte sich später als für ihn sehr nützlich erweisen. Wie schon in seiner Schulzeit verbrachte er den größten Teil seiner Freizeit mit Lesen. Schon bald war er allen seinen Offizierskollegen an Bildung weit überlegen.

Als sein Vater 1785 mit nur 39 Jahren an Magenkrebs starb, einer Krankheit, der Napoleon später höchstwahrscheinlich selbst erlag, kümmerte er sich um die schlecht gehenden Geschäfte der Familie. Anfang Juni 1788 kehrte er zu seinem Regiment zurück, das nun in der Bourgogne stationiert war. Sein Vorgesetzter, *General du Teil*, erkannte die hohe Begabung Leutnant Napoleons und gab ihm immer wieder Gelegenheit, im Manöver zu brillieren.

Nun machten sich mit der allgemeinen Unzufriedenheit und der Einberufung der Generalstände die ersten Vorboten der Revolution bemerkbar. Im April 1789 erhielt Napoleon das Kommando über drei Kompanien, um Unruhen niederzuschlagen, obwohl er selbst mit den revolutionären Umtrieben sympathisierte. Als das Land durch den Sturm auf die Bastille erschüttert wurde, kam es auch in Napoleons Dienstort Auxonne zu Plünderungen und Meutereien unter den Soldaten. Den ehrgeizigen jungen Leutnant und korsischen Patrioten hielt es nicht länger in der Armee, er erbat Urlaub und ging nach Korsika, wo er politisch tätig sein wollte. Gemeinsam mit seinem Bruder Joseph, der inzwischen sein Interesse am Priesterberuf verloren hatte, gründete er dort die korsische Nationalversammlung und Nationalgarde. Von einer völligen Abtrennung der Heimat von Frankreich wollte er aber nichts wissen. Napoleons Begegnung mit dem korsischen Freiheitskämpfer Paoli verlief enttäuschend und so kehrte er im Februar 1791 wieder zu seiner Einheit zurück und wurde zum Premierleutnant befördert. Nachdem *Ludwig XVI.* aus Paris zu fliehen versucht hatte, verließen viele royalistische Offiziere ihre Einheiten, während sich der Korse als Republikaner zu erkennen gab und dem Jakobinerklub beitrat. Napoleon kehrte im Oktober 1791 nach Korsika zurück, wo er erneut politisch aktiv wurde. Es kam auch zu blutigen Auseinandersetzungen, an denen er nicht unbeteiligt war. Als man ihn deshalb aus der Armee entließ, begab er sich nach Paris, wo er seine Wiederaufnahme durchsetzen konnte und sogar zum Hauptmann befördert wurde.

Frankreich befand sich inzwischen im Krieg mit Österreich und Preußen, während sich im Lager der Revolutionäre die Gegensätze zuspitzten und die Guillotine immer mehr Opfer forderte. Napoleon war am zweiten Sturm auf die Tuilerien am 10. August 1792 beteiligt, der zu einem Massaker an der Schweizer Garde führte. Danach agitierte er erneut im Sinne der Revolution auf Korsika und nahm an einem Angriff auf die Nachbarinsel Sardinien teil, der scheiterte. Da sich die politische Entwicklung auf Korsika nun gegen ihn wandte, musste Napoleon mit seiner Familie aufs Festland fliehen.

In Frankreich wurden die Verhältnisse immer chaotischer, wovon der Korse profitierte. Während der letzten Phase der Revolution, die ganz im Zeichen der „Terreur" stand, wurde *Robespierres* Bruder auf ihn aufmerksam und Napoleon erhielt den Auftrag, unter dem Kommando du Teils die abtrünnige Stadt Toulon zurückzuerobern. Er bewies dabei zum ersten Mal sein großes militärisches Genie und seine Vorgesetzten waren voll des Lobes für die rasche Inbesitznahme der wichtigen Hafenstadt. Napoleon wurde am 22. Dezember 1793 zum Brigadegeneral ernannt und erhielt bald darauf das Kommando über die Artillerie der französischen Italienarmee. Während er Angriffspläne gegen die Österreicher entwickelte, wurden Robespierre und seine Gruppe jedoch verhaftet und exekutiert. Auch Napoleon wurde festgenommen, führte seine Sache aber so gut, dass er nach wenigen Wochen wieder freikam. Seinen Posten war er allerdings los. Nachdem er eineinhalb Jahre bei seiner Familie verbracht hatte, übertrug man Napoleon Ende April 1795 erneut ein Kommando, er weigerte sich jedoch, in der Infanterie zu dienen, was einmal mehr zu seiner Entlassung aus dem Dienst führte.

Während Frankreich sich vom Alptraum der blutigen Revolution zu erholen suchte, hatte Napoleon das Glück, den Vicomte *de Barras* kennen zu lernen, der ihn von nun an protegierte. Als er unter dem Kommando seines Gönners einen Aufstand gegen die neuen Machthaber im Keim erstickte, indem er mit Kanonen auf das Volk feuern ließ, war Napoleon plötzlich der Liebling des Regimes, wurde zum Divisionsgeneral befördert und Oberbefehlshaber des Inneren.

Nachdem er eine Affäre mit *Josephine de Beauharnais* begonnen hatte, die er schließlich im März 1796 heiratete, warb der Korse eifrig für seine Ernennung zum Oberbefehlshaber in Italien. Schon zwei Tage nach seiner Hochzeit eilte Napoleon als neu ernannter Kommandeur der Italienarmee nach Nizza. Seinen Namen änderte er in Bonaparte.

Die Offiziere der Armee begegneten ihrem neuen 26-jährigen Befehlshaber mit viel Skepsis, doch der konnte sie rasch von seinen Fähigkeiten überzeugen. Napoleon gelang es, die Österreicher von den mit ihnen verbündeten Piemontesen abzuschneiden und nacheinander beide zu besiegen. In der Schlacht bei Lodi stürmte er selbst eine umkämpfte Brücke und wurde das Idol seiner Soldaten. Binnen kurzer Zeit hatte der junge General die Lage in Italien verändert, was man im Direktorium in Paris mit zwiespältigen Gefühlen zur Kenntnis nahm, denn Napoleon war nun ein großer Machtfaktor. Als man ihm einen Teil seiner Armee wegnehmen wollte, ließ er das einfach nicht zu.

Mit mehreren siegreichen Schlachten gegen die Österreicher erkämpfte Napoleon den Zugang ins habsburgische Kernland, in das er schließlich eindrang. Österreich war zu Verhandlungen bereit, in denen der Korse großes Verhandlungsgeschick bewies: Die Habsburger gaben Belgien und die Lombardei auf und sicherten den Franzosen das linke Rheinufer zu. In seinem Vorgehen kümmerte sich Napoleon wenig um die Vorstellungen der Regierung in Paris. Nach Gutdünken gründete er in Italien einige von Frankreich abhängige Vasallenstaaten.

Napoleons neuer Kampfstil, der auf schnelles Vorrücken und das Überraschungsmoment setzte und sich mit der durch die Revolution entstandenen begeisterungsfähigen Wehrpflichtigenarmee optimal verwirklichen ließ, sollte von nun an Schule machen. Dem hatten die Berufsarmeen der absolutistischen Staaten vorerst wenig entgegenzusetzen. Napoleon vertraute auf die Propaganda und gründete Zeitungen, die die öffentliche Meinung beeinflussen sollten. In Paris wurde er stürmisch gefeiert und war mit einem Male der populärste Mann in Frankreich. Das eifersüchtige Direktorium musste ihn wohl oder übel zum Kommandeur der England-Armee ernennen, die den Kanal überqueren und die Britischen Inseln angreifen sollte. Doch er erkannte rasch, dass dies unter den gegebenen Umständen kaum möglich sein würde, und bestürmte das Direktorium, ihn mit einer Armee nach Ägypten zu schicken. So würde er seine Orientsehnsucht befriedigen, Frankreich zu einer neuen Kolonie verhelfen und den Landweg nach Indien wieder öffnen können.

Als er am 19. Mai 1798 von Toulon aus mit einer großen Flotte in See stach, hatte Napoleon 38.000 Soldaten und hunderte Wissenschafter und Künstler bei sich. Da der berühmte britische *Admiral Nelson* die französische Flotte nicht rechtzeitig abfangen konnte, landete der Korse mit seiner Armee bei Alexandria, das er in Besitz nahm. Dann trieb er seine Truppen in einem Gewaltmarsch durch die Wüste, wobei sich schon andeutete, dass die klimatischen Verhältnisse zum Hauptproblem dieses Feldzugs werden könnten. Nach dem Sieg über die Reiterheere der Mamelucken zog Napoleon am 23. Juli 1798 in Kairo ein. Doch dann vernichtete Nelson die französische Flotte bei Abukir und die Franzosen waren von ihrem Nachschub abgeschnitten. Napoleon hatte nun mit Aufständen der Ägypter zu kämpfen, die die fremden Eroberer vertreiben wollten. Der Korse ging äußerst brutal vor und ließ viele Gefangene köpfen. Als er hörte, dass eine türkische Armee gegen ihn in Anmarsch sei, zog er ihr entgegen, doch das Unternehmen endete im Desaster. Mit hohen Verlusten musste Napoleon den Rückzug durch die Wüste antreten. Obwohl er danach dennoch einen großen Sieg gegen die Türken errang, entschloss er sich, nach Frankreich zurückzukehren.

Auf dem kontinentalen Kriegsschauplatz hatten die Franzosen währenddessen einige schmerzhafte Niederlagen gegen die Österreicher und Russen erlitten und die Position des Direktoriums verschlechterte sich zusehends. Napoleon gab das Kommando in Ägypten ab und segelte nach Frankreich, wo man ihn begeistert als Retter in der Not empfing. In einem Staatsstreich, der allerdings fast gescheitert wäre, stürzte Napoleon das inzwischen verhasste Direktorium und ernannte sich selbst zum Ersten Konsul, was faktisch der Stellung eines Diktators gleichkam.

Napoleon erklärte die Revolution für beendet und versuchte, deren Errungenschaften in den folgenden relativ friedlichen Jahren der Konsolidierung fest in seinem Staatswesen zu verankern. So schuf er ein zentrales Verwaltungsnetz und ein einheitliches Schulsystem. Auch beendete er den Kirchenkampf durch ein Konkordat mit Papst Pius VII. Eine der größten Leistungen des Korsen war der für das übrige Europa vorbildliche „Code Civil", ein auf dem Prinzip der Gleichzeit beruhendes Gesetzeswerk. Andererseits installierte Napoleon einen sehr wirkungsvollen Polizeiapparat, es herrschte strenge Zensur, politische Gegner wurden gnadenlos verfolgt.

Nachdem er sich außenpolitisch zunächst friedfertig gegeben hatte, überschritt Napoleon im Mai 1800 in einer gewagten Aktion auf den Spuren *Hannibals* die Alpen. Als er auf eine österreichische Armee traf, erlitt er zunächst eine Niederlage, die aber durch ein weiteres französisches Corps unter *Desaix*, der auf dem Schlachtfeld erschien, als die Österreicher bereits ihren Sieg feierten, in einen knappen Sieg umgewandelt wurde. Der Frieden von Luneville am 9. Februar 1801 machte Frankreich zur ersten Macht auf dem Kontinent.

1802 ließ sich Napoleon durch einen Volksentscheid zum Konsul auf Lebenszeit ernennen und mit einer Vielzahl von Machtbefugnissen ausstatten. Unter anderem hatte er die Bestimmung durchgesetzt, seinen Nachfolger selbst aussuchen zu können, was faktisch die Rückkehr zur Monarchie bedeutete. Im Jahre 1804 krönte er sich selbst zum Kaiser der Franzosen, in der empfundenen Nachfolge Karls des Großen. Nun nahm er die Neuordnung Europas in Angriff, deren wohl wichtigstes Ergebnis die endgültige Zerschlagung des Heiligen Römischen Reiches darstellte. Ehemalige Reichsfürsten wurden abgesetzt oder „herrschten" nun in Vasallenstaaten. Die Niederlande und die Schweiz gerieten in engste Abhängigkeit von Frankreich und Italien wurde völlig umstrukturiert.

Ab 1805 widmete sich Napoleon ganz seinem maßlosen Expansionsdrang, was natürlich wiederum Krieg bedeutete. Dieses Mal ging die Initiative von England aus, das sich bereits seit 1803 in einem eher ereignislosen Kriegszustand mit Frankreich befand. Napoleon hatte die Invasion Englands vorbereitet, die aber unterblieb, weil schon der Versuch, auch nur kurzfristig die Oberhand auf dem Kanal zu gewinnen, scheiterte. Als nun Österreich und Russland in die Koalition mit England eintraten, bot sich Napoleon die Gelegenheit, von seinen sinnlosen Invasionsvorbereitungen abzulassen und in Richtung Mitteleuropa zu marschieren.

Der Krieg von 1805, in dem er Österreich und Russland besiegte, ist wohl der großartigste Feldzug Napoleons überhaupt und die Schlacht bei Austerlitz sein größter Triumph. Durch den raschen Vormarsch überraschte der Korse zunächst den österreichischen *General Mack*, einen der größten Versager der Kriegsgeschichte, bei Ulm und nahm dessen Armee gefangen. Danach marschierte er in Wien ein und stieß unter Verfolgung der Österreicher und Russen bis nach Mähren vor. In der von ihm genial geführten Schlacht bei Austerlitz am 2. Dezember 1805 schlug er ein ihm zahlenmäßig überlegenes Heer aus Österreichern und Russen vernichtend. Diese Schlacht ging auch als die „Dreikaiserschlacht" in die Geschichte ein, weil neben Napoleon auch der österreichische und russische Kaiser zugegen waren. Der einzige Wermutstropfen im Triumphjahr des Korsen war die Vernichtung seiner Flotte durch die Engländer unter *Nelson* bei Trafalgar. Damit waren alle Pläne zur Eroberung Englands endgültig zunichte.

Als der habsburgische Kaiser um Frieden ersuchte, nahm Napoleon Österreich große Gebiete weg und ernannte die Fürsten von Bayern und Württemberg, deren Gebiet er mit Territorium der Habsburger vergrößert hatte, zu Königen. Napoleon setzte auch einige seiner Familienmitglieder in verschiedenen unterworfenen Territorien zu Herrschern von seinen Gnaden ein. Der Korse war nun der Herr Europas. Nach der Gründung des Rheinbundes und dem Austritt der Mitgliedsstaaten aus dem Heiligen Römischen Reich wurde dieses vom nunmehrigen österreichischen *Kaiser Franz I.* für aufgelöst erklärt. Damit war die tausendjährige Geschichte dieses langlebigsten staatlichen Gebildes Europas beendet.

Als die Preußen im Jahre 1806 gegen ihn zu Felde zogen, hatte Napoleon Gelegenheit, auch dieses erst durch Friedrich dem Großen zur Großmacht aufgestiegene Land unter seine Kontrolle zu bringen. Wieder hatte er mit seinem schnellen Vormarsch den Gegner überrascht und mit der modern organisierten französischen Armee ein „verzopftes" Heer der alten Schule geschlagen. Das siegessichere Preußen war wie ein Kartenhaus in sich zusammengebrochen.

Am 21. November 1806 verhängte der Kaiser die „Kontinentalsperre", die alle Häfen des Kontinents für englische Schiffe und Waren abriegelte. Am 8. Februar 1807 stieß Napoleons Armee mit den Russen zusammen, die eigentlich den Preußen zu Hilfe hätten kommen sollen. In der Schlacht bei Preußisch-Eylau am 8. Februar 1807 kam es zu einer heftigen Auseinandersetzung, die die bis dahin blutigste in Napoleons Karriere war. Die Schlacht brachte keinen eindeutigen Sieg, was seinem Nimbus Schaden zufügte. Obwohl sich das Kriegsglück nun mehr den Russen zuneigte, schloss der Zar mit Napoleon am 25. Juni 1807

NAPOLEON BONAPARTE

den Frieden von Tilsit. Während man sich dort fast freundschaftlich einigte, wurde den besiegten Preußen die Hälfte ihres Staatsgebietes weggenommen, außerdem blieb das Land militärisch besetzt.

Napoleon wurde auf dem Höhepunkt seiner Macht als „auffallend hässlich" mit einem „dicken aufgedunsenem, braunen Gesicht" sowie „klein und ganz ohne Figur" beschrieben. Doch er selbst sah sich wohl nur als den erfolgreichsten Eroberer der neuen Geschichte. Er arbeitete wie besessen, brauchte wenig Schlaf und schien immer über alles Bescheid zu wissen und alles unter Kontrolle zu haben. Jähzornig war er, gewalttätig, aber auch liebenswürdig konnte er bei Bedarf sein; manche sahen „einen grausamen Zug um seinen Mund". Später hielt er sich selbst für unfehlbar und verlor völlig den Kontakt zur Realität. Widerspruch wurde nicht geduldet und es sollte sich später rächen, dass er sich nur mit willfährigen Lakaien und Jasagern umgab – auf sich allein gestellt, produzierten seine Marschälle meist militärische Niederlagen. Sein Regime hing ganz von seiner Person ab, der mittlerweile fast kultische Verehrung entgegengebracht wurde.

Die Besetzung Portugals und Spaniens ging über die Ressourcen von Napoleons Reich hinaus, ohne dass er sich dessen bewusst war. Der Widerstand der Spanier erforderte laufend eine Erhöhung der Besatzungstruppen und führte ein englisches Expeditionskorps unter Wellington auf diesen Kriegsschauplatz. Napoleon musste persönlich in Spanien eingreifen, was er vorerst auch siegreich tat. Der Guerilla der spanischen Bevölkerung konnte er nichts anhaben.

In Wien gewann die Kriegspartei wieder die Oberhand und so trat Österreich erneut auf den Plan. Als die habsburgischen Truppen vorrückten, schlug ihnen in Deutschland eine Welle der Begeisterung entgegen, in der sich bereits der spätere Befreiungskrieg ankündigte. Unter *Andreas Hofer* kam es in Tirol, das von Bayern und Franzosen besetzt war, zu einem Aufstand. Napoleon reagierte wieder sehr schnell und konnte die Truppen *Erzherzog Karls* bald zurückdrängen. Nachdem er Wien besetzt hatte, kam es zur zweitägigen Schlacht bei Aspern. Die Nachricht von Napoleons erster wirklicher Niederlage in der Schlacht am 21. und 22. Mai 1809 verbreitete sich rasch in ganz Europa. In der ebenfalls zwei Tage dauernden Schlacht von Wagram konnte der Korse infolge massiver Verstärkung seiner Truppen zwar wieder das Feld behaupten, doch er schien viel von seiner alten Ausstrahlung verloren zu haben. Im Alter von 40 Jahren hatte der große Eroberer den Zenit seiner Laufbahn überschritten. In vielen Teilen Europas begann sich nun Widerstand zu regen.

Napoleon heiratete die österreichische Kaisertochter *Marie Louise*, die ihm schließlich einen Thronfolger schenkte. Allerdings sollte dieser die meiste Zeit seines kurzen Lebens als Gefangener in Wien verbringen. Die Kontinentalsperre richtete sich nun gegen Europa selbst und schuf große wirtschaftliche Probleme. Napoleon hatte bereits neue Kriegs- und Eroberungspläne; wie *Alexander der Große* wollte er nach Indien marschieren. Doch vorerst wandte er sich gegen Russland.

Der Kaiser stellte die größte Armee auf, die Europa bis dahin gesehen hatte. Mit diesen 675.000 Soldaten wollte er das Reich des Zaren unterwerfen. Es gab genug warnende Stimmen, doch Napoleon drang am 24. Juni 1812 mit seinem Heer in Russland ein. Obwohl es zunächst zu keiner größeren Schlacht kam, schmolz seine Armee durch Krankheit, Erschöpfung und Desertion dahin. Der Nachschub stockte, es fehlten Pferde und die abziehenden Russen ließen nur verbrannte Erde zurück. Bei Borodino stellte sich die Armee des Zaren am 7. September 1812 schließlich doch zur Schlacht und es entspann sich eines der blutigsten Gefechte der Geschichte, das 80.000 Tote und Verwundete forderte. Napoleon gewann die Oberhand und zog nach diesem für beide Seiten fast vernichtenden Sieg mit dem Rest seiner Armee in Moskau ein. Die Stadt war von ihren Einwohnern inzwischen verlassen worden und wurde in Brand gesetzt. Viel zu spät gab Napoleon den Befehl zum Rückzug, der am 19. Oktober begann und zum Untergang seiner Armee im harten russischen Winter führte. Insgesamt sind wohl 500.000 Soldaten der großen Armee in Russland verloren gegangen.

Zurück in Frankreich, sah sich Napoleon mit Volkserhebungen in ganz Deutschland und einer starken gegnerischen Koalition konfrontiert. 1813 zog er erneut in den Krieg, doch seine Armee war nicht mehr die von Austerlitz. Nach einigen Siegen, bei denen sein militärisches Genie nochmals triumphierte, erlitt er in der „Völkerschlacht" bei Leipzig vom 16. bis 19. Oktober 1813 seine entscheidende Niederlage. Danach lieferte er nur noch Rückzugsgefechte und nachdem alle seine Verbündeten von ihm abgefallen waren, musste er schließlich im April 1814 die Waffen strecken. Napoleon wurde von der Koalition der Sieger nach Elba verbannt. Sein Stern schien erloschen.

Doch der Korse versuchte sein Glück noch einmal und kehrte am 1. März 1815 überraschend nach Frankreich zurück. Es begann die so genannte „Herrschaft der 100 Tage", die ihn zunächst unter großer Anteilnahme der Bevölkerung im Triumphzug nach Paris führte. Hier vertrieb er den behäbigen alten König *Ludwig XVIII.* und bildete eine Regierung. Doch musste er sogleich wieder in den Krieg ziehen, denn die Armeen der Koalitionstruppen befanden sich bereits auf dem Weg nach Frankreich. Napoleon stellte rasch eine Armee auf, zu der natürlich viele Veteranen seiner früheren Feldzüge gehörten.

Auf der Führungsebene konnte Napoleon allerdings nur auf einen kleinen Kreis seiner früheren Mitkämpfer zählen. Deshalb musste er improvisieren und viele Positionen mit unerfahrenen Leuten besetzen. Napoleon beschloss, sich vorerst nach Norden zu wenden und die Armeen *Wellingtons* und *Blüchers*, die gegen ihn ins Feld zogen, getrennt zu schlagen. Bei Ligny besiegte er die Preußen unter Blücher, bevor diese sich mit der verbündeten Armee Wellingtons vereinen konnten. Allerdings war dies kein entscheidender Sieg und die preußische Armee konnte sich relativ intakt zurückziehen. Napoleon beauftragte *Marschall Grouchy* mit der Verfolgung von Blüchers Truppen. Grouchy hatte aber noch nie ein Korps befehligt und er kam seiner Aufgabe nur unzureichend nach.

Nachdem Wellington von der preußischen Niederlage erfahren hatte, bereitete er sich zur Verteidigung vor. Die Schlacht sollte in der Nähe der Stadt Waterloo rund 15 Kilometer südlich von Brüssel stattfinden. Napoleons Angriff erfolgte relativ spät am 18. Juni 1815 und es entspann sich eine ausgesprochen heftige und verlustreiche Schlacht. Der Korse ließ die ihm sonst eigene militärische Genialität an diesem Tag vermissen, seine Kampfführung wirkte unorganisiert und er hatte den Widerstandwillen der gemischten Verbände Wellingtons offenbar weit unterschätzt. Dieser hielt so lange stand, bis ihm ein großer Teil von Blüchers Armee zu Hilfe kam. Napoleon versuchte daraufhin, die vordringenden Preußen zu stoppen und mit einem letzten Großangriff Wellingtons Schlachtlinie zu durchbrechen. Beides scheiterte unter großen Verlusten. Danach begann sich die französische Armee aufzulösen, der Rückzug geriet schließlich, trotz heldenhafter Aufopferung der kaiserlichen Garde, zu einer wilden, ungeordneten Flucht.

Nach der Schlacht schrieb Napoleon: „Die tapferste Armee ist, wenn sie in Verwirrung gerät und die Organisation nicht mehr besteht, ohnmächtig."

Bei den meisten Feldherren stellt man sich die Frage, welcher ihr größter Sieg gewesen sei. Bei Napoleon ließe sich auch fragen, welcher seiner wenigen Niederlagen die größte Bedeutung zukommt. Hier könnte man vielleicht drei nennen: Aspern, weil sie seinen Nimbus der Unbesiegbarkeit zerstörte, Leipzig, weil sie der Anfang vom Ende war – und natürlich Waterloo, seine endgültige Niederlage.

Am 22. Juni 1815 musste Napoleon für immer abdanken. Es folgten für ihn bittere Jahre des Exils auf St. Helena und für Europa die Neuordnung auf dem Wiener Kongress. Napoleon starb am 5. Mai 1821 im Alter von 51 Jahren auf der kleinen Insel im Atlantik unter britischer Bewachung.

Der englische Schriftsteller *George Orwell* nannte in seiner 1945 erschienenen bitteren Satire „Animal Farm" das dickste Schwein, das auf dem Bauernhof eine Schreckensherrschaft errichtet, wohl nicht ohne Grund „Napoleon".

Shaka Zulu

(1787–1828)

Der in Europa wenig bekannte König des afrikanischen Volkes der Zulu verhalf diesem zu einer bedeutenden Machtstellung auf dem Schwarzen Kontinent. Er gilt heute als der größte König der Zulu, da er großes Geschick bei der militärischen Überwindung seiner Feinde bewies, einen großen Teil des Gebietes des heutigen Südafrika eroberte und die unterworfenen Völker durch kluge Politik in sein Reich eingliederte. Andererseits verübte er schreckliche Grausamkeiten, seine Eroberungskriege kosteten viele Menschenleben und zerstörten das Stammesgefüge im südlichen Afrika.

Gegen Ende des 17. Jahrhunderts wanderten Stämme aus dem heutigen Kongo nach Südafrika ein, wo sie dort ansässige Stämme verdrängten. Sie lebten unter der nominellen Herrschaft eines Oberhäuptlings in eher lockeren Stammesverbänden. Zu ihnen gehörten auch die abakwa-Zulu, die „Söhne der Sonne", ein kleiner Unterstamm der mächtigen Mthethwa.

Shaka wurde vermutlich 1787 in der Nähe des heutigen Ortes Melmoth in der südafrikanischen Provinz Natal geboren. Er war der älteste Sohn des Häuptlings der abakwa-Zulu, *Senzangakhona ka Jama*. Seine Herkunft hatte allerdings den Makel, dass ihn sein Vater mit *Nandi*, der Tochter eines früheren Häuptlings eines anderen Stammes, gezeugt hatte – und dies auch noch versehentlich. Das war beim Uku-Hlobonga geschehen, einer Art von ritualisiertem Petting, einer geduldeten Form des sexuellen Umgangs junger Leute. Der kleine Shaka hatte keine erfreuliche Kindheit, denn der Häuptling leugnete seine Vaterschaft, nahm den Kleinen aber doch in seinen Kral auf, wo er von den anderen Mitbewohnern jedoch schlecht behandelt wurde. Als seine Mutter mit ihm zu ihrem Stamm zurückkehrte, waren sie dort nicht willkommen und wurden gedemütigt.

Schließlich ging die Mutter mit dem Jungen zu ihrer Tante, deren Clan unter der Herrschaft des mächtigen Stammes der Mthethwa stand.

Shaka wuchs heran und wurde im Alter von 23 Jahren mit seiner Altersgruppe in ein Regiment eingefügt, in dem er sechs Jahre als Krieger dienen sollte. Er erwies sich als sehr mutig und erreichte rasch den Rang eines Generals. Sein Ruf verbreitete sich und er erhielt unter anderen den Beinamen „Besieger der Tausend".

Als der Kronprinz des Mthethwa-Stammes, *Dingiswayo*, nach dem Tod seines Vaters König *Jobe* aus der Verbannung zurückkehrte, brachte er völlig neue Ideen zur militärischen Organisation der königlichen Armee mit. Er modernisierte die Gliederung der Streitmacht, führte eine durchgehende Befehlskette ein und verbesserte die Taktik. Shaka interessierte und engagierte sich sehr für neue militärische Errungenschaften und den Umbau der Armee; sie sollten später zu seinem Erfolg beitragen.

Nachdem sein Vater gestorben war, kehrte Shaka zu seinem Stamm zurück und besiegte mit Hilfe von Dingiswayo seinen Bruder *Siguyana*. Als neuer Häuptling der abakwaZulu nahm Shaka fürchterliche Rache an allen, die ihn in seiner Kindheit gedemütigt hatten. Er ließ viele pfählen oder auf andere grausame Arten zu Tode bringen. Auch der Stamm seiner Mutter, der ihr jede Hilfe verweigert hatte, wurde ausgerottet. Shaka errichtete einen eigenen Königskral, den er „Stätte des Tötens" nannte. Er herrschte nun über 1.500 Menschen in einem Gebiet von wenigen Quadratkilometern. Auf dem Höhepunkt seiner Macht sollte er über eine schwer zu beziffernde, jedenfalls riesige Anzahl von Untertanen in einem Gebiet mit einem Durchmesser von 2.000 Kilometern herrschen.

Shaka wandte sich bei günstiger Gelegenheit gegen seinen ehemaligen Freund und Unterstützer Dingiswayo, denn er wollte die Mthethwa als Machtfaktor ausschalten. Er verriet Dingiswayo an den mächtigen Herrscher eines Clans aus dem Norden, der die Mthethwa unterwarf und Dingiswayo tötete. Der Sieger dieser Auseinandersetzung, Häuptling oder „König" *Zwide*, sollte Shakas nächstes Opfer werden und so versuchte er verschiedene Stämme dazu zu bringen, mit ihm gegen diesen König in den Krieg zu ziehen.

Doch die Qwabe lehnten dies ab, worauf sie Shaka gegen Ende des Jahres 1817 überfiel und besiegte. In der Folge erlebte er einen immer größeren Zuwachs an Macht. Er vernichtete von nun an alle, die sich ihm nicht unterordnen wollten. Auf diese Art gelang es ihm, in relativ kurzer Zeit 60 Stämme unterwerfen, woraus auch eine erhebliche Vergrößerung seines Territoriums resultierte.

Schließlich führte kein Weg mehr an einem Krieg mit dem mächtigen Zwide vorbei. In der ersten bedeutenden Schlacht am Gqokli-Hügel konnte Shaka durch seine ausgeklügelte Taktik den zahlenmäßig weit überlegenen Feind besiegen. Doch war Zwide nicht vernichtend geschlagen, da er viel mehr Krieger zur Verfügung hatte und seine Verluste recht leicht ersetzen konnte.

Auch aus dem zweiten Aufeinandertreffen mit Zwide ging Shaka siegreich hervor. Um seinen Nachschub zu sichern, hatte der kluge Feldherr Nahrungsvorräte an verschiedenen Orten anlegen lassen. Und er arbeitete mit „Geheimagenten", die gegnerische Krieger im Schlaf töteten und durch Desinformation für Unruhe im Heer Zwides sorgten. Schließlich griff Shaka die feindliche Armee an, als diese gerade den Fluss Mhlatuze überquerte, und fügte ihr eine empfindliche Niederlage zu. Im Anschluss stürmten Shakas Truppen den königlichen Kral des Gegners und unterwarfen die Ndwandwe, das Volk des unglücklichen Zwide.

Der Zuwachs an Macht und die rasche Ausweitung von Shakas Herrschaftsgebiet versetzte die südafrikanischen Stämme in große Unruhe. Shaka führte seine Armee mit einer nie gekannten Effizienz und großem taktischen Geschick. Immer mehr Stämme wurden unterworfen und in das Zulu-Reich integriert, während andere die Flucht vorzogen. In dieser „Mfecane" genannten Vertreibungs- und Fluchtbewegung geriet die in Jahrhunderten gewachsene Bevölkerungsstruktur in völlige Auflösung. Erschwerend kam hinzu, dass zu dieser Zeit die Buren und Briten von der Kap-Provinz aus ebenfalls auf Expansionskurs waren.

Später wurde kritisch vermerkt, dass Shaka durch die Zerstörung der alten Stammesgefüges den Landraub durch die Weißen erleichtert habe. Die entwurzelten und demoralisierten Stämme wären in der Regel zu keinem nennenswerten Widerstand mehr in der Lage gewesen.

Shaka dürfte sich mit solchen Überlegungen nicht abgegeben haben, ging es ihm doch einzig um die Ausdehnung seiner Herrschaft über möglichst viele Stämme und deren Territorien. So ließ er sich im Jahre 1824 sogar bedenkenlos von britischen Ärzten nach einer Verwundung versorgen und gab ihnen als Gegenleistung dafür Land. In diesem Jahr hatte die Expansion von Shakas Imperium die Grenze der südafrikanischen Kap-Kolonie erreicht und eine militärische Auseinandersetzung wäre ihm nicht erspart geblieben, wenn er länger gelebt hätte.

Über die Zahl von Afrikanern, die durch die Feldzüge Shakas ums Leben kam, ist man sich nicht einig, manche sprechen von bis zu einer Million Menschen. Die Zahlenangaben sind aber sehr widersprüchlich, genauso wie jene über die Größe der Bevölkerung des Zulu-Imperiums. Shaka ließ nach einer gewonnen Schlacht den überlebenden Gegnern die Wahl, Zulu-Krieger oder getötet zu werden. Natürlich entschieden sich die meisten Gefangenen für den Eintritt in die Zulu-Armee. Sie gaben damit aber die Bindung zu ihrem früheren Stamm auf und entwickelten meist schon bald ein Zugehörigkeitsgefühl zu den neuen Kampfgenossen. Das System funktionierte ausgezeichnet und beweist einmal mehr Shakas Genialität.

Shaka hatte bei seiner militärischen Erneuerung auf den Reformen von Dingiswayo aufgebaut. Da er kein Freund des Wurfspießes war, von dem jeder Krieger normalerweise drei bei sich trug, und das Werfen einer Waffe als die Kampfweise eines Feiglings betrachtete, sann er über eine bessere Waffe nach und erfand den Iklwa, ein kurzer Stoßspeer, der eine sehr lange Klinge als Spitze hatte. Der Name sollte das Geräusch imitieren, das beim Hineinstoßen und Herausziehen aus einem menschlichen Körper entstand. Dazu erhielten Shakas Krieger einen größeren Schild, mit dem sie den Schild ihres Gegners beiseite stoßen sollten, um ihn niederstechen zu können. Außerdem wurde die Regel eingeführt, dass jeder Krieger, an dessen

Speer nach der Schlacht kein Blut klebte, als Feigling gelten sollte.

Die Truppen Shakas wurden in eigenen Kriegerkrals kaserniert und es wurde großer Wert auf Disziplin und hartes militärisches Training gelegt. Jede Form von sexueller Aktivität wurde den Soldaten verboten, sie sollten sich ständig üben und abhärten. Dazu wurden ihnen die Sandalen weggenommen und sie mussten barfuß laufen und kämpfen, wobei eine tägliche Marschleistung von über 80 Kilometern von ihnen erwartet wurde. Bereits sechsjährige Knaben wurden in die Kriegerkaste aufgenommen und im Laufe der Jahre zu vollwertigen Kämpfern ausgebildet. Sie erhielten erst mit 30 Jahren die Genehmigung zu heiraten und mussten vorher enthaltsam leben. Diese Bestimmung wurde später unter Shakas Nachfolger gelockert.

Gekämpft wurde nach der Büffelhorn-Taktik. Dafür wurden die Krieger in drei Kampfgruppen aufgeteilt: Die „Hörner" hatten den Gegner zu umzingeln und seine Flanken anzugreifen; dafür wurden die jüngeren und frisch ausgebildeten Krieger verwendet. Der „Brustkorb" wurde aus den stärksten und besten Kriegern gebildet, denn sie griffen den Feind frontal an. Die „Lenden" waren die Reserve und dienten zur Verfolgung von Gegnern. Zu diesem Zweck wurden meistens Veteranen eingesetzt.

Das Regime Shakas über seine Soldaten war so streng, dass jede Art von Versagen oder Furcht schwer bestraft wurden. Genauso wie Auszeichnungen für einzelne Krieger oder einen Verband üblich waren, gab es auch die Todesstrafe für Soldaten, die nicht den Erwartungen entsprochen hatten. Sie wurden vor versammelter Truppe erschlagen oder es wurde ihnen das Genick gebrochen. Dokumentieren konnten die Krieger ihren Mut, indem sie durch das Blut auf ihren Speeren bewiesen, dass sie ihre Feinde getötet hatten.

Shakas Armee dürfte bei seinem Tod mindestens 20.000 Kämpfer umfasst haben. Jeder männliche Zulu musste einen zwei- bis dreijährigen Militärdienst ableisten. Danach hatte er noch acht Monate in einem Jahrgangs-Regiment zu dienen, bevor er wieder zu seiner Familie zurückkehren durfte. Bei Bedarf konnten all diese Reservisten mobilisiert werden. Dieses System erinnert sehr stark an die Wehrpflicht-Systeme in Europa, die ungefähr zur gleichen Zeit entstanden, und es stellt sich die Frage, ob die Organisationsform der Zulu-Armee auch auf europäischen Einfluss zurückgehen könnte.

Der König der Zulu war ein groß gewachsener Mann von stolzer Haltung, der die Gefahr nicht scheute, was auch seine Verwundungen bewiesen. Er war tapfer und erwartete das Gleiche von seinen Kriegern. Er führte seine Truppen stets sehr überlegt und ersann immer neue Listen und Überraschungsmomente. Von Niederlagen, die er erlitt, ist nichts bekannt. So mancher Gegner dürfte sich Shaka schon aufgrund seines Nimbus unterworfen haben.

Shakas Reich schien unaufhaltsam zu wachsen, nicht zuletzt deshalb, weil er das Glück hatte, in keine militärischen Auseinandersetzungen mit den Holländern oder Briten verwickelt zu werden. Das sollte erst seine Nachfolger betreffen.

Doch schließlich beginn Shaka einen schwerwiegenden Fehler. Als seine von ihm sehr geliebte Mutter Nandi starb, ließ er 7.000 seiner Untertanen umbringen und ordnete an, dass alle übrigen sieben Monate lang zu hungern hätten, als Zeichen der Trauer für seinen unersetzlichen Verlust. Das löste große Empörung aus und zum ersten Mal wagten es Angehörige seines eigenen Stammes, sich gegen ihn zu erheben. Schließlich tötete ihn sein Halbbruder *Dingane* und trat seine Nachfolge an. Shaka Zulu verstarb im September 1828 in Kwa Dukuza. Er hinterließ keine Kinder, aber einen Harem von 1.500 Frauen, den er eher aus Prestigegründen gehalten hatte.

Die auf den großen Eroberer folgenden Könige wurden sehr rasch in kriegerische Auseinandersetzungen mit den Kolonialmächten verstrickt. Wobei sie diesen viel mehr als andere afrikanische Völker zu schaffen machten, da sie von Shakas militärischer Organisation profitierten, die sie beibehielten.

Während der Herrschaft Dinganes kam es zu ersten schweren Kämpfen mit den vordringenden Buren, die mit ihrem „Großen Treck" in das Zulu-Reich eindrangen. Nach einigen militärischen Erfolgen gegen die Weißen, schlugen die Buren 1838 in der Schlacht am Blood River die Armee der Zulu und zerstörten ihre Hauptstadt. Dingane wurde schließlich von seinem Bruder *Mpande* mit Hilfe der Buren gestürzt. Trotz gewisser Gebietsverluste blieb das Zulu-Reich aber erhalten. Nachdem die Briten die Buren besiegt hatten, spielten diese die maßgebliche Rolle und sahen die Zulu als Hindernis für ihre Expansionspläne. Es kam immer wieder zu militärischen Konflikten, bis die Briten 1879 einen Großangriff starteten, der nach einem anfänglichen militärischen Erfolg der Zulu-Krieger, bei dem ein britisches Korps vollkommen vernichtet wurde, in der Schlacht bei Ulundi am 4. Juli 1879 mit deren entscheidender Niederlage endete. Damit verlor das Zulu-Reich seine Unabhängigkeit und stand nun mehr oder weniger unter der Herrschaft der Briten. Im Burenkrieg spielten die Zulu keine bedeutende Rolle mehr.

Bereits zu Zeiten des Apartheid-Regimes in Südafrika genoss Shaka in weiten Teilen der schwarzen Bevölkerung großes Ansehen und es wurden Filme über ihn gedreht. Im heutigen Südafrika gilt Shaka trotz seiner Schattenseiten als Nationalheld. In der Ideologie der Zulu-Partei Inkatha wird er als Gründer der Nation betrachtet.

Simon Bolivar

(1783–1830)

Es ist immer wieder vorgekommen, dass man Städte nach ihrem Gründer oder einer wichtigen historischen Persönlichkeit benannt hat, aber es gibt wenige Staaten auf der Welt, deren Name auf eine Person zurückgeht. Bolivien leitet seinen Namen von Südamerikas größtem Befreier ab, genauso wie Venezuela, das sich offiziell „Bolivianische Republik Venezuela" nennt. Simon Bolivar war der einzige Heerführer und Eroberer der Geschichte, der den Beinamen „Befreier" (El Libertador) erhalten hat.

Simon Jose de la Santisima Trinidad Bolivar Palacios

y Blanco wurde am 24. Juli 1783 in Caracas, im heutigen Venezuela, geboren. Seine Eltern waren sehr wohlhabende Angehörige der Oberschicht, die ursprünglich aus Spanien kamen und ertragreiche Kupferminen besaßen. Sie konnten nicht lange für ihren Sohn sorgen, der Vater starb bereits drei Jahre nach Simons Geburt, die Mutter sechs Jahre später. Der kleine Simon kam in die Obhut seines Onkels, der für eine gute Ausbildung seines Schützlings sorgte. Er wurde von dem Privatlehrer *Simon Rodriguez* unterrichtet, dem er die längste Zeit seines Lebens verbunden blieb. Durch ihn erhielt der junge Bolivar eine gute Allgemeinbildung und lernte die damals modernen Ideen der Aufklärung kennen.

Als Bolivar 15 Jahre alt war, wurde er gemeinsam mit einem Freund nach Spanien geschickt, um seine Ausbildung zu vervollständigen. Er studierte eifrig und beschäftigte sich mit der politischen Entwicklung in Europa, wo nach der Französischen Revolution schließlich *Napoleon* an die Macht gelangt war. In Spanien fand Bolivar auch seine große Liebe, *Maria Teresa Rodriguez del Toro*, die er 1802 heiratete. Ein Jahr später kehrte er mit seiner jungen Frau nach Südamerika zurück. Ihr Glück sollte nicht lange währen, denn Maria Teresa starb kurz nach ihrer Ankunft an Gelbfieber. Durch ihren Tod in tiefste Depressionen gestürzt, beschloss Bolivar, nie wieder zu heiraten, und machte sich 1804 erneut nach Europa auf, was vielleicht auch eine Form von Flucht war.

Er kam gerade zur rechten Zeit, um in Paris die Krönung Napoleons mitzuerleben. Damit hatte der Korse, den er einige Zeit sehr bewundert hatte, seinen Kredit bei dem erklärten Republikaner Bolivar verspielt. Seine ausgedehnte Europareise führte den jungen Südamerikaners durch Spanien, Frankreich und Italien, wo er sich besonders für die Stadt Rom begeisterte, was seinem antiken Bildungsideal entsprach. Hier soll er angeblich den Schwur geleistet haben, seine Heimat in die Unabhängigkeit von Spanien zu führen.

Nachdem Bolivar noch einige Städte Nordamerikas besucht hatte, kehrte er 1807 nach Venezuela zurück, wo sich nach der Besetzung Spaniens durch die Franzosen bereits eine sehr starke Unabhängigkeitsbewegung gebildet hatte. Bolívar war überzeugt von seiner Mission und wurde innerhalb kurzer Zeit einer der führenden Männer dieser Bewegung. Er beteiligte sich an dem Aufstand gegen den französischen Statthalter *Joseph Bonaparte*, den Bruder Napoleons. Wie in Venezuela bildeten sich in ganz Südamerika Vereinigungen, die nicht nur die Bonapartisten vertreiben, sondern die spanische Kolonialherrschaft beenden wollten. Nachdem der Statthalter von Venezuela 1810 gestürzt worden war, kam es überall zu Erhebungen und der Unabhängigkeitskampf begann.

Simon Bolívar wurde als Abgesandter der Junta von Venezuela nach England geschickt, um dort die Sache seines Landes zu vertreten und um Unterstützung zu bitten. Er hinterließ folgenden Eindruck: „Er ist Freiheitskämpfer mit sozialreformerischen Vorstellungen und zugleich einem Hang zum Despotismus." Der Letztere war wohl auch notwendig bei der Verwirklichung seiner Pläne. Bolívar galt als sehr weltgewandt, konnte die Menschen für sich gewinnen und beeindruckte durch sein sicheres Auftreten. In England, wo er dennoch nichts erreichen konnte, traf er *Francisco de Miranda*, der die Sache der Befreiung Südamerikas schon seit längerer Zeit vertrat. Miranda galt als militärisch begabt und wurde einer der Generäle der Revolutionsarmee.

Am 5. Juli 1811 wurde die unabhängige Republik Venezuela ausgerufen, an deren Verfassung Bolívar mitgeschrieben hatte. Miranda erhielt den Oberbefehl und wurde mit diktatorischen Vollmachten ausgestattet. Doch konnte er die in ihn gesetzten Erwartungen nicht erfüllen und erlitt 1812 bei Puerto Labello eine vernichtende Niederlage gegen die Spanier, wonach er einen Waffenstillstand unterzeichnete. Bolívar unterstellte Miranda Verrat, ließ ihn festnehmen und an die Spanier ausliefern, bei denen der Unglückliche im Gefängnis starb.

Gemeinsam mit seinen Anhängern zog sich Bolívar vor den Spaniern nach Cartagena im heutigen Kolumbien zurück, um erneut eine Armee aufzustellen. Hier verfasste er einen bewegenden Aufruf zur Beendigung der spanischen Kolonialherrschaft. 1813 konnte Bolívar mit seinen

Truppen die Städte Merida und Trujillo eroberten, danach kehrte er als Sieger nach Caracas zurück, wo er die Anhänger der Kolonialherrschaft vertrieb. Unter dem Jubel des Volkes wurde Bolivar zum „Libertador" und Diktator ernannt. Die Freude war nicht von langer Dauer, denn nur allzu rasch gewannen die Gegner der Unabhängigkeit wieder an Macht und der Befreier war erneut der Unterlegene. Bolivar musste die Flucht antreten, die ihn zuerst nach Jamaika und dann nach Haiti führte. In Jamaika verfasste er ein Traktat, in dem er seine politischen Vorstellungen von einem geeinten und von der spanischen Herrschaft befreiten Südamerika darlegte. Er betrachtete die konstitutionelle Republik als ideale Staatsform, die nach britischem Muster über ein erbliches Oberhaus, ein gewähltes Unterhaus und einen Präsidenten auf Lebenszeit verfügen sollte. Dieser Präsident wollte Bolivar natürlich selbst sein.

Nachdem die Herrschaft Napoleons in Europa beendet, die Franzosen aus Spanien vertrieben und das angestammte spanische Königshaus in der Person *Ferdinands VII.* wieder an die Macht gekommen war, erhielt der Freiheitskampf der Südamerikaner neuen Auftrieb. Bolivar kehrte aus Haiti, das sich selbst von seinen Kolonialherren befreit hatte, in Begleitung kriegserfahrener Söldner zurück. Den Großteil der Bevölkerung hatte er bereits auf seiner Seite.

Mit der Unterstützung der Haitianer nahm Bolivar den Befreiungskampf wieder auf. In der Schlacht bei Boyaca im Jahre 1819 konnte er einen bedeutenden Sieg erringen, der Neu-Granada von den Spaniern befreite. Die Rebellen schufen auf dem Kongress von Angostura Groß-Kolumbien, das die Gebiete der heutigen Staaten Kolumbien, Venezuela, Ecuador und Panama umfasste. Dieses staatliche Gebilde sollte aber keinen langen Bestand haben.

Doch einstweilen stärkten weitere militärische Siege die Position des Befreiers. Im Jahre 1822 konnte Bolivar mit seinem Freund General *Antonio de Sucre*, der vielleicht der fähigste General unter den Freiheitskämpfern war, einen großen Sieg bei Pichincha über die Spanier erringen. Am 26. Juli 1822 traf er in Ecuador auf *Jose San Martin*, einen ebenfalls sehr charismatischen Anführer, der Argentinien und Chile von den Spaniern befreit hatte und erfolgreich in Peru für die Unabhängigkeit kämpfte. Bei dem Treffen der beiden geschah etwas Unerwartetes: San Martin unterstellte seine Truppen dem Kommando Bolivars und zog sich aus dem Krieg zurück.

Bolivar sah sich gestärkt und marschierte mit seinem Freund Sucre nach Peru und zog dort nach einigen Kämpfen 1823 in Lima ein. Bei der Schlacht von Ayacucho am 9. Dezember 1824 konnten die Spanier trotz zahlenmäßiger Überlegenheit schließlich endgültig besiegt werden und mussten Südamerika für immer verlassen. Bolivar schien damit am Ziel seiner Wünsche zu sein.

Er war nun Präsident von Groß-Kolumbien und Peru. Der neue Staat sollte nach einem Beschluss vom 6. August 1825 „Bolivien" heißen und Bolivar wollte ihm als sein Präsident eine neue Verfassung geben, die er auf sich selbst zugeschnitten hatte und die recht autoritär war, wofür er allerdings keine Mehrheit finden konnte. Die Verwaltung dieses neuen großen Staates erwies sich durch den Mangel an Infrastruktur als fast unmöglich. Überhaupt traf Bolivar mit seinen hochfliegenden Plänen auf immer mehr Widerstände. Als er 1826 eine panamerikanische Konferenz einberief, die alle Staaten des amerikanischen Kontinents in einer Union vereinigen sollte, wurde diese von den meisten Ländern boykottiert. So nahmen nur Groß-Kolumbien, Mexiko und Zentralamerika an den Kongress teil, der folgenlos blieb. Bolivars panamerikanische Konzepte erwiesen sich als illusionär, die regionalen Interessen setzten sich mehr und mehr durch und die einzelnen Staaten waren um ihre innere Konsolidierung bemüht.

Die heftigen inneren Spannungen in Groß-Kolumbien führten zu Aufständen, die in einen Bürgerkrieg mündeten, der den Staat schließlich auseinanderbrechen ließ. Das panamerikanische Projekt des großen Befreiers war gescheitert. Zwar bewunderten alle Bolivar als großen Kriegshelden und Befreier von den Spaniern, doch seine Vorstellungen fanden kein Gehör; andere Ziele traten in den Vordergrund und die Staatenwelt Südamerikas fand nach und nach zu der Gestalt, die heute noch besteht.

Bolivar wollte die Menschen zu ihrem Glück zwingen

und ernannte sich am 27. August 1828 zum Diktator. Damit brachte er seine politischen Gegner noch mehr gegen sich auf und im September 1828 wurde ein Attentat auf ihn verübt. Bolivar blieb unverletzt und konnte mit der Hilfe seiner Geliebten *Manuela Saenz* fliehen. Da er die Lage nicht mehr unter Kontrolle bringen konnte, trat Bolivar am 27. April 1830 von allen seinen Ämtern zurück.

Der große Befreier litt an Tuberkulose, war schon seit einigen Jahren schwer krank und zog sich nach Caracas zurück. Er war von großer Verbitterung erfüllt und plante, ins Exil nach Europa oder auf die Karibischen Inseln zu gehen. Doch sein gesundheitlicher Zustand verschlechterte sich immer mehr und Bolivar starb, bevor er seine Reise nach Europa antreten konnte, am 17. Dezember 1830 in Santa Marta in Kolumbien. Sein Grab befindet sich in Caracas. Die Völker Südamerikas waren von großer Trauer erfüllt, doch man fand auch, dass Bolivar in seinen Zielen zu idealistisch und schwärmerisch gewesen sei und zuletzt zu wenig Pragmatismus an den Tag gelegt habe.

Um der Person Bolivars gerecht zu werden, muss man sich gewisse Fakten vor Augen halten: Er verbrachte 20 Jahre seines kurzen Lebens im Krieg. Auf seinen Feldzügen in den Weiten Südamerikas soll er insgesamt 90.000 Kilometer zurückgelegt haben, was nur von Dschingis Khan übertroffen wurde. Bolivar hat mehr als 10.000 Briefe, 780 Dekrete, 100 Proklamationen, einige Verfassungsentwürfe, drei literarische Essays und eine Biografie verfasst. Mit dieser persönlichen Arbeitsleistung übertraf er sogar sein kurzzeitiges Vorbild Napoleon Bonaparte.

Simon Bolivar ist heute noch der Nationalheld vieler südamerikanischer Länder. Spätere Historiker bemängelten, dass der Befreier im Grunde nur die Interessen der Oberschicht vertreten habe, während die Indios und die Schwarzen fast alle auf Seiten des spanischen Königs standen, von dem sie sich mehr erwarteten als von der Regierung der kreolischen Großgrundbesitzer. Auch wurde kritisiert, dass Bolivar einige Male überlegt hatte, sich zum Kaiser krönen zu lassen, und sehr autoritär dachte. Dennoch haben sich spätere Potentaten Lateinamerikas immer wieder auf Bolivar berufen, gegenwärtig tut dies der venezolanische Staatspräsident Hugo *Chávez.* So ist Bolivar im heutigen Südamerika durchaus eine aktuelle Figur.

Muhammad Ahmad Mahdi

(1844–1885)

Man sagt, dass der Aufstand des Mahdi im Sudan die erste erfolgreiche Erhebung gegen den Kolonialismus gewesen sei. Dem Religionsfanatiker und Führer eines Heiligen Krieges wird dieser Umstand nicht sehr viel bedeutet haben. Wollte er doch die ganze islamische Welt zu ihren religiösen Wurzeln zurückführen und einen Gottesstaat unter seiner Führung errichten. Durch seine Fähigkeiten und den Fanatismus seiner Anhänger konnte er in sehr kurzer Zeit riesige Gebiete erobern. Was er schließlich durch den Tod Hunderttausender erreichte, war die Unabhängigkeit des Sudan von den Kolonialmächten für nicht ganz 15 Jahre.

Muhammad Ahmad, der später Mahdi genannt werden sollte, wurde im Jahre 1844 in Darar bei Dunqula im Sudan geboren. Die Eltern waren arabisierte Nubier und sein Vater übte das Handwerk eines Bootsbauers aus. Die Familie hatte mehrere Söhne, die ebenfalls diesen Beruf ergreifen sollten. Doch der junge Muhammad Ahmad interessiert sich mehr für den Islam, womit er keineswegs aus der Art schlug, denn sein Urgroßvater war ein Scherif, ein Nachkomme Mohammeds gewesen.

Im Zuge seiner Studien wandte er sich immer mehr dem Sufismus zu. Der Vorsteher des Sammaniyya-Ordens erkannte Muhammad Ahmads große Hingabe und ernannte ihn zum Scheich. Er durfte nun selbst als religiöser Lehrer auftreten und Anhänger um sich scharen. Der junge Gelehrte ging mit seiner Familie 1871 auf die Aba-Insel im Weißen Nil, wo er eine Moschee errichtete.

Er predigte wortgewaltig und mitreißend einen reformierten Islam, der zu den wahren Werten des Koran zurückkehre. Doch man nahm Anstoß an seiner Kompromisslosigkeit und so wurde er aus dem Orden ausgeschlossen. Da eine Wiederaufnahme nicht möglich war, trat er einer anderen religiösen Vereinigung bei. Muhammad Ahmad unternahm in der Folge ausgedehnte Reisen im Sudan, der seit 1871 unter der Kontrolle Ägyptens stand, das selbst wiederum von England abhängig war. Was er sah, brachte ihn immer mehr gegen die Herrschaft der Fremden auf. Als tiefgläubigen Menschen empörte ihn die mangelnde Ernsthaftigkeit, mit der die Ägypter den Islam ausübten. Außerdem wandte er sich massiv gegen die Willkür der Beamten, die allgegenwärtige Korruption und die ungerechte Steuerpolitik der Besatzer. Er begann, Anhänger um sich zu scharen, die er in seinen mitreißenden Predigten aufforderte, sich gegen die Fremdherrschaft zu erheben. Kernpunkt seiner Botschaft war die Aufruf, zu den wahren Werten des Islam zurückzukehren und auf deren Grundlage ein gerechteres Herrschaftssystem zu errichten.

Als *Abdallahi ibn Muhammad* zur Anhängerschar des Predigers stieß, bezeichnete er diesen als den lange ersehnten Mahdi. Für gläubige Moslems war der Mahdi der letzte von Gott auserwählte Führer des Islam, dazu ausersehen, alles Unrecht auf der Welt zu beseitigen. Geschickt stilisierte Abdallahi ibn Muhammad sein neues Idol zum Erlöser der unterdrückten Moslems. Muhammad Ahmad fand sich schließlich in die ihm zugedachte Rolle und nannte sich ab 1881 selbst Mahdi. Die Zahl seiner Anhänger war inzwischen so stark gewachsen, dass er zum offenen Aufstand übergehen konnte. In einem Aufruf vom 29. Juni 1881 erklärte er, seine Aufgabe sei nicht nur die Erlösung des Sudan und Ägyptens, sondern die aller moslemischen Staaten. Sein Ziel sei eine Rückkehr zur islamischen Gemeinschaft des 7. Jahrhunderts. Er nahm den bewaffneten Kampf auf und gewann in der Folge immer größeren Zulauf.

Im August 1881 begannen die Behörden des Sudan, gegen den Mahdi vorzugehen. Der ägyptische Gouverneur sandte zwei Kompanien aus, die den Unruhestifter festnehmen sollten. Doch wurden diese Einheiten rasch besiegt. Der Mahdi rief daraufhin alle Moslems zum Heiligen Krieg auf und gründete die Ansar-Armee, die rasch wuchs. Viele Stammesführer ließen sich von dem religiösem Eiferer überzeugen und zogen mit ihm in den Krieg.

Da er sich noch nicht stark genug fühlte, marschierte der Mahdi zunächst nach Kordofan, wo er einen Stützpunkt in den Bergen errichtete, der ihm und seinen Anhängern Schutz bot. Hier kam es im Dezember 1881 zu einer weiteren militärischen Auseinandersetzung mit den Ägyptern, die die Mahdisten ebenfalls für sich entscheiden konnten. Der ägyptische Gouverneur des Sudan wurde daraufhin durch den deutschen *Giegler Pascha* ersetzt. Dieser schickte eine relativ große Truppe von 6.000 ägyptischen Soldaten in die Nuba-Berge, wo sich der Mahdi mit seinen Leuten aufhielt. Doch auch dieses Unternehmen scheiterte und geriet zu einer militärischen Katastrophe. Die Ägypter wurden von den zahlenmäßig weit überlegenen Mahdisten, von denen viele nicht einmal richtige Waffen besaßen, angegriffen und zersprengt. Der Anführer der Truppe und 1.000 seiner Soldaten fanden den Tod, während die Krieger des Mahdi große Mengen an Waffen, Munition und Vorräten erbeuteten.

Dieser Sieg erhöhte das Ansehen des Mahdi in der Bevölkerung in großem Maße und er erhielt weiteren Zulauf und Unterstützung. Da nun in Ägypten Unruhen ausbrachen, die schließlich dazu führten, dass die Briten das gesamte Land besetzten, hatte der Mahdi im Sudan einige Zeit freie Bahn und konnte seine Position weiter ausbauen. Seine Armee wuchs Tag für Tag. Am 19. Januar 1883 eroberte er nach einer monatelangen Belagerung die Provinzhauptstadt El Obeid und erbeutete 6.000 Gewehre und fünf Geschütze. El Obeid erklärte er zu seinem neuen Hauptquartier.

Ägypten mobilisierte alle Reserven und sandte eine Armee von 14.000 Mann unter dem Kommando des britischen Obersten *Hicks Pascha* gegen den Mahdi. Die Streitmacht wurde bei ihrem Vormarsch auf sudanesischem Gebiet immer wieder angegriffen und litt zudem unter ständigem Wassermangel, was dazu führte, dass viele der ägyptischen Soldaten desertierten. Vor El Obeid konnte Hicks einige Einheiten des Mahdi besiegen, doch war seine Armee bereits sehr geschwächt. In der Schlacht von El Obeid am 5. November 1883 wurden die ihm verbliebenen Truppen durch die Hauptarmee des Mahdi vollständig vernichtet. Auch Oberst Hicks und der Generalgouverneur des Sudan fanden den Tod. Zwar hatte auch der Mahdi hohe Verluste hinnehmen müssen, doch konnte er diese durch den Zustrom täglich neuer Anhänger rasch ersetzen. Zudem hatte er erneut eine reiche Beute an Waffen gemacht, wozu auch 36 Kanonen gehörten.

Nun galt es, einen weiteren Gegner auszuschalten – den Österreicher *Rudolf Slatin*, der als Gouverneur der Provinz Darfur bisher hartnäckig und militärisch geschickt Widerstand geleistet hatte. Am 23. Dezember 1883 musste er angesichts der Übermacht der Mahdisten kapitulieren; seine Leute sollten ihr Leben nicht in einem aussichtslosen Kampf verlieren. Sich selbst konnte Slatin dadurch retten, dass er zum Islam übertrat und sich dem Mahdi gegenüber als loyal erklärte. Allerdings wurde er wie ein Gefangener gehalten und verbrachte viele Jahre im Gefolge des Mahdi und dessen Nachfolgers, die ihn überall hin mitschleppten. Nach seiner Flucht sollte Slatin ein Buch über diese Zeit schreiben und weltweit große Popularität erlangen. Viele Angaben über die Ereignisse rund um den Mahdi und dessen Bewegung stammen von Rudolf Slatin.

Einer der Kampfgenossen des Mahdi, der „General" *Osman Digna*, war zur gleichen Zeit in den östlichen Gebieten des Sudan vorgerückt. Er belagerte die ägyptische Garnison von Sinkat und konnte ein ihr zu Hilfe kommendes Entsatzheer vernichten. Danach schlug er eine weitere ägyptische Armee, die unter dem Befehl des britischen Hauptmanns *Mancrieff* stand. Die Ägypter schickten daraufhin ein letztes Aufgebot, das aus Angehörigen der Polizeitruppe bestand und ebenfalls von einem Engländer, *Baker Pascha*, kommandiert wurde. Nachdem auch dieser Gegner geschlagen war, schloss Osman Digna die feindlichen Festungen ein. Als die Briten doch noch eigene Truppen schickten, um die Küsten des Roten Meeres und damit den Seeweg nach Indien zu schützen, wurden diese gemischten Verbände aus Marinesoldaten und Kolonialtruppen sofort in heftige Kämpfe verwickelt. Die britischen Einheiten zeigten sich den Mahdisten an Feuerkraft und Disziplin weit überlegen und besiegten Osman Digna in zwei Schlachten. Dieser wandte sich nach Norden und schnitt, durch die Eroberung der Stadt Berber am 20. Mai 1884, die sudanesische Hauptstadt Khartum von der Versorgung aus Ägypten ab.

In Khartum residierte seit 18. Februar 1884 der damals schon als großer Heerführer geltende britische General *Gordon*, der einige Jahre zuvor bereits Gouverneur des Sudans gewesen war. Der General konnte einen kleinen Teil der Zivilisten aus Khartum nach Ägypten evakuieren, wurde dann aber von den Truppen des Mahdi eingeschlossen. Die Belagerung sollte zehn Monate dauern, wobei es zu Anfang noch Verhandlungen zwischen den Kontrahenten gab. Doch lehnte der Mahdi alle Angebote Gordons ab und die Hoffnung des Generals auf Unterstützung durch britische Truppen erfüllte sich nicht. Man bot Gordon den Abzug an, doch der beschloss, bei den Menschen in Khartum auszuharren.

Als sich die Belagerung in die Länge zog und die öffentliche Meinung es verlangte, schickten die Briten eine Armee unter General *Wolseley*, die mit Schiffen auf dem Nil und zu Lande auf Kamelen vorrückte. Das britische Camel Corps konnte am 17. Januar 1885 eine Armee der Mahdisten schlagen, die zahlenmäßig weit überlegen war. Als der Mahdi von dieser Niederlage und dem Anmarsch der Briten hörte, wollte er die Belagerung Khartums abbrechen, doch seine Berater stimmten ihn um. Die Stadt schien sturmreif und der Mahdi beschloss einen Großangriff am 26. Januar 1885.

Die britischen Entsatztruppen kamen nur sehr langsam vorwärts, da sie durch ständige Kämpfe mit Mahdisten aufgehalten wurden und zudem einer ihrer Dampfer auf Grund lief. Dies gedachte der Mahdi auszunutzen und ließ seine Ansari die schwächeren Mauern der Stadt am Fluss mit Booten angreifen, wobei ihm der niedrige Wasserstand des Nils zu jener Jahreszeit zugutekam. Am Nachmittag des 26. Januar konnten die Mahdisten in die Stadt eindringen und waren nun nicht mehr aufzuhalten. Bei den nun stattfindenden Kämpfen, Massakern und Plünderungen fielen der Brite Gordon, alle übrigen Europäer und ein Großteil der Bevölkerung Khartums dem Fanatismus der Mahdisten zum Opfer.

Als die britischen Dampfer zwei Tage später vor Khartum eintrafen, war es zu spät und es blieb ihnen nur noch der Rückzug.

Zu diesem Zeitpunkt steckte der Kopf General Gordons bereits auf einer Stange im Lager des Mahdi. Richard Slatin berichtete in seinen Erinnerungen davon, wie sehr er erschrak, als man ihm den Kopf des Briten zeigte, mit dem er befreundet gewesen war.

Der Mahdi war nun fast am Ziel seiner Wünsche, denn er beherrschte jetzt nicht nur einen Großteil des Sudan, sondern auch dessen Hauptstadt. Er beschloss, eine neue Hauptstadt zu errichten und entschied sich für das von Khartum nur durch den Nil getrennte Omdurman. Hier sollte auch sein Grabmal entstehen.

Zum Programm des Mahdi gehörte die Zwangsislamisierung der Südprovinzen des Sudan, wo sich weite Teile der schwarzen Bevölkerung nicht zur Religion des Propheten bekannten. Dieses Konflikt besteht bis heute und hat gerade in letzter Zeit viele Opfer gefordert.

Die strengen Gesetze der Scharia wurden als alleiniges Recht angewandt, der Sklavenhandel wieder erlaubt und die Bewohner des Gottesstaates hatten strikte Verhaltensregeln und Kleidervorschriften zu befolgen.

Der Mahdi starb am 22. Juni 1885 in Omdurman, hat also seinen Triumph nicht lange überlebt. Sein Nachfolger wurde, nach heftigen Kämpfen gegen seine Konkurrenten, sein engster Vertrauter, Abdallahi ibn Muhammad, der sich den Titel Kalif zulegte. Doch hielten die internen Machtkämpfe unter den Mahdisten noch bis 1892 an. Kalif Abdallahi verfolgte die Eroberungspolitik des Mahdi weiter und war immer wieder in militärische Auseinandersetzungen mit den Ägyptern und Briten verwickelt. Diese unternahmen lange Zeit keinen ernsthaften Versuch, den Sudan zurückzuerobern, sondern beschränkten sich darauf, das weitere Vordringen der Mahdisten zu verhindern. Einer der Gründe dafür war der Konflikt der Briten mit

Russland, das Afghanistan bedrohte. Der Mahdist Osman Digna versuchte einige Male, den Briten die noch in ihrem Besitz verbliebene Stadt Sawakin wegzunehmen, scheiterte aber immer wieder und erlitt schwere militärische Niederlagen. Es gab große Kriegszüge der Mahdisten gegen Äthiopien, bei denen dessen Kaiser *Johannes IV.* getötet wurde, doch konnten die Krieger des Kalifen das Land nicht erobern. Ein Angriff auf Ägypten, den noch der Mahdi befohlen hatte, erfolgte im Juni 1889 und endete mit der Niederlage der Mahdisten bei Abu Simbel.

1896 erschien das Buch Rudolf Slatins über seine Erlebnisse im Sudan und wurde ein großer Erfolg. Es dürfte nicht zuletzt der Popularität von „Feuer und Schwert im Sudan. Meine Kämpfe mit den Derwischen, meine Gefangenschaft und Flucht" zu verdanken sein, dass sich die Briten schließlich doch dazu entschlossen, den Sudan zurückzuerobern. Ein weiterer Grund waren sicherlich die Interessen der konkurrierenden Kolonialmächte, Frankreich und Italien, die ebenfalls Ansprüche auf das Land des Mahdi erhoben.

Der britische General und Oberkommandierende der ägyptischen Armee, *Horatio Herbert Kitchener*, hatte schon seit einiger Zeit Eroberungspläne für den Sudan vorbereitet, die ab 1896 letztlich erfolgreich in die Tat umgesetzt wurden. Der Krieg zog sich zwar in die Länge, doch am 1. September 1898 standen sich die britischen Truppen und die Hauptarmee der Mahdisten bei Omdurman gegenüber. Die bessere Bewaffnung, Ausbildung und Führung gab in der darauf folgenden Schlacht den Ausschlag zu Gunsten der Briten. Nach heftigem Kampf war das Schlachtfeld mit den Leichen der Mahdisten übersät. Durch Beschuss war auch das Grabmal des Mahdi in Omdurman beschädigt worden und Kitchener ließ den Leichnam nach der Einnahme der Stadt schänden. Der Kalif war nach der Schlacht geflohen und fand sein Ende in einer Schlacht in der Provinz Kordofan, die im Oktober 1899 stattfand. Damit war das Reich des Mahdi Geschichte.

Lawrence von Arabien

(1888–1935)

Die türkischen Wachposten werden ihren Augen nicht getraut haben, als aus der Wüste, aus der man keinen Angriff erwartet hatte, plötzlich eine große Anzahl arabischer Krieger auftauchte und mit Geheul die Stadt Akaba attackierte. Geführt wurde die Truppe von einem kleinwüchsigen Engländer in arabischer Kleidung, der zum Mythos werden sollte. Lawrence vereinigte die Araber und verhalf ihnen zur Rückeroberung ihres Landes aus den Händen der türkischen Besatzer. Er machte ihnen aber auch Versprechungen hinsichtlich einer zukünftigen Unabhängigkeit, die seine Regierung niemals einzuhalten gedachte.

Thomas Edward Lawrence wurde am 16. August 1888 in Tremadoc in Nordwales geboren. Er war ein eher störrisches, dabei sehr aufgewecktes Kind, das von seinen religiös-dogmatischen Eltern streng erzogen wurde. Die Anerkennung durch seine Mutter, zu der er eine engere Beziehung als zum Vater hatte, sollte Lawrence immer sehr wichtig sein. Er zeigte schon als Kind eine hohe geistige Regsamkeit, lernte er doch bereits vor seiner Schulzeit lesen. Die Schule selbst lehnte er ab und betrachtete sie als Zeitverschwendung.

Lawrence unternahm als Jugendlicher ausgedehnte Fahrradtouren in England und Frankreich, wobei ihn ganz besonders Burgen interessierten. Er besuchte möglichst viele dieser alten Gemäuer, vermaß und skizzierte sie. Auch entdeckte er, dass er sich mit Fremdsprachen recht leicht tat, was ihm im Laufe seines Lebens noch sehr zugutekommen sollte.

Lawrence begann in Oxford Geschichte zu studieren. Schon bald fiel er durch sein großes Interesse am Altertum, der Archäologie, Heraldik und Mediävistik auf. Er galt als Einzelgänger und mied das gesellige Leben der Studenten.

Stattdessen ging er gerne in der Nacht spazieren und las im Laufe der Zeit hunderte Bücher.

Im Jahre 1909 reiste der nun 21 Jahre alte Lawrence zur Komplettierung seiner Studien alleine und zu Fuß mehrere Wochen lang durch Palästina und Syrien. Die Architektur der teilweise gewaltigen Kreuzfahrerburgen hatte es ihm angetan. Er hatte zuvor gelernt, rechts- wie linkshändig gleich gut zu schießen, denn die Region galt als gefährlich. Wider Erwarten überstand der junge Brite diesen langen Marsch recht gut, auf dem er eine Vielzahl von Eindrücken und Erkenntnissen sammeln konnte.

Die Bekanntschaft mit dem britischen Archäologen *Hogarth* ermöglichte es dem strebsamen Lawrence schließlich, in den Jahren 1911 bis 1914 an einem Ausgrabungsprojekt in Karkemisch am Euphrat teilzunehmen. Er sollte dort nach eigenem Eingeständnis die vier glücklichsten Jahre seines Lebens verbringen. Die Archäologengruppe hatte neben ihrer wissenschaftlichen Tätigkeit den Auftrag, möglichst viele Informationen über die türkischen Besatzer des Gebiets und die Aktivitäten der Deutschen, die zu dieser Zeit großes Interesse an diesem Gebiet entwickelten, zu sammeln. Der Erste Weltkrieg kündigte sich an.

Lawrence entwickelte eine große Zuneigung zu den Beduinen, insbesondere zu einem arabischen Jugendlichen, der sein enger Gefährte wurde. Der Brite sog immer mehr Informationen über die Araber und ihre Lebensweise in sich auf und beherrschte die Sprache immer besser. Die anderen Teilnehmer des Projekts waren mit Lawrence sehr zufrieden, denn er konnte gut mit den arabischen Arbeitern umgehen.

Dann brach der Krieg aus und Lawrence wurde aufgrund seiner hervorragenden Arabischkenntnisse am 23. Oktober 1914 als Dolmetscher im Leutnantsrang beim britischen Geheimdienst in Kairo eingestellt. Dort hätte er ein relativ ruhiges und sicheres Leben in der Etappe führen können, doch Lawrence wollte mehr. Als man im britischen Hauptquartier Nachrichten darüber erhielt, dass es zu Aufständen arabischer Führer gegen die türkischen Besatzer gekommen war, bestimmte man denjenigen zum Kundschafter, der sich dafür anbot – Lawrence.

Der britische Offizier wurde für drei Monate in die arabischen Gebiete geschickt, um die Aufständischen unter Führung des arabischen Prinzen *Feisal* zu beobachten. Auf dem Weg durch die Wüste versuchte Lawrence, sich immer mehr den arabischen Sitten anzupassen, um dann zu seinem Schrecken erleben zu müssen, dass ein arabischer Reiter seinen Führer erschoss, nur weil dieser einem anderen Stamm angehörte. Obwohl er sich nun alleine zurechtfinden musste, erreichte Lawrence das Lager Feisals und war überrascht, dass dessen Armee aus einem eher unorganisierten Haufen bestand. Doch machte Prinz Feisal großen Eindruck auf ihn und er beschloss, die Sache des arabischen Aufständischen zu der seinen zu machen.

Der Brite versuchte mit fast missionarischem Eifer, die vielen Araberstämme, die jahrhundertelang in gegenseitiger Feindschaft gelebt hatten, zu einer gemeinsamen Aktion gegen die Türken und ihre deutschen Verbündeten zu überreden. Schließlich erreichte Lawrence das, was arabische Führer nie zuwege gebracht hatten: Viele Stammesführer waren bereit, gemeinsam in den Befreiungskrieg zur Rückeroberung ihrer Heimat zu ziehen.

Lawrence fasste den kühnen Plan, die von den Türken besetzte Hafenstadt Akaba am Roten Meer zu überfallen, um von dort aus den Nachschub an Waffen und Material für seine arabischen Verbündeten zu beziehen. Aufgrund seiner hohen Überzeugungskraft konnte er *Sherif Ali* und 50 seiner Leute dazu bewegen, mit ihm die als sehr gefährlich geltende Wüste Nefud zu durchqueren. Nach großen Strapazen erreichten sie ihr Ziel. Unterwegs trafen sie auf den eigenwilligen Stammesfürsten *Auda abu Taii* von den Howeitat, der noch eine wichtige Rolle im Befreiungskampf gegen die Türken spielen sollte.

Die Eroberung Akabas gelang viel schneller als erwartet. Die Türken waren von dem Angriff aus der Wüste völlig überrascht und leisteten kaum Widerstand. Lawrence fiel während des Angriffs durch eine recht unheroische Tat auf: Vor lauter Aufregung tötete er versehentlich sein eigenes Kamel mit einem Kopfschuss.

Nach dem Sieg bei Akaba sah sich Lawrence einem Phänomen gegenüber, das ihm immer wieder Probleme bereiten sollte. Die arabischen Kämpfer ließen nach dem Sieg jegliche Disziplin fahren, waren nur noch auf Beute aus und an längerfristigen Erfolgen kaum interessiert. So war es die Aufgabe des Engländers, sie immer wieder neu zu motivieren und um sich zu scharen.

Lawrence ging schließlich zu einer Guerillataktik über, er sprengte Brücken und überfiel mit Vorliebe türkische Versorgungszüge, womit er der Armee des Gegners schwer zu schaffen machte. Lawrence trug inzwischen nur noch Beduinenkleidung und wurde von seinen Anhängern „El 'awrence" genannt.

Die Türken fanden keine geeignete Strategie, um Lawrence und seine Wüstenkrieger unter Kontrolle zu bekommen. Es nützte ihnen auch nichts, dass sie ein Kopfgeld in der damals astronomischen Höhe von 20.000 Dollar auf den britischen Wüstenprinzen aussetzten. Mit immer mehr Nadelstichen demoralisierte der Engländer seine Gegner schließlich völlig. Da er längst erkannt hatte, dass die arabischen Verbände für eine offene Feldschlacht gegen die relativ „moderne" türkische Armee nicht geeignet waren, blieb ihm keine andere Wahl, als seine Guerillataktik weiterzuverfolgen. Im Laufe der Zeit wurde die Situation für die türkischen Truppen unerträglich – ständig wurden die für sie lebenswichtigen Nachschubtransporte vernichtet, kleinere Militärposten überrumpelt und die Wasserversorgung von Stützpunkten lahmgelegt. Lawrence konnte für seine arabischen Freunde reiche Beute machen, darunter viele moderne britische Waffen, ja sogar Panzerwagen. Er legte sich eine Leibgarde von etwa 100 arabischen Kriegern zu, die ihn ständig begleitete und einen gewissen Schrecken verbreitete.

Lawrence versuchte auch, einen Nachrichtendienst in von den Türken kontrollierten Städten wie etwa Damaskus oder Amman aufzubauen. Einige Male übernahm er selbst Spionageeinsätze, in entsprechender Verkleidung. Bei einem dieser Erkundungsunternehmen schlich er sich, als einfacher Araber getarnt, in der Stadt Deraa in die Nähe der türkischen Garnison, um diese auszuspionieren. Er wurde gefasst und von den Türken gedemütigt, gefoltert und angeblich auch sexuell missbraucht. Durch einen glücklichen

Umstand konnte er entfliehen. Dieses traumatische Erlebnis sollte den Wüstenkrieger für den Rest seines Lebens prägen und erklärt vielleicht einige Grausamkeiten, die seine Beduinen an den geschlagenen Türken verübten. Einige seiner Biografen haben Lawrence später unterstellt, er habe den Zwischenfall in Deraa erfunden.

Ende 1917 war die Widerstandskraft der türkischen Truppen durch den militärischen Druck der Briten und die ständigen Angriffe der Beduinen unter Lawrence derart geschwächt, dass am 7. November Gaza, am 16. November Jaffa und am 9. Dezember Jerusalem erobert werden konnten.

Im Januar 1918 kam es zur Schlacht von El Tafila. Lawrence behauptete später, er hätte die wichtigste Rolle dabei gespielt, was allerdings bezweifelt wurde. Bei der Verfolgung der fliehenden Türken soll Lawrence den Befehl ausgegeben haben: „No prisoners!" Eine Racheaktion für die Demütigungen in Deraa?

Am 19. September 1918 gelang es den britischen Truppen, die osmanische Verteidigungsfront in der Schlacht bei Megiddo zu sprengen und siegreich in Richtung Damaskus vorzustoßen, wobei die Unterstützung durch die arabischen Verbände, die an der Flanke und im Rücken der Türken agierten, sicher mitentscheidend war.

Als die arabischen Truppen am 1. Oktober 1918 Damaskus eroberten, konnten sie sich ihres Sieges nicht lange freuen, denn noch am gleichen Tag marschierten die Briten in die Stadt ein. Nun kam ans Tageslicht, dass die Araber von den Briten hintergangen worden waren: Die Kolonialmächte England und Frankreich hatten im Sykes-Picot-Abkommen von 1916 das Territorium noch vor seiner endgültigen Eroberung unter sich aufgeteilt. Lawrence hatte von dem Abkommen gewusst, litt sehr darunter und war psychisch und physisch so stark erschöpft, dass er sich nach dem Waffenstillstand zurückzog. Er fühlte sich schuldig, seine Freunde betrogen zu haben.

Der Journalist *Lowell Thomas*, der Lawrence schon bei einigen Kriegszügen begleitet hatte, trieb einen nicht ganz selbstlosen, weil finanziell ertragreichen, Personenkult um den britischen Wüstenprinzen und nannte ihn den „weißen Prinzen von Mekka". Man trug Lawrence einige interessante Posten im militärischen und zivilen Sektor an, doch der Kriegsheld lehnte alle hohen Ämter sowie Auszeichnungen konsequent ab und setzte sich weiterhin für seine arabischen Freunde ein. Bei der Friedenskonferenz im Jahre 1919 in Paris und bei einer Konferenz 1921 in Kairo versuchte Lawrence, vergeblich, die Unabhängigkeitsbestrebungen der Araber durchzusetzen. Er resignierte schließlich und fügte sich seinem Schicksal. *Winston Churchill* hatte Lawrence in die Funktion eines Sachverständigen für orientalische Angelegenheiten im britischen Kolonialamt gedrängt, die dieser aber 1922 wieder aufgab. Büroarbeit war nicht die Sache eines Mannes wie Lawrence, der zudem erkannt hatte, wie wenig er bewirken konnte.

Sein Buch über den Aufstand der Araber, an dem er schon während der Kämpfe arbeitete, hatte ein bewegtes Schicksal, bis es endlich veröffentlicht werden konnte. So ging ihm 1919 ein großer Teil des Manuskripts in Ägypten verloren und der Rest wurde ihm in England angeblich gestohlen. So musste er von vorn beginnen. Es wurde ein sehr umfangreiches Werk, das stellenweise sehr persönlich gehalten ist. „Die sieben Säulen der Weisheit" hatten großen Erfolg, obwohl oder gerade weil Lawrence es dabei mit der Wahrheit nicht so genau nahm. Er schrieb das, was die Leser von ihm erwarteten, und stilisierte sich selbst zu einem glanzvollen Helden. In der Einleitung heißt es: „Die Geschichte auf diesen Seiten ist nicht die Geschichte der arabischen Bewegung, sondern die meiner Beteiligung daran." Daraus spricht eine gewisse Eitelkeit.

Lawrence kam allerdings mit seinem Ruhm, der ihn bei jeder Gelegenheit zum Mittelpunkt des Interesses werden ließ, nur schwer zurecht. Winston Churchill nannte ihn „einen der größten Menschen, die in unserer Zeit leben" und er wurde noch zu Lebzeiten zur Legende, zum „weißen Prinzen von Mekka". Der im Wesenskern introvertierte und eigenbrötlerische Eroberer zog sich schließlich aus der Öffentlichkeit zurück, er verschwand regelrecht.

1923 ging der einstmalige Held der Wüste unter dem falschen Namen *T. E. Shaw* als einfacher Soldat zur Luftwaffe. Zwölf Jahre lang versah Lawrence dort seinen Dienst, was ihm anscheinend mehr behagte, als im Mittelpunkt des allgemeinen Interesses zu stehen. Unter seinem richtigen Namen hätte er wohl problemlos die Position eines Stabsoffiziers erhalten können, doch er bevorzugte die Rolle eines einfachen Rekruten.

In dieser Zeit schrieb er sein Buch „The Mint" (Unter dem Prägestock), das über den Alltag der Soldaten berichtet und als literarisches Meisterwerk gilt. Er verhinderte aber, dass es zu seinen Lebzeiten veröffentlicht werden konnte. Lawrence war einige Zeit in Indien in der Nähe der afghanischen Grenze stationiert und es mutet seltsam an, dass er sich dabei weder für das indische Volk noch für dessen Kultur interessierte. Die Inder konnten ihm seine arabischen Freunde offenbar nicht ersetzen.

Als Lawrence 1935 die Armee endgültig verließ, nachdem eine Zeitung sein Inkognito enttarnt hatte, schien er ziemlich verbraucht. Er sagte über sich: „Ich bin grauhaarig und zahnlos, halb blind und zitterig in den Knien." Auch an Helden geht das Alter nicht spurlos vorüber.

Das Interesse, das Lawrence nun für den Faschismus und ganz besonders für die Person *Adolf Hitlers* entwickelte, wurde in England von den maßgebenden Kreisen nicht gerne gesehen. Angeblich war bereits ein Treffen von Lawrence mit führenden englischen Faschisten geplant, zu dem es allerdings nicht mehr kam: Lawrence starb am 19. Mai 1935 bei einem mysteriösen Motorradunfall, dessen Hergang nie genau geklärt werden konnten. Da zu jener Zeit auch einige seiner Freunde, wie Feisal und dessen Sohn Prinz *Ghazi*, bei Verkehrsunfällen unter ungeklärten Umständen ums Leben kamen, gibt es seitdem viele Spekulationen über eine etwaige Verschwörung.

So starb dieser ungewöhnliche Held, der fast eine Romanfigur sein könnte, genauso ungewöhnlich, wie er gelebt hatte. In der Vorstellung der meisten wird er wohl für immer so aussehen wie *Peter O'Toole* in dem Film „Lawrence von Arabien", der 1962 von dem renommierten britischen Regisseur *David Lean* gedreht wurde. Der Film wurde ein Kassenschlager, erhielt sieben Oscars und hat wohl das Bild von Lawrence weltweit nachhaltig geprägt, auch wenn dieses in vielem nicht ganz der Wahrheit entspricht.

MAO ZEDONG

(1893–1976)

Mitten in Peking steht auf dem Platz des himmlischen Friedens das Grabmonument des neben dem legendären Qin-Kaiser wohl bedeutendsten Herrschers in Chinas Geschichte. Das Mausoleum beherbergt den mumifizierten Leichnam des „Großen Steuermanns" Mao Zedong. Sein Porträt blickt riesengroß und unübersehbar vom Tor des himmlischen Friedens über den größten Platz der Welt. Dieser wimmelt von vielen Touristen – und von uniformierten und zivilen Aufpassern, die im Herzen der größten Diktatur der Welt jede Form von freier Meinungsäußerung und Widerstand sofort im Keim ersticken sollen. Was wohl ganz im Sinne Mao Zedongs wäre.

Mao Zedong wurde am 26. Dezember 1893 als ältester Sohn einer wohlhabenden Bauernfamilie in Shaoshan, einem Dorf in der Provinz Hunan, geboren. In dem abgelegenen Ort war man weitgehend abgeschirmt von den dramatischen Ereignissen, die der Niedergang der dekadenten Mandschu-Dynastie mit sich brachte. Die Familie konnte ihrem Sohn eine gewisse Schulbildung bieten, was in dieser Zeit nicht unbedingt die Regel war.

Der junge Mao war kein unauffälliger Schüler, sondern zog durch seinen Ungehorsam und Eigensinn immer wieder den Unmut seiner Lehrer auf sich. Er musste mehrmals die Schule wechseln, entwickelte aber trotz seiner Aufsässigkeit eine große Liebe zum Lesen, die ihn Zeit seines Lebens nicht verlassen sollte. Den heimatlichen Dialekt der Provinz Hunan konnte er jedoch nie ganz ablegen, auch in späteren Jahren ging ihm das Hochchinesische nicht einwandfrei von den Lippen.

Ab 1911 besuchte Mao auf eigenen Wunsch hin – manche sagen, er sei von zu Hause weggelaufen – eine höhere Schule in der Bezirkshauptstadt Changsha. In dieser Zeit kam es zum Sturz der Kaiserdynastie und der junge Mao begann, sich für Politik zu interessieren. Er las viele Zeitungen und verfasste eigene Texte, die für die Revolution und gegen das Kaiserhaus Partei ergriffen. Mao schreckte auch nicht davor zurück, anderen Schülern die verhassten Mandschu-Zöpfe abzuschneiden. Für einige Zeit trat er der kaiserfeindlichen Armee von Hunan bei, setzte danach aber den unterbrochenen Schulbesuch fort.

Gemeinsam mit einem seiner Lehrer ging Mao 1918 nach Peking, wo dieser ihm eine Beschäftigung als Bibliothekar an der Universität vermitteln konnte. Hier kam er in Kontakt mit führenden Kommunisten und begann sich für deren Ideologie zu begeistern. An der Gründung der Kommunistischen Partei Chinas, die 1920 in Shanghai erfolgte, nahm er allerdings nicht teil – ein Makel, den das kommunistische Regime später nicht auf sich und ihm sitzen lassen wollte, und so wird offiziell bis heute behauptet, er hätte daran teilgenommen. Mao war in dieser Zeit viel auf Reisen und lernte große Teile des riesigen Landes kennen. An Auslandsreisen hatte er, im Gegensatz zu anderen jungen Intellektuellen, kein Interesse.

Es war gefährlich, in jener Zeit Kommunist zu sein, und viele fielen der politischen Verfolgung zum Opfer. 1921 nahm Mao als einer von 13 chinesischen Delegierten am so genannten Ersten Kongress der Kommunistischen Internationale teil. 1923 wurde er in das Zentralkomitee gewählt und gehörte fortan zur absoluten Führungsriege der – damals noch nicht sehr zahlreichen – Kommunisten. In den Tagen der Einheitsfront, welche die Kommunisten mit der Kuomintang-Partei, einer republikanischen Massenbewegung mit nationalistischer Ausrichtung, gebildet hatten, wurde er Chef eines Institutes zur revolutionären Erziehung der Bauern. Es sollte sich bald zeigen, dass die politische Mobilisierung von Menschenmassen eine seiner größten Begabungen war.

Der Allianz zwischen der nationalistischen Kuomintang und den Kommunisten hielt nicht allzu lange. 1927 kam es zum Bruch und in der Folge zu kriegerischen Auseinandersetzungen. Der Führer der Kuomintang, *Chiang Kai-shek*, war ein erklärter Feind der Kommunisten und gab zum Beispiel nach der Eroberung Shanghais den Befehl, alle

Kommunisten und Gewerkschafter zu töten. Mao initiierte in der Provinz Changsha den „Herbsternte-Aufstand", der jedoch blutig niedergeschlagen wurde. Er zog sich daraufhin mit dem Rest seiner Anhänger in das Jinggang-Gebirge zurück, wo er sie mit den Truppen anderer kommunistischer Führer wie *Zhou Enlai* vereinigte. Hier kam es bereits zu ersten „Säuberungen", bei denen „Abweichler" terrorisiert und umgebracht wurden. Ansonsten beschränkte man sich auf Guerilla-Aktionen gegen die Regierungstruppen.

1928 beherrschten die Kommunisten um Mao ein Gebiet mit rund 500.000 Einwohnern. Da die Truppen der Kuomintang nun massiver gegen die kommunistischen Guerillakämpfer vorgingen, zogen sich diese nach Süden zurück, wo sie 1931 die „Jiangxi Sowjetrepublik" gründeten. Mao war in langwierige Machtkämpfe mit jenen verstrickt, die gemäß der kommunistischen Lehre auf die Revolution des Proletariats vertrauten, während er auf den Guerillakrieg setzte.

Die Kommunisten konnten vier Großangriffe der Kuomintang-Truppen abwehren, doch als der Druck ihrer Gegner zu stark wurde, entschlossen sie sich zur Aufgabe ihrer „Sowjetrepublik" und zogen sich auf dem „Langen Marsch" in die Provinz Shaanxi zurück. Sie wurden ständig in Kämpfe verwickelt, in denen sie hohe Verluste erlitten. Es ist bezeichnend, dass sich Mao während des Marsches in einer Sänfte tragen ließ.

Auf dem „Langen Marsch" konnte Mao die Führung der Kommunisten übernehmen. Dieser Marsch, der eher eine Flucht war, erstreckte sich schließlich über etwa 12.000 Kilometer. Während sich die Zahl der Kommunisten durch die Kämpfe und Strapazen im Laufe der Zeit von etwa 120.000 auf nur noch 10.000 reduzierte, erlebte Mao seinen innerparteilichen Aufstieg. Durch Rücksichtslosigkeit, geschickte Winkelzüge und die ihm eigene Energie gelangte er endgültig an die Spitze der Bewegung. Einer seiner wichtigsten Helfer war Zhou Enlai, der später noch eine große Rolle spielen sollte.

Schließlich in Yan'an in der Provinz Shaanxi angekommen, konnten sich die Kommunisten aufgrund des abgelegenen, unwegsamen Gebiets gegen Angriffe der

Kuomintang-Truppen behaupten. Große finanzielle Hilfe aus Moskau und der Handel mit aus dem Mohnanbau gewonnenen Drogen sicherte das Überleben von Maos Gefolgsleuten. Überhaupt war der ausländische Einfluss im chinesischen Bürgerkrieg immer sehr stark und vielleicht entscheidend.

Als die Japaner im Chinesisch-Japanischen Krieg 1937 weit auf chinesisches Territorium vordrangen, vermittelte *Stalin* die „Zweite Einheitsfront" der Kommunisten mit der Kuomintang zur Abwehr der Eindringlinge. Diese Koalition war nie sehr stabil und brach ab 1940 nach und nach auseinander. Chiang Kai-shek exponierte sich viel stärker im Kampf gegen die Japaner als die Kommunisten. Mao dagegen nutzte die folgenden Jahre zum inneren Machtausbau und bereitete die Abrechnung mit der Kuomintang nach dem Krieg gegen Japan vor.

Dabei zeigte Mao größtes Geschick in der langfristigen Planung seines späteren Kampfes um die Macht in ganz China. Während sich die Kuomintang-Truppen in ihrem nicht sehr erfolgreichen Kampf gegen die Japaner aufrieben, agitierten Maos Kommunisten hinter den Linien und konnten immer größere Teile der Bevölkerung für sich gewinnen. So schufen Mao und die Kommunisten in den Jahren 1937 bis 1945 die Voraussetzungen für ihren späteren Sieg. Dabei erwiesen sich vor allem Maos charismatische Ausstrahlung und seine Überzeugungskraft als höchst wirkungsvoll, Begabungen, die ihn seinem Gegner Chiang weit überlegen machten.

So folgte auf die japanische Kapitulation 1945 ein erneuter Ausbruch des Bürgerkrieges, der sich um die Herrschaft in der vormals von Japan besetzten Mandschurei entzündete. Die Sowjets unterstützten Maos Kommunisten, während die Amerikaner Chiang Kai-shek unterstützten. Allerdings hatte sich die Position der Kommunisten während der vergangenen Jahre stark verbessert. Die Kuomintang hatte während des Krieges gegen die Japaner sehr viel Sympathien bei der Bevölkerung verspielt. Waren schon ihre Erfolge im Kampf recht bescheiden gewesen, so hatten sie darüber hinaus der eigenen Bevölkerung durch Korruption, unsoziale Politik und undiszipliniertes Verhalten ihrer

Truppen schwer zugesetzt. Die Kommunisten boten sich daher als die bessere Alternative an und erhielten immer mehr Zulauf. Chiang ließ sich von den Amerikanern zu einem Waffenstillstand und einer Teilentwaffnung seiner Armeen verleiten, womit er sich wohl um jede Chance auf einen Sieg brachte. Die Kommunisten hielten sich an keinerlei Vereinbarungen und zettelten in ganz China kleine Guerillakriege an. So konnte Mao seinen Gegner Chiang Kai-shek, den Führer der Kuomintang, mehr und mehr in die Enge treiben. Er bewährte sich als militärischer Führer genauso wie zuvor schon als Führer der Guerilla. Maos Erfolge in diesem erbitterten Kampf um die Zukunft Chinas und seine rasche Eroberung großer Gebiete weisen ihn als großen Kriegsherrn aus.

1948 war der Bürgerkrieg so gut wie entschieden, denn nach dem Fall der Mandschurei eroberten Maos Soldaten ganz Nordchina und zogen dann rasch nach Süden. Bei der letzten Entscheidungsschlacht des Krieges, bei Huaihai in Zentralchina, kämpften auf jeder Seite etwa eine halbe Million Soldaten. Die Schlacht endete mit einer vernichtenden Niederlage der Kuomintang-Truppen. Chiang zog sich daraufhin auf die Insel Taiwan zurück und Mao konnte am 1. Oktober 1949 die kommunistische Volksrepublik China ausrufen. Er hatte in relativ kurzer Zeit das gesamte China erobert und sich und seiner Partei unterworfen. Die Kämpfe mit versprengten Koumintang-Truppen dauerten noch bis Mai 1950 an. Der Bürgerkrieg hatte über eine Million Opfer gefordert und schwere Verwüstungen angerichtet, doch Mao war am Ziel seiner Wünsche.

Das Regime Chiang Kai-sheks konnte sich, zusammen mit Millionen seiner Anhänger, die ebenfalls geflohen waren, in Taiwan etablieren und bildete einen Gegenpol zum kommunistischen China. Dieses Problem besteht bis heute und es bleibt abzuwarten, ob es eines Tages nicht wieder zu einer bewaffneten Auseinandersetzung führen wird.

Schon bald nach Maos großem Sieg und der Einigung Chinas unter seiner Herrschaft kam es in der Region erneut zum Krieg, der ihm sehr gelegen kam: Als China auf der Seite der Kommunisten Koreas am 1. Januar 1951 in den Koreakonflikt eingriff, konnte es sich nach mehr als hundert Jahren der Ohnmacht gegenüber ausländischen Invasoren zum ersten Mal wieder offensiv zeigen. Mao setzte gegen die unter amerikanischer Führung stehenden UNO-Truppen und die südkoreanische Armee große, schlecht ausgebildete und bewaffnete Truppenmassen ein. Diese „Volksfreiwilligen" konnten zwar einen militärischen Erfolg erzielen, dieser wurde aber mit dem Leben von etwa einer halben Million chinesischer Soldaten erkauft. Auch einer der Söhne Maos starb im Koreakrieg, immerhin aber hatte das kommunistische Regime Chinas nach der inneren Konsolidierung nun auch einen machtpolitischen Erfolg nach außen vorzuweisen.

Mao agierte von nun an als „kommunistischer Kaiser", der uneingeschränkt über das Schicksal seines Volkes bestimmte. Dabei soll der siegreiche und äußerst brutale Kaiser *Qin Shihuangdi* sein Vorbild gewesen sein. Maos Herrschaft forderte viele Millionen Menschenleben, doch scheinen ihn – wie viele chinesische Herrscher vor ihm – die unzähligen Opfer seiner Politik nicht sehr berührt zu haben.

Mit seinen großen Kampagnen zur völligen Umgestaltung Chinas, wie der „Hundert Blumen Bewegung", dem „Großen Sprung nach vorne" und der „Kulturrevolution", geriet er stets in eine Sackgasse. Mao verursachte damit nur unsägliches Leid, wobei vor allem der „Große Sprung", der China zu einer modernen Wirtschaftsnation machen sollte, vielen Millionen Menschen den Hungertod brachte. Gelegentlich wird diese Kampagne als größter Massenmord der Weltgeschichte bezeichnet.

Die so genannte „Hundert Blumen Bewegung" war die wohl „harmloseste" von Maos Kampagnen. Im Frühjahr 1956 ließ er die Zensurbestimmungen lockern, in der Hoffnung, durch ein offeneres Klima Anregungen für Reformen zu erhalten. Wie nicht anders zu erwarten, wagten es bald einige Intellektuelle, Kritik an Mao selbst zu üben. Daraufhin ließ er die „Bewegung" einstellen und viele dieser Kritiker verhaften. Zudem wurden als „Volksfeinde" erkannte Funktionäre beseitigt und durch zuverlässigere Parteikader ersetzt, eine Aktion, die den stalinistischen „Säuberungen" nahekam.

Schwere, bis heute sichtbare kulturelle Schäden brachte die so genannte „Kulturrevolution" mit sich, in der sich brutale politische Verfolgung mit einem Kulturkampf und einer von oben gelenkten Jugendrevolte verband, die schließlich außer Kontrolle geriet. Auch dabei dürften Millionen Menschen ums Leben gekommen sein.

Die offiziellen Ämter Maos wechselten im Laufe der Jahre. War er 1935 faktisch der Vorsitzende der Kommunistischen Partei, wobei er 1943 in dieser Funktion bestätigt wurde, so war er 1954 bis 1958 auch Staatspräsident. Unabhängig von seinen jeweiligen Titeln war er stets der Diktator Chinas und hielt die Macht bis an sein Lebensende fest in seinen Händen. Viele seiner treuesten Weggefährten wurden schließlich selbst Opfer seiner Politik.

Mao veröffentlichte das „Kleine Rote Buch", das angeblich Zitate des „Großen Vorsitzenden" enthielt. Es wurde zu einem der weitverbreitetsten Bücher der Menschheit und erreichte, besonders bei großen Teilen der westlichen Jugend, Kultstatus. Die Person des chinesischen Diktators wurde von Millionen jungen Linken in Westeuropa und den Vereinigten Staaten als großes Vorbild gesehen, ohne die Schattenseiten seiner Herrschaft zur Kenntnis zu nehmen. Angeblich wurde mehr als eine Milliarde der kleinen roten Bücher, auch „Mao-Bibeln" genannt, gedruckt.

Gegen Ende seines Lebens konnte Mao gewisse außenpolitische Erfolge für sein bis dahin recht isoliertes Land erzielen. Vor allem die Aufnahme der Volksrepublik China in die UNO im Jahre 1971 und der Besuch des US-Präsidenten *Richard Nixon* gelten als Meilensteine.

Mao gab sich auch im fortgeschrittenen Alter noch kämpferisch und agil. So durchschwamm er noch als 73-jähriger den Fluss Jangtse, um seine Vitalität zu beweisen. Doch konnte auch er seinen Alterungsprozess nicht aufhalten. Der „Große Vorsitzende" erlitt 1972 seinen ersten Schlaganfall und begann körperlich zusehends zu verfallen, während die Aktivitäten der so genannten „Viererbande" seinen letzten Lebensabschnitt verdunkelten. Mao starb schließlich am 9. September 1976. Der immer wieder in Ungnade gefallene *Deng Xiaoping* trat schließlich seine

Nachfolge an und beseitigte nicht nur die „Viererbande", sondern auch vieles von Maos Erbe. Die Weichen wurden nach und nach in Richtung Öffnung und kapitalistischer Markwirtschaft gestellt. Etwas, womit Mao sicher nicht einverstanden gewesen wäre.

Obwohl das Regime weiterhin einen heftigen Kult um Mao Zedong betreibt, wurde eine gewisse Kritik an ihm erlaubt. Dieser Prozess ist noch im Gange und sein Ende genauso wenig absehbar wie jenes der Kommunistischen Partei Chinas, die sich in einem inzwischen weitgehend kapitalistischen Land mit allen Mitteln an die Macht klammert.

MOSHE DAYAN

(1915–1981)

Im Jahre 1967 zeigte ein kleines Land dem Rest der Welt, wie man, in einem der kürzesten Kriege der Weltgeschichte, das Territorium seines Staates vervielfacht. Architekt dieser historisch einmaligen Aktion war der israelische General Moshe Dayan, der somit durchaus Anspruch hat, zu den großen Eroberern der Geschichte zu zählen. Der Name dieses israelischen Feldherrn ist untrennbar mit dem Aufstieg und den erfolgreichen Selbstbehauptungskriegen des jungen Staates Israel verbunden.

Moshe Dayan wurde am 20. Mai 1915 im Kibbuz Deganya am See Genezareth als Sohn ukrainisch-jüdischer Einwanderer geboren. Er besuchte die Grund- und Landwirtschaftsschule und im Alter von 14 Jahren wurde er bereits Mitglied der jüdischen Untergrundorganisation Haganah.

Mit 20 Jahren heiratete Dayan 1935 die großbürgerliche *Ruth Schwartz*, mit der er zwei Söhne und eine Tochter hatte. 1939 wurde Dayan wegen seiner Haganah-Mitgliedschaft verhaftet und verbrachte in der Folge fast zwei Jahre in britischer Militärhaft. Die 1920 gegründete Haganah war eine jüdische Militärorganisation, die sich vor allem um die Selbstverteidigung der jüdischen Siedler kümmerte und im Zweiten Weltkrieg auf der Seite der Alliierten kämpfte. Daneben gab es andere, eher terroristische Organisationen, die immer wieder Anschläge auf Araber und auch auf britische Einrichtungen unternahmen, die viele Opfern forderten.

Nach seiner Haftentlassung meldete sich Dayan zum Dienst in einer jüdischen Brigade, die von der britischen Armee eingerichtet worden war. Mit dieser Einheit nahm er an Kämpfen gegen französische Vichy-Truppen im Libanon teil. Dabei wurde er bei einem sehr gefährlichen Einsatz verwundet und verlor ein Auge. Seit dieser Zeit trug er die berühmte schwarze Augenklappe, die eine Art Markenzeichen von ihm wurde. Die Wunde bereitete ihm lange Zeit Probleme und er hatte sein ganzes Leben unter Kopfschmerzen zu leiden.

Im neu errichteten jüdischen Staat konnte sich Dayan recht bald während des 1. Palästinakrieges 1948 bei Kämpfen in der Wüste Negev und bei der Leitung der Verteidigung Jerusalems bewähren. Der unerschrockene Kämpfer erwies sich dabei als sehr listenreich und militärisch erfolgreich. Er bekleidete während der Kampfhandlungen verschiedene Positionen und bewährte sich überall. Der Gründer Israels, *David Ben-Gurion*, schätzte Dayan und wurde sein Gönner. Es ergab sich auch eine Freundschaft mit einem anderen Schützling Ben-Gurions, *Shimon Peres*, dem späteren Premierminister und Präsidenten Israels. Dayan blieb auch in Friedenszeiten bei der Armee und bereitete sie auf den, für den jungen Staat Israel zu erwartenden, nächsten Krieg vor. Nach der Absolvierung eines Generalstabslehrganges in England wurde er im Jahre 1954 zum Generalstabschef und Oberkommandierenden der israelischen Streitkräfte ernannt.

Im Sinai-Feldzug von 1956 führte er in seiner Funktion als Generalstabschef die israelische Armee zum Sieg. In dem durch die Suezkrise ausgelösten Krieg drangen israelische Soldaten unter dem Kommando Dayans über die Halbinsel Sinai bis zum Suezkanal vor, was als großer Erfolg gewertet wurde. Großbritannien und Frankreich schlossen sich dem Krieg Israels gegen Ägypten an. Binnen weniger Tage hatten Dayans Truppen den Gazastreifen und die Sinai-Halbinsel erobert, wobei die Briten und Franzosen schließlich die Kanalzone besetzten. Die Vereinten Nationen traten auf den Plan und forderten Israel auf, die Kampfhandlungen zu beenden und sich aus den eroberten Gebieten zurückzuziehen. Da ein Eingreifen der Sowjetunion drohte, räumten die Israelis diese Gebiete, die sie aber im Krieg von 1967 ein weiteres Mal in Besitz nehmen sollten.

1958 trat Dayan von seinem Posten als Chef des Generalstabes zurück und ging in die Politik. Ab dem Jahre 1959 fungierte der erfolgreiche General als Landwirtschaftsminister der Regierung Ben-Gurion. Er bekleidete dieses Amt auch in der nachfolgenden Regierung *Eschkol*. Erst 1964 trat er von dieser Funktion zurück. Auf Grund des großen Drucks der Öffentlichkeit wurde Dayan am 1. Juni 1967 zum Verteidigungsminister berufen.

Für ihn war klar, dass Israel, das sich seit seiner Staatsgründung in einer geografisch sehr exponierten und verwundbaren Lage befand, sein Staatgebiet durch Eroberungen absichern musste, um durch die strategische Tiefe seines Raumes das Risiko für einen potenziellen Angreifer zu erhöhen und die Möglichkeiten für Abwehraktionen zu vergrößern. Insgeheim war dieser Krieg schon lange vorbereitet worden. Mitverantwortlich für den Ausbruch des Krieges war natürlich das verbale Säbelrasseln der arabischen Politiker, die gezielte Schritte unternahmen, um Israel zu provozieren. So unterbrach Ägypten die Ölversorgung Israels durch den Iran, Terrorangriffe von Freischärlern häuften sich und die Syrer beschossen den Norden Israels. Die Zeichen standen somit auf Krieg und Israel zog seine Reservisten ein.

Bereits am 5. Juni gab Moshe Dayan den Befehl zum Angriff und der später so genannte Sechs-Tage-Krieg nahm seinen Lauf. Ging es zuerst um die Brechung des maritimen Embargos, das Ägypten über den Hafen von Eilat verhängt hatte, so war die israelische Offensive, die mit einem Luftschlag begann, schon zu Beginn so erfolgreich, dass die Eroberungsfeldzug kaum zu stoppen war. In unwahrscheinlich kurzer Zeit waren der ganze Sinai besetzt und die ägyptischen Einheiten aufgerieben. Die westlichen Waffensysteme, über die Dayans Streitkräfte verfügten, erwiesen sich den hauptsächlich aus sowjetischer Produktion stammenden des Gegners als weit überlegen. Auch war die Ausbildung und Moral der Israelis weit besser, als die ihrer Widersacher.

Israel hatte versucht, Jordanien aus dem Krieg herauszuhalten, doch nun griffen dessen Kampfflugzeuge israelische Städte an. Weshalb Dayan gegen Jordanien in die Offensive ging und wie gegen Ägypten sehr rasch große Erfolge erzielte. Syrien zog am zweiten Tag, dem 6. Juni 1967, in den Krieg gegen den jüdischen Staat. Verantwortlich dafür waren gänzlich unzutreffende Siegesmeldungen der Ägypter, die ein total verzerrtes Bild der wirklichen Lage vermittelten. Dayans Truppen begannen aber erst am 9. Juni mit einer Großoffensive gegen Syrien, als sie Ägypten bereits besiegt und das Westjordanland mit Jerusalem erobert hatten.

Nachdem israelische Panzer den Suezkanal erreicht hatten, griffen Dayans Truppen mit starker Luftunterstützung die syrischen Golanhöhen an. Die syrische Luftwaffe wurde innerhalb kurzer Zeit fast komplett ausgeschaltet. Dayan war gegen einen Infanterieangriff auf den Golan, weil er hohe Verluste befürchtete, ließ sich aber schließlich vom Generalstab überzeugen. Da die meisten syrischen Soldaten kampflos flohen, war die Einnahme des Golan relativ leicht möglich und bereits am 10. Juni waren die Berge in israelischer Hand.

Mit der Unterzeichnung des Waffenstillstandes am 11. Juni war dieser sensationelle Krieg beendet. Für die gesamte Welt unerwartet, hatte Israel in sagenhaft kurzer Zeit den Sinai, den Golan, das Westjordanland und Ostjerusalem erobert. Und der führende Kopf hinter diesem erfolgreichsten Kurzkrieg der Weltgeschichte hieß Moshe Dayan, auch wenn man dabei den israelischen Generalstabschef *Jitzhak Rabin* dabei nicht vergessen sollte.

Gemeinsam mit seinem Generalstabschef marschierte Dayan durch das Löwentor der Altstadt des lange Zeit geteilten Jerusalems. Der Sieg verschaffte den Juden wieder den Zugang zur Klagemauer. Dayan schrieb auf einen Wunschzettel, den er in die Klagemauer steckte: „Möge Frieden in das ganze Haus Israel einziehen."

Dayan gab später in einem Interview zu, dass er einen Fehler begangen habe, als er die Eroberung der Golanhöhen befahl. Daraus hätten sich mehr Probleme als Nutzen ergeben. Der Sechs-Tage-Krieg verschärfte das Palästinenser-Problem für die Israelis. Denn nun kamen hunderttausende Palästinenser im Westjordanland, im Gazastreifen und in Jerusalem unter die Verwaltung der israelischen Besatzer. Dieser Konfliktherd beschäftigt Israel und die Welt noch heute und man scheint von einer wirklichen Lösung sehr weit entfernt zu sein.

Der Kriegsheld Dayan hatte den Höhepunkt seiner Popularität erreicht. Er gefiel sich in dieser Rolle, sonnte sich in seinem Ruhm und galt als Gesellschaftslöwe und Frauenschwarm.

Dayan wurde zum Verwalter der eroberten Gebiete ernannt und frönte ausgiebig seiner Leidenschaft für die Archäologie. Dabei kümmerte er sich wenig um das Gesetz und spannte israelische Soldaten für illegale Grabungen ein. Nach seinem Tod erwarb der jüdische Staat seine reichhaltige archäologische Sammlung.

Währenddessen sah sich die israelische Diplomatie vor der sehr schwierigen Aufgabe, nach dem unter UNO-Vermittlung zustande gekommenen Waffenstillstand den riesigen Gebietsgewinn in einem dauerhaften Friedensvertrag auf Grundlage der UN-Sicherheitsresolution 242 festzuschreiben. Dabei waren die Israelis nur teilweise erfolgreich, denn auf der anberaumten Gipfelkonferenz zeigten die besiegten und gedemütigten arabischen Staaten keine Bereitschaft zum Einlenken und formulierten ihre künftige Politik gegenüber dem jüdischen Staat so: „Kein Frieden mit Israel, keine Verhandlungen mit Israel, keine Anerkennung Israels."

Die neue Regierungschefin Golda Meir behielt Dayan 1969 als Verteidigungsminister. Doch er steckte zu dieser Zeit mitten in einer politischen und privaten Krise. Seine Ehe wurde geschieden und er heiratete seine Geliebte *Rachel Corem*. Seine Friedensbemühungen in den von Israel besetzten Gebiete und gegenüber den arabischen Nachbarländern verliefen ergebnislos.

Der Ausbruch des Jom-Kippur-Krieges am 6. Oktober 1973 traf das Land Israel und den zuständigen Verteidigungsminister Dayan völlig überraschend. Die ägyptischen und syrischen Truppen brachten die israelische Armee in schwere Bedrängnis. Besonders auf der Sinai-Halbinsel mussten die Israelis einige Gebietsverluste hinnehmen. Als die israelische Militärmaschinerie vollständig in Gang gekommen war, wendete sich aber das Blatt und die Aggressoren konnten zurückgedrängt werden. Doch war dieser Überraschungsangriff durch Gegner, denen man diesen nicht zugetraut hatte, ein schwerer Schock für die erfolgsverwöhnte israelische Bevölkerung.

Man warf Dayan vor, er sei auf den Angriff nicht vorbereitet gewesen und hätte die Alarmzeichen ignoriert. Dayan, der sehr unter dieser Kritik litt, trat im Juni 1974 von seinem Amt zurück und wurde von Shimon Peres politisch beerbt. Er blieb jedoch politisch aktiv und war weiterhin Mitglied der Knesset. Seine pragmatischen Vorstellungen vom Zusammenleben mit den Arabern sorgten immer wieder für Aufmerksamkeit und erregte Diskussionen.

1978 nahm er als Außenminister und wichtige Figur in der Regierung Begin in Camp David an der Unterzeichnung des Friedensabkommens mit dem alten Feind Ägypten teil. Doch schon bald geriet er in eine Auseinandersetzung mit seinem Regierungschef, da Begin Dayans Vorschläge zur Eigenständigkeit der arabischen Bevölkerung Israels nicht billigte. 1979 schied Dayan deshalb endgültig aus der Regierung aus.

Der alte Kriegsheld und nunmehrige Kämpfer für die Aussöhnung mit den Besiegten, gründete eine neue Partei, Telem, die sich für die Übergabe der West Bank und des Gaza-Streifens an die Palästinenser zur Selbstverwaltung bekannte. Die neue Partei erreichte bei den Wahlen von 1981 zwei Sitze im israelischen Parlament. Doch schon kurze Zeit danach, 16. Oktober 1981, starb Dayan, der an Krebs litt, an den Folgen einer Herzattacke und wurde in Moschaw Nahalal begraben. Seine Kinder engagierten sich in seinem Sinne weiterhin politisch.

Ariel Scharon, der ebenfalls zu den Kritikern Dayans gehört hatte, schrieb über ihn: „Er wachte jeden Morgen mit hundert Ideen auf. 95 von ihnen waren gefährlich, 3 weitere waren schlecht, die letzten beiden jedoch waren brillant." Viele betrachten Dayan als eine sehr komplexe und widersprüchliche Persönlichkeit, die nur wenige enge Freunde gehabt habe. Er sei zynisch und taktlos, aber auch sehr charismatisch und von großer geistiger Brillanz gewesen.

Dayan war ohne Zweifel ein bedeutender Politiker und ein sehr fähiger Militär und agierte dabei sowohl als furchtloser Draufgänger wie als überlegener Stratege. Als er sich der Probleme bewusst wurde, die sich Israel mit seinen Eroberungskriegen selbst geschaffen hatte, wandelte er sich vom politischen Falken zur Taube. Eine derartige Lernfähigkeit bei einem großen Krieger und Eroberer ist sehr selten in der Geschichte.